# 通用规范汉字表

TONGYONG GUIFAN HANZI BIAO

语文出版社

·北京·

**通用规范汉字表**

**责任编辑** 慈　舒
**装帧设计** 李建章
**出　　版** 语文出版社
**地　　址** 北京市东城区朝阳门内南小街51号　100010
**电子信箱** ywcbsywp@163.com
**排　　版** 语文出版社照排室
**印刷装订** 北京楠萍印刷有限公司
**发　　行** 语文出版社　新华书店经销
**规　　格** 890mm × 1240mm
**开　　本** A5
**印　　张** 8.25
**版　　次** 2013年8月第1版
**印　　次** 2019年4月第11次印刷
**印　　数** 64,001 - 74,000
**书　　号** ISBN 978-7-80241-320-7
**定　　价** 30.00元

010-65253954（咨询）010-65251033（购书）010-65250075（印装质量）

# 国务院关于公布《通用规范汉字表》的通知

国发〔2013〕23号

各省、自治区、直辖市人民政府，国务院各部委、各直属机构：

国务院同意教育部、国家语言文字工作委员会组织制定的《通用规范汉字表》，现予公布。

《通用规范汉字表》是贯彻《中华人民共和国国家通用语言文字法》，适应新形势下社会各领域汉字应用需要的重要汉字规范。制定和实施《通用规范汉字表》，对提升国家通用语言文字的规范化、标准化、信息化水平，促进国家经济社会和文化教育事业发展具有重要意义。《通用规范汉字表》公布后，社会一般应用领域的汉字使用应以《通用规范汉字表》为准，原有相关字表停止使用。

国务院

2013年6月5日

# 目　录

说明 …… 1
一级字表 …… 4
二级字表 …… 41
三级字表 …… 73
附件1　规范字与繁体字、异体字对照表 …… 90
附件2　《通用规范汉字表》笔画检字表 …… 179

# 说　明

一、为了贯彻《中华人民共和国国家通用语言文字法》，提升国家通用语言文字的规范化、标准化水平，满足信息时代语言生活和社会发展的需要，教育部、国家语言文字工作委员会组织制定《通用规范汉字表》。

二、本表收字8105个，分为三级：一级字表为常用字集，收字3500个，主要满足基础教育和文化普及的基本用字需要。二级字表收字3000个，使用度仅次于一级字。一、二级字表合计6500字，主要满足出版印刷、辞书编纂和信息处理等方面的一般用字需要。三级字表收字1605个，是姓氏人名、地名、科学技术术语和中小学语文教材文言文用字中未进入一、二级字表的较通用的字，主要满足信息化时代与大众生活密切相关的专门领域的用字需要。

三、本表在整合《第一批异体字整理表》(1955年)、《简化字总表》(1986年)、《现代汉语常用字表》(1988年)、《现代汉语通用字表》(1988年)的基础上制定。一、二级字表通过语料库统计和人工干预方法，主要依据字的使用度进行定量、收字和分级。三级字表主要通过向有关部门和群众征集用字等方法，收录音义俱全且有一定使用度的字。

四、本表一、二级字表的研制，主要使用了国家语言文字工作委员会现代汉语平衡语料库(收录1919—2002年人文和社会科学、自然科学、综合等三大类的55个学科门类的语料，

9100万字符)、现代新闻媒体动态流通语料库(收录2001—2002年15种报刊的语料,3.5亿字符)、教育科普综合语料库(收录1951—2003年中小学通用教材及科普读物的语料,518万字符)、儿童文学语料库(收录1949—2007年适合义务教育第一、二学段阅读的儿童文学的语料,570万字符)、《现代汉语词典》(第五版)、《新华字典》(第十版),参考了其他语料库和工具书。

五、本表三级字的具体来源是:(1)姓氏人名用字,主要来源于1982年全国人口普查18省市抽样统计姓氏人名用字、公安部提供的姓氏用字及部分人名用字、群众提供的姓氏人名用字、一些古代姓氏用字和有影响的古代人名用字;(2)地名用字,主要来源于民政部和国家测绘地理信息局提供的乡镇以上地名用字、部分村级地名和部分自然实体名称的用字、主要汉语工具书中标明为"地名"的用字;(3)科学技术术语用字,主要来源于全国科学技术名词审定委员会提供的56个门类、中国社会科学院语言研究所提供的33个门类的科学技术与人文社会科学的术语用字;(4)中小学语文教材的文言文用字,主要来源于中小学语文教材文言文语料库(收录1949—2008年中小学语文教材中的文言文和普及性文言文的语料,65万字符)。

六、本表对社会上出现的在《简化字总表》和《现代汉语通用字表》之外的类推简化字进行了严格甄别,仅收录了符合本表收字原则且已在社会语言生活中广泛使用的"闫、轮、频"等226个简化字。

七、本表在以往相关规范文件对异体字调整的基础上,又将《第一批异体字整理表》中"晳、喆、淼、昇、邨"等45个异体字调整为规范字。

八、本表的字形依据《现代汉语通用字表》确定，字序遵循《GB13000.1字符集汉字字序（笔画序）规范》的规定。

九、为方便使用，本表后附《规范字与繁体字、异体字对照表》和《〈通用规范汉字表〉笔画检字表》两个附表。

十、本表可根据语言生活的发展变化和实际需要适时进行必要补充和调整。

# 一级字表

| | |
|---|---|
| 0001 | 一 |
| 0002 | 乙 |
| 0003 | 二 |
| 0004 | 十 |
| 0005 | 丁 |
| 0006 | 厂 |
| 0007 | 七 |
| 0008 | 卜 |
| 0009 | 八 |
| 0010 | 人 |
| 0011 | 入 |
| 0012 | 儿 |
| 0013 | 匕 |
| 0014 | 几 |
| 0015 | 九 |
| 0016 | 刁 |
| 0017 | 了 |
| 0018 | 刀 |
| 0019 | 力 |
| 0020 | 乃 |
| 0021 | 又 |
| 0022 | 三 |
| 0023 | 干 |
| 0024 | 于 |
| 0025 | 亏 |
| 0026 | 工 |
| 0027 | 土 |
| 0028 | 士 |
| 0029 | 才 |
| 0030 | 下 |
| 0031 | 寸 |
| 0032 | 大 |
| 0033 | 丈 |
| 0034 | 与 |
| 0035 | 万 |
| 0036 | 上 |
| 0037 | 小 |
| 0038 | 口 |
| 0039 | 山 |
| 0040 | 巾 |
| 0041 | 千 |
| 0042 | 乞 |
| 0043 | 川 |
| 0044 | 亿 |
| 0045 | 个 |
| 0046 | 夕 |
| 0047 | 久 |
| 0048 | 么 |
| 0049 | 勺 |
| 0050 | 凡 |
| 0051 | 丸 |
| 0052 | 及 |
| 0053 | 广 |
| 0054 | 亡 |
| 0055 | 门 |
| 0056 | 丫 |
| 0057 | 义 |
| 0058 | 之 |
| 0059 | 尸 |
| 0060 | 己 |
| 0061 | 已 |
| 0062 | 巳 |
| 0063 | 弓 |
| 0064 | 子 |
| 0065 | 卫 |
| 0066 | 也 |
| 0067 | 女 |
| 0068 | 刃 |
| 0069 | 飞 |
| 0070 | 习 |
| 0071 | 叉 |
| 0072 | 马 |
| 0073 | 乡 |
| 0074 | 丰 |
| 0075 | 王 |
| 0076 | 开 |
| 0077 | 井 |
| 0078 | 天 |
| 0079 | 夫 |
| 0080 | 元 |
| 0081 | 无 |
| 0082 | 云 |
| 0083 | 专 |
| 0084 | 丐 |

0085 扎
0086 艺
0087 木
0088 五
0089 支
0090 厅
0091 不
0092 犬
0093 太
0094 区
0095 历
0096 歹
0097 友
0098 尤
0099 匹
0100 车
0101 巨
0102 牙
0103 屯
0104 戈
0105 比
0106 互
0107 切
0108 瓦
0109 止
0110 少
0111 曰
0112 日
0113 中
0114 贝
0115 冈
0116 内
0117 水
0118 见
0119 午
0120 牛
0121 手
0122 气
0123 毛
0124 壬
0125 升
0126 夭
0127 长
0128 仁
0129 什
0130 片
0131 仆
0132 化
0133 仇
0134 币
0135 仍
0136 仅
0137 斤
0138 爪
0139 反
0140 介
0141 父
0142 从
0143 仑
0144 今
0145 凶
0146 分
0147 乏
0148 公
0149 仓
0150 月
0151 氏
0152 勿
0153 欠
0154 风
0155 丹
0156 匀
0157 乌
0158 勾
0159 凤
0160 六
0161 文
0162 亢
0163 方
0164 火
0165 为
0166 斗
0167 忆
0168 计
0169 订
0170 户
0171 认
0172 冗
0173 讥
0174 心
0175 尺
0176 引
0177 丑
0178 巴
0179 孔
0180 队

0181 办
0182 以
0183 允
0184 予
0185 邓
0186 劝
0187 双
0188 书
0189 幻
0190 玉
0191 刊
0192 未
0193 末
0194 示
0195 击
0196 打
0197 巧
0198 正
0199 扑
0200 卉
0201 扒
0202 功
0203 扔
0204 去
0205 甘
0206 世
0207 艾
0208 古
0209 节
0210 本
0211 术
0212 可
0213 丙
0214 左
0215 厉
0216 石
0217 右
0218 布
0219 夯
0220 戊
0221 龙
0222 平
0223 灭
0224 轧
0225 东
0226 卡
0227 北
0228 占
0229 凸
0230 卢
0231 业
0232 旧
0233 帅
0234 归
0235 旦
0236 目
0237 且
0238 叶
0239 甲
0240 申
0241 叮
0242 电
0243 号
0244 田
0245 由
0246 只
0247 叭
0248 史
0249 央
0250 兄
0251 叽
0252 叼
0253 叫
0254 叩
0255 叨
0256 另
0257 叹
0258 冉
0259 皿
0260 凹
0261 囚
0262 四
0263 生
0264 矢
0265 失
0266 乍
0267 禾
0268 丘
0269 付
0270 仗
0271 代
0272 仙
0273 们
0274 仪
0275 白
0276 仔

0277 他
0278 斥
0279 瓜
0280 乎
0281 丛
0282 令
0283 用
0284 甩
0285 印
0286 尔
0287 乐
0288 句
0289 匆
0290 册
0291 卯
0292 犯
0293 外
0294 处
0295 冬
0296 鸟
0297 务
0298 包
0299 饥
0300 主
0301 市
0302 立
0303 冯
0304 玄
0305 闪
0306 兰
0307 半
0308 汁
0309 汇
0310 头
0311 汉
0312 宁
0313 穴
0314 它
0315 讨
0316 写
0317 让
0318 礼
0319 训
0320 议
0321 必
0322 讯
0323 记
0324 永
0325 司
0326 尼
0327 民
0328 弗
0329 弘
0330 出
0331 辽
0332 奶
0333 奴
0334 召
0335 加
0336 皮
0337 边
0338 孕
0339 发
0340 圣
0341 对
0342 台
0343 矛
0344 纠
0345 母
0346 幼
0347 丝
0348 邦
0349 式
0350 迂
0351 刑
0352 戎
0353 动
0354 扛
0355 寺
0356 吉
0357 扣
0358 考
0359 托
0360 老
0361 巩
0362 圾
0363 执
0364 扩
0365 扫
0366 地
0367 场
0368 扬
0369 耳
0370 芋
0371 共
0372 芒

0373 亚
0374 芝
0375 朽
0376 朴
0377 机
0378 权
0379 过
0380 臣
0381 吏
0382 再
0383 协
0384 西
0385 压
0386 厌
0387 戌
0388 在
0389 百
0390 有
0391 存
0392 而
0393 页
0394 匠
0395 夸
0396 夺
0397 灰
0398 达
0399 列
0400 死
0401 成
0402 夹
0403 夷
0404 轨
0405 邪
0406 尧
0407 划
0408 迈
0409 毕
0410 至
0411 此
0412 贞
0413 师
0414 尘
0415 尖
0416 劣
0417 光
0418 当
0419 早
0420 吁
0421 吐
0422 吓
0423 虫
0424 曲
0425 团
0426 吕
0427 同
0428 吊
0429 吃
0430 因
0431 吸
0432 吗
0433 吆
0434 屿
0435 屹
0436 岁
0437 帆
0438 回
0439 岂
0440 则
0441 刚
0442 网
0443 肉
0444 年
0445 朱
0446 先
0447 丢
0448 廷
0449 舌
0450 竹
0451 迁
0452 乔
0453 迄
0454 伟
0455 传
0456 乒
0457 乓
0458 休
0459 伍
0460 伏
0461 优
0462 臼
0463 伐
0464 延
0465 仲
0466 件
0467 任
0468 伤

0469 价
0470 伦
0471 份
0472 华
0473 仰
0474 仿
0475 伙
0476 伪
0477 自
0478 伊
0479 血
0480 向
0481 似
0482 后
0483 行
0484 舟
0485 全
0486 会
0487 杀
0488 合
0489 兆
0490 企
0491 众
0492 爷
0493 伞
0494 创
0495 肌
0496 肋
0497 朵
0498 杂
0499 危
0500 旬
0501 旨
0502 旭
0503 负
0504 匈
0505 名
0506 各
0507 多
0508 争
0509 色
0510 壮
0511 冲
0512 妆
0513 冰
0514 庄
0515 庆
0516 亦
0517 刘
0518 齐
0519 交
0520 衣
0521 次
0522 产
0523 决
0524 亥
0525 充
0526 妄
0527 闭
0528 问
0529 闯
0530 羊
0531 并
0532 关
0533 米
0534 灯
0535 州
0536 汗
0537 污
0538 江
0539 汛
0540 池
0541 汝
0542 汤
0543 忙
0544 兴
0545 宇
0546 守
0547 宅
0548 字
0549 安
0550 讲
0551 讳
0552 军
0553 讶
0554 许
0555 讹
0556 论
0557 讼
0558 农
0559 讽
0560 设
0561 访
0562 诀
0563 寻
0564 那

| | |
|---|---|
| 0565 | 迅 |
| 0566 | 尽 |
| 0567 | 导 |
| 0568 | 异 |
| 0569 | 弛 |
| 0570 | 孙 |
| 0571 | 阵 |
| 0572 | 阳 |
| 0573 | 收 |
| 0574 | 阶 |
| 0575 | 阴 |
| 0576 | 防 |
| 0577 | 奸 |
| 0578 | 如 |
| 0579 | 妇 |
| 0580 | 妃 |
| 0581 | 好 |
| 0582 | 她 |
| 0583 | 妈 |
| 0584 | 戏 |
| 0585 | 羽 |
| 0586 | 观 |
| 0587 | 欢 |
| 0588 | 买 |
| 0589 | 红 |
| 0590 | 驮 |
| 0591 | 纤 |
| 0592 | 驯 |
| 0593 | 约 |
| 0594 | 级 |
| 0595 | 纪 |
| 0596 | 驰 |
| 0597 | 纫 |
| 0598 | 巡 |
| 0599 | 寿 |
| 0600 | 弄 |
| 0601 | 麦 |
| 0602 | 玖 |
| 0603 | 玛 |
| 0604 | 形 |
| 0605 | 进 |
| 0606 | 戒 |
| 0607 | 吞 |
| 0608 | 远 |
| 0609 | 违 |
| 0610 | 韧 |
| 0611 | 运 |
| 0612 | 扶 |
| 0613 | 抚 |
| 0614 | 坛 |
| 0615 | 技 |
| 0616 | 坏 |
| 0617 | 抠 |
| 0618 | 扰 |
| 0619 | 扼 |
| 0620 | 拒 |
| 0621 | 找 |
| 0622 | 批 |
| 0623 | 址 |
| 0624 | 扯 |
| 0625 | 走 |
| 0626 | 抄 |
| 0627 | 贡 |
| 0628 | 汞 |
| 0629 | 坝 |
| 0630 | 攻 |
| 0631 | 赤 |
| 0632 | 折 |
| 0633 | 抓 |
| 0634 | 扳 |
| 0635 | 抡 |
| 0636 | 扮 |
| 0637 | 抢 |
| 0638 | 孝 |
| 0639 | 坎 |
| 0640 | 均 |
| 0641 | 抑 |
| 0642 | 抛 |
| 0643 | 投 |
| 0644 | 坟 |
| 0645 | 坑 |
| 0646 | 抗 |
| 0647 | 坊 |
| 0648 | 抖 |
| 0649 | 护 |
| 0650 | 壳 |
| 0651 | 志 |
| 0652 | 块 |
| 0653 | 扭 |
| 0654 | 声 |
| 0655 | 把 |
| 0656 | 报 |
| 0657 | 拟 |
| 0658 | 却 |
| 0659 | 抒 |
| 0660 | 劫 |

| | | | | | | | |
|---|---|---|---|---|---|---|---|
| 0661 | 芙 | 0685 | 杉 | 0709 | 轩 | 0733 | 男 |
| 0662 | 芜 | 0686 | 巫 | 0710 | 步 | 0734 | 困 |
| 0663 | 苇 | 0687 | 极 | 0711 | 卤 | 0735 | 吵 |
| 0664 | 芽 | 0688 | 李 | 0712 | 坚 | 0736 | 串 |
| 0665 | 花 | 0689 | 杨 | 0713 | 肖 | 0737 | 员 |
| 0666 | 芹 | 0690 | 求 | 0714 | 旱 | 0738 | 呐 |
| 0667 | 芥 | 0691 | 甫 | 0715 | 盯 | 0739 | 听 |
| 0668 | 芬 | 0692 | 匣 | 0716 | 呈 | 0740 | 吟 |
| 0669 | 苍 | 0693 | 更 | 0717 | 时 | 0741 | 吩 |
| 0670 | 芳 | 0694 | 束 | 0718 | 吴 | 0742 | 呛 |
| 0671 | 严 | 0695 | 吾 | 0719 | 助 | 0743 | 吻 |
| 0672 | 芦 | 0696 | 豆 | 0720 | 县 | 0744 | 吹 |
| 0673 | 芯 | 0697 | 两 | 0721 | 里 | 0745 | 呜 |
| 0674 | 劳 | 0698 | 酉 | 0722 | 呆 | 0746 | 吭 |
| 0675 | 克 | 0699 | 丽 | 0723 | 吱 | 0747 | 吧 |
| 0676 | 芭 | 0700 | 医 | 0724 | 吠 | 0748 | 邑 |
| 0677 | 苏 | 0701 | 辰 | 0725 | 呕 | 0749 | 吼 |
| 0678 | 杆 | 0702 | 励 | 0726 | 园 | 0750 | 囤 |
| 0679 | 杠 | 0703 | 否 | 0727 | 旷 | 0751 | 别 |
| 0680 | 杜 | 0704 | 还 | 0728 | 围 | 0752 | 吮 |
| 0681 | 材 | 0705 | 尬 | 0729 | 呀 | 0753 | 岖 |
| 0682 | 村 | 0706 | 歼 | 0730 | 吨 | 0754 | 岗 |
| 0683 | 杖 | 0707 | 来 | 0731 | 足 | 0755 | 帐 |
| 0684 | 杏 | 0708 | 连 | 0732 | 邮 | 0756 | 财 |

0757 针
0758 钉
0759 牡
0760 告
0761 我
0762 乱
0763 利
0764 秃
0765 秀
0766 私
0767 每
0768 兵
0769 估
0770 体
0771 何
0772 佐
0773 佑
0774 但
0775 伸
0776 佃
0777 作
0778 伯
0779 伶
0780 佣
0781 低
0782 你
0783 住
0784 位
0785 伴
0786 身
0787 皂
0788 伺
0789 佛
0790 囱
0791 近
0792 彻
0793 役
0794 返
0795 余
0796 希
0797 坐
0798 谷
0799 妥
0800 含
0801 邻
0802 岔
0803 肝
0804 肛
0805 肚
0806 肘
0807 肠
0808 龟
0809 甸
0810 免
0811 狂
0812 犹
0813 狈
0814 角
0815 删
0816 条
0817 彤
0818 卵
0819 灸
0820 岛
0821 刨
0822 迎
0823 饭
0824 饮
0825 系
0826 言
0827 冻
0828 状
0829 亩
0830 况
0831 床
0832 库
0833 庇
0834 疗
0835 吝
0836 应
0837 这
0838 冷
0839 庐
0840 序
0841 辛
0842 弃
0843 冶
0844 忘
0845 闰
0846 闲
0847 间
0848 闷
0849 判
0850 兑
0851 灶
0852 灿

| | | | | | | | |
|---|---|---|---|---|---|---|---|
| 0853 | 灼 | 0877 | 完 | 0901 | 即 | 0925 | 忍 |
| 0854 | 弟 | 0878 | 宋 | 0902 | 层 | 0926 | 劲 |
| 0855 | 汪 | 0879 | 宏 | 0903 | 屁 | 0927 | 矣 |
| 0856 | 沐 | 0880 | 牢 | 0904 | 尿 | 0928 | 鸡 |
| 0857 | 沛 | 0881 | 究 | 0905 | 尾 | 0929 | 纬 |
| 0858 | 汰 | 0882 | 穷 | 0906 | 迟 | 0930 | 驱 |
| 0859 | 沥 | 0883 | 灾 | 0907 | 局 | 0931 | 纯 |
| 0860 | 沙 | 0884 | 良 | 0908 | 改 | 0932 | 纱 |
| 0861 | 汽 | 0885 | 证 | 0909 | 张 | 0933 | 纲 |
| 0862 | 沃 | 0886 | 启 | 0910 | 忌 | 0934 | 纳 |
| 0863 | 沦 | 0887 | 评 | 0911 | 际 | 0935 | 驳 |
| 0864 | 汹 | 0888 | 补 | 0912 | 陆 | 0936 | 纵 |
| 0865 | 泛 | 0889 | 初 | 0913 | 阿 | 0937 | 纷 |
| 0866 | 沧 | 0890 | 社 | 0914 | 陈 | 0938 | 纸 |
| 0867 | 没 | 0891 | 祀 | 0915 | 阻 | 0939 | 纹 |
| 0868 | 沟 | 0892 | 识 | 0916 | 附 | 0940 | 纺 |
| 0869 | 沪 | 0893 | 诈 | 0917 | 坠 | 0941 | 驴 |
| 0870 | 沈 | 0894 | 诉 | 0918 | 妓 | 0942 | 纽 |
| 0871 | 沉 | 0895 | 罕 | 0919 | 妙 | 0943 | 奉 |
| 0872 | 沁 | 0896 | 诊 | 0920 | 妖 | 0944 | 玩 |
| 0873 | 怀 | 0897 | 词 | 0921 | 姊 | 0945 | 环 |
| 0874 | 忧 | 0898 | 译 | 0922 | 妨 | 0946 | 武 |
| 0875 | 忱 | 0899 | 君 | 0923 | 妒 | 0947 | 青 |
| 0876 | 快 | 0900 | 灵 | 0924 | 努 | 0948 | 责 |

0949 现
0950 玫
0951 表
0952 规
0953 抹
0954 卦
0955 坷
0956 坯
0957 拓
0958 拢
0959 拔
0960 坪
0961 拣
0962 坦
0963 担
0964 坤
0965 押
0966 抽
0967 拐
0968 拖
0969 者
0970 拍
0971 顶
0972 拆
0973 拎
0974 拥
0975 抵
0976 拘
0977 势
0978 抱
0979 拄
0980 垃
0981 拉
0982 拦
0983 幸
0984 拌
0985 拧
0986 拂
0987 拙
0988 招
0989 坡
0990 披
0991 拨
0992 择
0993 抬
0994 拇
0995 拗
0996 其
0997 取
0998 茉
0999 苦
1000 昔
1001 苛
1002 若
1003 茂
1004 苹
1005 苗
1006 英
1007 苟
1008 苑
1009 苞
1010 范
1011 直
1012 茁
1013 茄
1014 茎
1015 苔
1016 茅
1017 枉
1018 林
1019 枝
1020 杯
1021 枢
1022 柜
1023 枚
1024 析
1025 板
1026 松
1027 枪
1028 枫
1029 构
1030 杭
1031 杰
1032 述
1033 枕
1034 丧
1035 或
1036 画
1037 卧
1038 事
1039 刺
1040 枣
1041 雨
1042 卖
1043 郁
1044 矾

| | | | | | | | |
|---|---|---|---|---|---|---|---|
| 1045 | 矿 | 1069 | 些 | 1093 | 固 | 1117 | 购 |
| 1046 | 码 | 1070 | 卓 | 1094 | 忠 | 1118 | 贮 |
| 1047 | 厕 | 1071 | 虎 | 1095 | 呻 | 1119 | 图 |
| 1048 | 奈 | 1072 | 虏 | 1096 | 咒 | 1120 | 钓 |
| 1049 | 奔 | 1073 | 肾 | 1097 | 咋 | 1121 | 制 |
| 1050 | 奇 | 1074 | 贤 | 1098 | 咐 | 1122 | 知 |
| 1051 | 奋 | 1075 | 尚 | 1099 | 呼 | 1123 | 迭 |
| 1052 | 态 | 1076 | 旺 | 1100 | 鸣 | 1124 | 氛 |
| 1053 | 欧 | 1077 | 具 | 1101 | 咏 | 1125 | 垂 |
| 1054 | 殴 | 1078 | 味 | 1102 | 呢 | 1126 | 牧 |
| 1055 | 垄 | 1079 | 果 | 1103 | 咄 | 1127 | 物 |
| 1056 | 妻 | 1080 | 昆 | 1104 | 咖 | 1128 | 乖 |
| 1057 | 轰 | 1081 | 国 | 1105 | 岸 | 1129 | 刮 |
| 1058 | 顷 | 1082 | 哎 | 1106 | 岩 | 1130 | 秆 |
| 1059 | 转 | 1083 | 咕 | 1107 | 帖 | 1131 | 和 |
| 1060 | 斩 | 1084 | 昌 | 1108 | 罗 | 1132 | 季 |
| 1061 | 轮 | 1085 | 呵 | 1109 | 帜 | 1133 | 委 |
| 1062 | 软 | 1086 | 畅 | 1110 | 帕 | 1134 | 秉 |
| 1063 | 到 | 1087 | 明 | 1111 | 岭 | 1135 | 佳 |
| 1064 | 非 | 1088 | 易 | 1112 | 凯 | 1136 | 侍 |
| 1065 | 叔 | 1089 | 咙 | 1113 | 败 | 1137 | 岳 |
| 1066 | 歧 | 1090 | 昂 | 1114 | 账 | 1138 | 供 |
| 1067 | 肯 | 1091 | 迪 | 1115 | 贩 | 1139 | 使 |
| 1068 | 齿 | 1092 | 典 | 1116 | 贬 | 1140 | 例 |

| | | | | | | | |
|---|---|---|---|---|---|---|---|
| 1141 | 侠 | 1165 | 舍 | 1189 | 肥 | 1213 | 疟 |
| 1142 | 侥 | 1166 | 金 | 1190 | 服 | 1214 | 疙 |
| 1143 | 版 | 1167 | 刹 | 1191 | 胁 | 1215 | 疚 |
| 1144 | 侄 | 1168 | 命 | 1192 | 周 | 1216 | 剂 |
| 1145 | 侦 | 1169 | 肴 | 1193 | 昏 | 1217 | 卒 |
| 1146 | 侣 | 1170 | 斧 | 1194 | 鱼 | 1218 | 郊 |
| 1147 | 侧 | 1171 | 爸 | 1195 | 兔 | 1219 | 庚 |
| 1148 | 凭 | 1172 | 采 | 1196 | 狐 | 1220 | 废 |
| 1149 | 侨 | 1173 | 觅 | 1197 | 忽 | 1221 | 净 |
| 1150 | 佩 | 1174 | 受 | 1198 | 狗 | 1222 | 盲 |
| 1151 | 货 | 1175 | 乳 | 1199 | 狞 | 1223 | 放 |
| 1152 | 侈 | 1176 | 贪 | 1200 | 备 | 1224 | 刻 |
| 1153 | 依 | 1177 | 念 | 1201 | 饰 | 1225 | 育 |
| 1154 | 卑 | 1178 | 贫 | 1202 | 饱 | 1226 | 氓 |
| 1155 | 的 | 1179 | 忿 | 1203 | 饲 | 1227 | 闸 |
| 1156 | 迫 | 1180 | 肤 | 1204 | 变 | 1228 | 闹 |
| 1157 | 质 | 1181 | 肺 | 1205 | 京 | 1229 | 郑 |
| 1158 | 欣 | 1182 | 肢 | 1206 | 享 | 1230 | 券 |
| 1159 | 征 | 1183 | 肿 | 1207 | 庞 | 1231 | 卷 |
| 1160 | 往 | 1184 | 胀 | 1208 | 店 | 1232 | 单 |
| 1161 | 爬 | 1185 | 朋 | 1209 | 夜 | 1233 | 炬 |
| 1162 | 彼 | 1186 | 股 | 1210 | 庙 | 1234 | 炒 |
| 1163 | 径 | 1187 | 肮 | 1211 | 府 | 1235 | 炊 |
| 1164 | 所 | 1188 | 肪 | 1212 | 底 | 1236 | 炕 |

1237 炎
1238 炉
1239 沫
1240 浅
1241 法
1242 泄
1243 沽
1244 河
1245 沾
1246 泪
1247 沮
1248 油
1249 泊
1250 沿
1251 泡
1252 注
1253 泣
1254 泞
1255 泻
1256 泌
1257 泳
1258 泥
1259 沸
1260 沼
1261 波
1262 泼
1263 泽
1264 治
1265 怔
1266 怯
1267 怖
1268 性
1269 怕
1270 怜
1271 怪
1272 怡
1273 学
1274 宝
1275 宗
1276 定
1277 宠
1278 宜
1279 审
1280 宙
1281 官
1282 空
1283 帘
1284 宛
1285 实
1286 试
1287 郎
1288 诗
1289 肩
1290 房
1291 诚
1292 衬
1293 衫
1294 视
1295 祈
1296 话
1297 诞
1298 诡
1299 询
1300 该
1301 详
1302 建
1303 肃
1304 录
1305 隶
1306 帚
1307 屉
1308 居
1309 届
1310 刷
1311 屈
1312 弧
1313 弥
1314 弦
1315 承
1316 孟
1317 陋
1318 陌
1319 孤
1320 陕
1321 降
1322 函
1323 限
1324 妹
1325 姑
1326 姐
1327 姓
1328 妮
1329 始
1330 姆
1331 迢
1332 驾

1333 叁
1334 参
1335 艰
1336 线
1337 练
1338 组
1339 绅
1340 细
1341 驶
1342 织
1343 驹
1344 终
1345 驻
1346 绊
1347 驼
1348 绍
1349 绎
1350 经
1351 贯
1352 契
1353 贰
1354 奏
1355 春
1356 帮
1357 玷
1358 珍
1359 玲
1360 珊
1361 玻
1362 毒
1363 型
1364 拭
1365 挂
1366 封
1367 持
1368 拷
1369 拱
1370 项
1371 垮
1372 挎
1373 城
1374 挟
1375 挠
1376 政
1377 赴
1378 赵
1379 挡
1380 拽
1381 哉
1382 挺
1383 括
1384 垢
1385 拴
1386 拾
1387 挑
1388 垛
1389 指
1390 垫
1391 挣
1392 挤
1393 拼
1394 挖
1395 按
1396 挥
1397 挪
1398 拯
1399 某
1400 甚
1401 荆
1402 茸
1403 革
1404 茬
1405 荐
1406 巷
1407 带
1408 草
1409 茧
1410 茵
1411 茶
1412 荒
1413 茫
1414 荡
1415 荣
1416 荤
1417 荧
1418 故
1419 胡
1420 荫
1421 荔
1422 南
1423 药
1424 标
1425 栈
1426 柑
1427 枯
1428 柄

1429 栋
1430 相
1431 查
1432 柏
1433 栅
1434 柳
1435 柱
1436 柿
1437 栏
1438 柠
1439 树
1440 勃
1441 要
1442 柬
1443 咸
1444 威
1445 歪
1446 研
1447 砖
1448 厘
1449 厚
1450 砌
1451 砂
1452 泵
1453 砚
1454 砍
1455 面
1456 耐
1457 耍
1458 牵
1459 鸥
1460 残
1461 殃
1462 轴
1463 轻
1464 鸦
1465 皆
1466 韭
1467 背
1468 战
1469 点
1470 虐
1471 临
1472 览
1473 竖
1474 省
1475 削
1476 尝
1477 昧
1478 盹
1479 是
1480 盼
1481 眨
1482 哇
1483 哄
1484 哑
1485 显
1486 冒
1487 映
1488 星
1489 昨
1490 咧
1491 昭
1492 畏
1493 趴
1494 胃
1495 贵
1496 界
1497 虹
1498 虾
1499 蚁
1500 思
1501 蚂
1502 虽
1503 品
1504 咽
1505 骂
1506 勋
1507 哗
1508 咱
1509 响
1510 哈
1511 哆
1512 咬
1513 咳
1514 咪
1515 哪
1516 哟
1517 炭
1518 峡
1519 罚
1520 贱
1521 贴
1522 贻
1523 骨
1524 幽

| | |
|---|---|
| 1525 | 钙 |
| 1526 | 钝 |
| 1527 | 钞 |
| 1528 | 钟 |
| 1529 | 钢 |
| 1530 | 钠 |
| 1531 | 钥 |
| 1532 | 钦 |
| 1533 | 钧 |
| 1534 | 钩 |
| 1535 | 钮 |
| 1536 | 卸 |
| 1537 | 缸 |
| 1538 | 拜 |
| 1539 | 看 |
| 1540 | 矩 |
| 1541 | 毡 |
| 1542 | 氢 |
| 1543 | 怎 |
| 1544 | 牲 |
| 1545 | 选 |
| 1546 | 适 |
| 1547 | 秒 |
| 1548 | 香 |
| 1549 | 种 |
| 1550 | 秋 |
| 1551 | 科 |
| 1552 | 重 |
| 1553 | 复 |
| 1554 | 竿 |
| 1555 | 段 |
| 1556 | 便 |
| 1557 | 俩 |
| 1558 | 贷 |
| 1559 | 顺 |
| 1560 | 修 |
| 1561 | 俏 |
| 1562 | 保 |
| 1563 | 促 |
| 1564 | 俄 |
| 1565 | 俐 |
| 1566 | 侮 |
| 1567 | 俭 |
| 1568 | 俗 |
| 1569 | 俘 |
| 1570 | 信 |
| 1571 | 皇 |
| 1572 | 泉 |
| 1573 | 鬼 |
| 1574 | 侵 |
| 1575 | 禹 |
| 1576 | 侯 |
| 1577 | 追 |
| 1578 | 俊 |
| 1579 | 盾 |
| 1580 | 待 |
| 1581 | 徊 |
| 1582 | 衍 |
| 1583 | 律 |
| 1584 | 很 |
| 1585 | 须 |
| 1586 | 叙 |
| 1587 | 剑 |
| 1588 | 逃 |
| 1589 | 食 |
| 1590 | 盆 |
| 1591 | 胚 |
| 1592 | 胧 |
| 1593 | 胆 |
| 1594 | 胜 |
| 1595 | 胞 |
| 1596 | 胖 |
| 1597 | 脉 |
| 1598 | 胎 |
| 1599 | 勉 |
| 1600 | 狭 |
| 1601 | 狮 |
| 1602 | 独 |
| 1603 | 狰 |
| 1604 | 狡 |
| 1605 | 狱 |
| 1606 | 狠 |
| 1607 | 贸 |
| 1608 | 怨 |
| 1609 | 急 |
| 1610 | 饵 |
| 1611 | 饶 |
| 1612 | 蚀 |
| 1613 | 饺 |
| 1614 | 饼 |
| 1615 | 峦 |
| 1616 | 弯 |
| 1617 | 将 |
| 1618 | 奖 |
| 1619 | 哀 |
| 1620 | 亭 |

1621 亮
1622 度
1623 迹
1624 庭
1625 疮
1626 疯
1627 疫
1628 疤
1629 咨
1630 姿
1631 亲
1632 音
1633 帝
1634 施
1635 闺
1636 闻
1637 闽
1638 阀
1639 阁
1640 差
1641 养
1642 美
1643 姜
1644 叛
1645 送
1646 类
1647 迷
1648 籽
1649 娄
1650 前
1651 首
1652 逆
1653 兹
1654 总
1655 炼
1656 炸
1657 烁
1658 炮
1659 炫
1660 烂
1661 剃
1662 洼
1663 洁
1664 洪
1665 洒
1666 柒
1667 浇
1668 浊
1669 洞
1670 测
1671 洗
1672 活
1673 派
1674 洽
1675 染
1676 洛
1677 浏
1678 济
1679 洋
1680 洲
1681 浑
1682 浓
1683 津
1684 恃
1685 恒
1686 恢
1687 恍
1688 恬
1689 恤
1690 恰
1691 恼
1692 恨
1693 举
1694 觉
1695 宣
1696 宦
1697 室
1698 宫
1699 宪
1700 突
1701 穿
1702 窃
1703 客
1704 诫
1705 冠
1706 诬
1707 语
1708 扁
1709 袄
1710 祖
1711 神
1712 祝
1713 祠
1714 误
1715 诱
1716 诲

| | | | | | | | |
|---|---|---|---|---|---|---|---|
| 1717 | 说 | 1741 | 娜 | 1765 | 统 | 1789 | 起 |
| 1718 | 诵 | 1742 | 怒 | 1766 | 耕 | 1790 | 盐 |
| 1719 | 垦 | 1743 | 架 | 1767 | 耘 | 1791 | 捎 |
| 1720 | 退 | 1744 | 贺 | 1768 | 耗 | 1792 | 捍 |
| 1721 | 既 | 1745 | 盈 | 1769 | 耙 | 1793 | 捏 |
| 1722 | 屋 | 1746 | 勇 | 1770 | 艳 | 1794 | 埋 |
| 1723 | 昼 | 1747 | 怠 | 1771 | 泰 | 1795 | 捉 |
| 1724 | 屏 | 1748 | 癸 | 1772 | 秦 | 1796 | 捆 |
| 1725 | 屎 | 1749 | 蚤 | 1773 | 珠 | 1797 | 捐 |
| 1726 | 费 | 1750 | 柔 | 1774 | 班 | 1798 | 损 |
| 1727 | 陡 | 1751 | 垒 | 1775 | 素 | 1799 | 袁 |
| 1728 | 逊 | 1752 | 绑 | 1776 | 匿 | 1800 | 捌 |
| 1729 | 眉 | 1753 | 绒 | 1777 | 蚕 | 1801 | 都 |
| 1730 | 孩 | 1754 | 结 | 1778 | 顽 | 1802 | 哲 |
| 1731 | 陨 | 1755 | 绕 | 1779 | 盏 | 1803 | 逝 |
| 1732 | 除 | 1756 | 骄 | 1780 | 匪 | 1804 | 捡 |
| 1733 | 险 | 1757 | 绘 | 1781 | 捞 | 1805 | 挫 |
| 1734 | 院 | 1758 | 给 | 1782 | 栽 | 1806 | 换 |
| 1735 | 娃 | 1759 | 绚 | 1783 | 捕 | 1807 | 挽 |
| 1736 | 姥 | 1760 | 骆 | 1784 | 埂 | 1808 | 挚 |
| 1737 | 姨 | 1761 | 络 | 1785 | 捂 | 1809 | 热 |
| 1738 | 姻 | 1762 | 绝 | 1786 | 振 | 1810 | 恐 |
| 1739 | 娇 | 1763 | 绞 | 1787 | 载 | 1811 | 捣 |
| 1740 | 姚 | 1764 | 骇 | 1788 | 赶 | 1812 | 壶 |

1813 捅
1814 埃
1815 挨
1816 耻
1817 耿
1818 耽
1819 聂
1820 恭
1821 莽
1822 莱
1823 莲
1824 莫
1825 莉
1826 荷
1827 获
1828 晋
1829 恶
1830 莹
1831 莺
1832 真
1833 框
1834 梆
1835 桂
1836 桔
1837 栖
1838 档
1839 桐
1840 株
1841 桥
1842 桦
1843 栓
1844 桃
1845 格
1846 桩
1847 校
1848 核
1849 样
1850 根
1851 索
1852 哥
1853 速
1854 逗
1855 栗
1856 贾
1857 酌
1858 配
1859 翅
1860 辱
1861 唇
1862 夏
1863 砸
1864 砰
1865 砾
1866 础
1867 破
1868 原
1869 套
1870 逐
1871 烈
1872 殊
1873 殉
1874 顾
1875 轿
1876 较
1877 顿
1878 毙
1879 致
1880 柴
1881 桌
1882 虑
1883 监
1884 紧
1885 党
1886 逞
1887 晒
1888 眠
1889 晓
1890 哮
1891 唠
1892 鸭
1893 晃
1894 哺
1895 晌
1896 剔
1897 晕
1898 蚌
1899 畔
1900 蚣
1901 蚊
1902 蚪
1903 蚓
1904 哨
1905 哩
1906 圃
1907 哭
1908 哦

1909 恩
1910 鸯
1911 唤
1912 唁
1913 哼
1914 唧
1915 啊
1916 唉
1917 唆
1918 罢
1919 峭
1920 峨
1921 峰
1922 圆
1923 峻
1924 贼
1925 贿
1926 赂
1927 赃
1928 钱
1929 钳
1930 钻
1931 钾
1932 铁
1933 铃
1934 铅
1935 缺
1936 氧
1937 氨
1938 特
1939 牺
1940 造
1941 乘
1942 敌
1943 秤
1944 租
1945 积
1946 秧
1947 秩
1948 称
1949 秘
1950 透
1951 笔
1952 笑
1953 笋
1954 债
1955 借
1956 值
1957 倚
1958 俺
1959 倾
1960 倒
1961 倘
1962 俱
1963 倡
1964 候
1965 赁
1966 俯
1967 倍
1968 倦
1969 健
1970 臭
1971 射
1972 躬
1973 息
1974 倔
1975 徒
1976 徐
1977 殷
1978 舰
1979 舱
1980 般
1981 航
1982 途
1983 拿
1984 耸
1985 爹
1986 舀
1987 爱
1988 豺
1989 豹
1990 颁
1991 颂
1992 翁
1993 胰
1994 脆
1995 脂
1996 胸
1997 胳
1998 脏
1999 脐
2000 胶
2001 脑
2002 脓
2003 逛
2004 狸

2005 狼
2006 卿
2007 逢
2008 鸵
2009 留
2010 鸳
2011 皱
2012 饿
2013 馁
2014 凌
2015 凄
2016 恋
2017 桨
2018 浆
2019 衰
2020 衷
2021 高
2022 郭
2023 席
2024 准
2025 座
2026 症
2027 病
2028 疾
2029 斋
2030 疹
2031 疼
2032 疲
2033 脊
2034 效
2035 离
2036 紊
2037 唐
2038 瓷
2039 资
2040 凉
2041 站
2042 剖
2043 竞
2044 部
2045 旁
2046 旅
2047 畜
2048 阅
2049 羞
2050 羔
2051 瓶
2052 拳
2053 粉
2054 料
2055 益
2056 兼
2057 烤
2058 烘
2059 烦
2060 烧
2061 烛
2062 烟
2063 烙
2064 递
2065 涛
2066 浙
2067 涝
2068 浦
2069 酒
2070 涉
2071 消
2072 涡
2073 浩
2074 海
2075 涂
2076 浴
2077 浮
2078 涣
2079 涤
2080 流
2081 润
2082 涧
2083 涕
2084 浪
2085 浸
2086 涨
2087 烫
2088 涩
2089 涌
2090 悖
2091 悟
2092 悄
2093 悍
2094 悔
2095 悯
2096 悦
2097 害
2098 宽
2099 家
2100 宵

| | | | | | | | |
|---|---|---|---|---|---|---|---|
| 2101 | 宴 | 2125 | 谅 | 2149 | 桑 | 2173 | 堆 |
| 2102 | 宾 | 2126 | 谆 | 2150 | 绢 | 2174 | 推 |
| 2103 | 窍 | 2127 | 谈 | 2151 | 绣 | 2175 | 埠 |
| 2104 | 窄 | 2128 | 谊 | 2152 | 验 | 2176 | 掀 |
| 2105 | 容 | 2129 | 剥 | 2153 | 继 | 2177 | 授 |
| 2106 | 宰 | 2130 | 恳 | 2154 | 骏 | 2178 | 捻 |
| 2107 | 案 | 2131 | 展 | 2155 | 球 | 2179 | 教 |
| 2108 | 请 | 2132 | 剧 | 2156 | 琐 | 2180 | 掏 |
| 2109 | 朗 | 2133 | 屑 | 2157 | 理 | 2181 | 掐 |
| 2110 | 诸 | 2134 | 弱 | 2158 | 琉 | 2182 | 掠 |
| 2111 | 诺 | 2135 | 陵 | 2159 | 琅 | 2183 | 掂 |
| 2112 | 读 | 2136 | 祟 | 2160 | 捧 | 2184 | 培 |
| 2113 | 扇 | 2137 | 陶 | 2161 | 堵 | 2185 | 接 |
| 2114 | 诽 | 2138 | 陷 | 2162 | 措 | 2186 | 掷 |
| 2115 | 袜 | 2139 | 陪 | 2163 | 描 | 2187 | 控 |
| 2116 | 袖 | 2140 | 娱 | 2164 | 域 | 2188 | 探 |
| 2117 | 袍 | 2141 | 娟 | 2165 | 捺 | 2189 | 据 |
| 2118 | 被 | 2142 | 恕 | 2166 | 掩 | 2190 | 掘 |
| 2119 | 祥 | 2143 | 娥 | 2167 | 捷 | 2191 | 掺 |
| 2120 | 课 | 2144 | 娘 | 2168 | 排 | 2192 | 职 |
| 2121 | 冥 | 2145 | 通 | 2169 | 焉 | 2193 | 基 |
| 2122 | 谁 | 2146 | 能 | 2170 | 掉 | 2194 | 聆 |
| 2123 | 调 | 2147 | 难 | 2171 | 捶 | 2195 | 勘 |
| 2124 | 冤 | 2148 | 预 | 2172 | 赦 | 2196 | 聊 |

2197 娶
2198 著
2199 菱
2200 勒
2201 黄
2202 菲
2203 萌
2204 萝
2205 菌
2206 萎
2207 菜
2208 萄
2209 菊
2210 菩
2211 萍
2212 菠
2213 萤
2214 营
2215 乾
2216 萧
2217 萨
2218 菇
2219 械
2220 彬
2221 梦
2222 婪
2223 梗
2224 梧
2225 梢
2226 梅
2227 检
2228 梳
2229 梯
2230 桶
2231 梭
2232 救
2233 曹
2234 副
2235 票
2236 酝
2237 酗
2238 厢
2239 戚
2240 硅
2241 硕
2242 奢
2243 盔
2244 爽
2245 聋
2246 袭
2247 盛
2248 匾
2249 雪
2250 辅
2251 辆
2252 颅
2253 虚
2254 彪
2255 雀
2256 堂
2257 常
2258 眶
2259 匙
2260 晨
2261 睁
2262 眯
2263 眼
2264 悬
2265 野
2266 啪
2267 啦
2268 曼
2269 晦
2270 晚
2271 啄
2272 啡
2273 距
2274 趾
2275 啃
2276 跃
2277 略
2278 蚯
2279 蛀
2280 蛇
2281 唬
2282 累
2283 鄂
2284 唱
2285 患
2286 啰
2287 唾
2288 唯
2289 啤
2290 啥
2291 啸
2292 崖

2293 崎
2294 崭
2295 逻
2296 崔
2297 帷
2298 崩
2299 崇
2300 崛
2301 婴
2302 圈
2303 铐
2304 铛
2305 铝
2306 铜
2307 铭
2308 铲
2309 银
2310 矫
2311 甜
2312 秸
2313 梨
2314 犁
2315 秽
2316 移
2317 笨
2318 笼
2319 笛
2320 笙
2321 符
2322 第
2323 敏
2324 做
2325 袋
2326 悠
2327 偿
2328 偶
2329 偎
2330 偷
2331 您
2332 售
2333 停
2334 偏
2335 躯
2336 兜
2337 假
2338 衅
2339 徘
2340 徙
2341 得
2342 衔
2343 盘
2344 舶
2345 船
2346 舵
2347 斜
2348 盒
2349 鸽
2350 敛
2351 悉
2352 欲
2353 彩
2354 领
2355 脚
2356 脖
2357 脯
2358 豚
2359 脸
2360 脱
2361 象
2362 够
2363 逸
2364 猜
2365 猪
2366 猎
2367 猫
2368 凰
2369 猖
2370 猛
2371 祭
2372 馅
2373 馆
2374 凑
2375 减
2376 毫
2377 烹
2378 庶
2379 麻
2380 庵
2381 痊
2382 痒
2383 痕
2384 廊
2385 康
2386 庸
2387 鹿
2388 盗

2389 章
2390 竟
2391 商
2392 族
2393 旋
2394 望
2395 率
2396 阎
2397 阐
2398 着
2399 羚
2400 盖
2401 眷
2402 粘
2403 粗
2404 粒
2405 断
2406 剪
2407 兽
2408 焊
2409 焕
2410 清
2411 添
2412 鸿
2413 淋
2414 涯
2415 淹
2416 渠
2417 渐
2418 淑
2419 淌
2420 混
2421 淮
2422 淆
2423 渊
2424 淫
2425 渔
2426 淘
2427 淳
2428 液
2429 淤
2430 淡
2431 淀
2432 深
2433 涮
2434 涵
2435 婆
2436 梁
2437 渗
2438 情
2439 惜
2440 惭
2441 悼
2442 惧
2443 惕
2444 惟
2445 惊
2446 惦
2447 悴
2448 惋
2449 惨
2450 惯
2451 寇
2452 寅
2453 寄
2454 寂
2455 宿
2456 窒
2457 窑
2458 密
2459 谋
2460 谍
2461 谎
2462 谐
2463 袱
2464 祷
2465 祸
2466 谓
2467 谚
2468 谜
2469 逮
2470 敢
2471 尉
2472 屠
2473 弹
2474 隋
2475 堕
2476 随
2477 蛋
2478 隅
2479 隆
2480 隐
2481 婚
2482 婶
2483 婉
2484 颇

2485 颈

2486 绩

2487 绪

2488 续

2489 骑

2490 绰

2491 绳

2492 维

2493 绵

2494 绷

2495 绸

2496 综

2497 绽

2498 绿

2499 缀

2500 巢

2501 琴

2502 琳

2503 琢

2504 琼

2505 斑

2506 替

2507 揍

2508 款

2509 堪

2510 塔

2511 搭

2512 堰

2513 揩

2514 越

2515 趁

2516 趋

2517 超

2518 揽

2519 堤

2520 提

2521 博

2522 揭

2523 喜

2524 彭

2525 揣

2526 插

2527 揪

2528 搜

2529 煮

2530 援

2531 搀

2532 裁

2533 搁

2534 搓

2535 搂

2536 搅

2537 壹

2538 握

2539 搔

2540 揉

2541 斯

2542 期

2543 欺

2544 联

2545 葫

2546 散

2547 惹

2548 葬

2549 募

2550 葛

2551 董

2552 葡

2553 敬

2554 葱

2555 蒋

2556 蒂

2557 落

2558 韩

2559 朝

2560 辜

2561 葵

2562 棒

2563 棱

2564 棋

2565 椰

2566 植

2567 森

2568 焚

2569 椅

2570 椒

2571 棵

2572 棍

2573 椎

2574 棉

2575 棚

2576 棕

2577 棺

2578 榔

2579 椭

2580 惠

2581 惑
2582 逼
2583 粟
2584 棘
2585 酣
2586 酥
2587 厨
2588 厦
2589 硬
2590 硝
2591 确
2592 硫
2593 雁
2594 殖
2595 裂
2596 雄
2597 颊
2598 雳
2599 暂
2600 雅
2601 翘
2602 辈
2603 悲
2604 紫
2605 凿
2606 辉
2607 敞
2608 棠
2609 赏
2610 掌
2611 晴
2612 睐
2613 暑
2614 最
2615 晰
2616 量
2617 鼎
2618 喷
2619 喳
2620 晶
2621 喇
2622 遇
2623 喊
2624 遏
2625 晾
2626 景
2627 畴
2628 践
2629 跋
2630 跌
2631 跑
2632 跛
2633 遗
2634 蛙
2635 蛛
2636 蜓
2637 蜒
2638 蛤
2639 喝
2640 鹃
2641 喂
2642 喘
2643 喉
2644 喻
2645 啼
2646 喧
2647 嵌
2648 幅
2649 帽
2650 赋
2651 赌
2652 赎
2653 赐
2654 赔
2655 黑
2656 铸
2657 铺
2658 链
2659 销
2660 锁
2661 锄
2662 锅
2663 锈
2664 锋
2665 锌
2666 锐
2667 甥
2668 掰
2669 短
2670 智
2671 氮
2672 毯
2673 氯
2674 鹅
2675 剩
2676 稍

2677 程
2678 稀
2679 税
2680 筐
2681 等
2682 筑
2683 策
2684 筛
2685 筒
2686 筏
2687 答
2688 筋
2689 筝
2690 傲
2691 傅
2692 牌
2693 堡
2694 集
2695 焦
2696 傍
2697 储
2698 皓
2699 皖
2700 粤
2701 奥
2702 街
2703 惩
2704 御
2705 循
2706 艇
2707 舒
2708 逾
2709 番
2710 释
2711 禽
2712 腊
2713 脾
2714 腋
2715 腔
2716 腕
2717 鲁
2718 猩
2719 猬
2720 猾
2721 猴
2722 惫
2723 然
2724 馈
2725 馋
2726 装
2727 蛮
2728 就
2729 敦
2730 斌
2731 痘
2732 痢
2733 痪
2734 痛
2735 童
2736 竣
2737 阔
2738 善
2739 翔
2740 羡
2741 普
2742 粪
2743 尊
2744 奠
2745 道
2746 遂
2747 曾
2748 焰
2749 港
2750 滞
2751 湖
2752 湘
2753 渣
2754 渤
2755 渺
2756 湿
2757 温
2758 渴
2759 溃
2760 溅
2761 滑
2762 湃
2763 渝
2764 湾
2765 渡
2766 游
2767 滋
2768 渲
2769 溉
2770 愤
2771 慌
2772 惰

2773 愕
2774 愣
2775 惶
2776 愧
2777 愉
2778 慨
2779 割
2780 寒
2781 富
2782 寓
2783 窜
2784 窝
2785 窖
2786 窗
2787 窘
2788 遍
2789 雇
2790 裕
2791 裤
2792 裙
2793 禅
2794 禄
2795 谢
2796 谣
2797 谤
2798 谦
2799 犀
2800 属
2801 屡
2802 强
2803 粥
2804 疏
2805 隔
2806 隙
2807 隘
2808 媒
2809 絮
2810 嫂
2811 媚
2812 婿
2813 登
2814 缅
2815 缆
2816 缉
2817 缎
2818 缓
2819 缔
2820 缕
2821 骗
2822 编
2823 骚
2824 缘
2825 瑟
2826 鹉
2827 瑞
2828 瑰
2829 瑙
2830 魂
2831 肆
2832 摄
2833 摸
2834 填
2835 搏
2836 塌
2837 鼓
2838 摆
2839 携
2840 搬
2841 摇
2842 搞
2843 塘
2844 摊
2845 聘
2846 斟
2847 蒜
2848 勤
2849 靴
2850 靶
2851 鹊
2852 蓝
2853 墓
2854 幕
2855 蓬
2856 蓄
2857 蒲
2858 蓉
2859 蒙
2860 蒸
2861 献
2862 椿
2863 禁
2864 楚
2865 楷
2866 榄
2867 想
2868 槐

2869 榆
2870 楼
2871 概
2872 赖
2873 酪
2874 酬
2875 感
2876 碍
2877 碘
2878 碑
2879 碎
2880 碰
2881 碗
2882 碌
2883 尴
2884 雷
2885 零[1]
2886 雾
2887 雹
2888 辐
2889 辑
2890 输
2891 督
2892 频
2893 龄
2894 鉴
2895 睛
2896 睹
2897 睦
2898 瞄
2899 睫
2900 睡
2901 睬
2902 嗜
2903 鄙
2904 嗦
2905 愚
2906 暖
2907 盟
2908 歇
2909 暗
2910 暇
2911 照
2912 畸
2913 跨
2914 跷
2915 跳
2916 跺
2917 跪
2918 路
2919 跤
2920 跟
2921 遣
2922 蜈
2923 蜗
2924 蛾
2925 蜂
2926 蜕
2927 嗅
2928 嗡
2929 嗓
2930 署
2931 置
2932 罪
2933 罩
2934 蜀
2935 幌
2936 错
2937 锚
2938 锡
2939 锣
2940 锤
2941 锥
2942 锦
2943 键
2944 锯
2945 锰
2946 矮
2947 辞
2948 稚
2949 稠
2950 颓
2951 愁
2952 筹
2953 签
2954 简
2955 筷
2956 毁
2957 舅
2958 鼠
2959 催
2960 傻
2961 像
2962 躲
2963 魁
2964 衙

2965 微
2966 愈
2967 遥
2968 腻
2969 腰
2970 腥
2971 腮
2972 腹
2973 腺
2974 鹏
2975 腾
2976 腿
2977 鲍
2978 猿
2979 颖
2980 触
2981 解
2982 煞
2983 雏
2984 馍
2985 馏
2986 酱
2987 禀
2988 痹
2989 廓
2990 痴
2991 痰
2992 廉
2993 靖
2994 新
2995 韵
2996 意
2997 誊
2998 粮
2999 数
3000 煎
3001 塑
3002 慈
3003 煤
3004 煌
3005 满
3006 漠
3007 滇
3008 源
3009 滤
3010 滥
3011 滔
3012 溪
3013 溜
3014 漓
3015 滚
3016 溢
3017 溯
3018 滨
3019 溶
3020 溺
3021 粱
3022 滩
3023 慎
3024 誉
3025 塞
3026 寞
3027 窥
3028 窟
3029 寝
3030 谨
3031 褂
3032 裸
3033 福
3034 谬
3035 群
3036 殿
3037 辟
3038 障
3039 媳
3040 嫉
3041 嫌
3042 嫁
3043 叠
3044 缚
3045 缝
3046 缠
3047 缤
3048 剿
3049 静
3050 碧
3051 璃
3052 赘
3053 熬
3054 墙
3055 墟
3056 嘉
3057 摧
3058 赫
3059 截
3060 誓

| | | | | | | | |
|---|---|---|---|---|---|---|---|
| 3061 | 境 | 3085 | 遭 | 3109 | 蝉 | 3133 | 膊 |
| 3062 | 摘 | 3086 | 酵 | 3110 | 嘛 | 3134 | 膀 |
| 3063 | 摔 | 3087 | 酷 | 3111 | 嘀 | 3135 | 鲜 |
| 3064 | 撇 | 3088 | 酿 | 3112 | 赚 | 3136 | 疑 |
| 3065 | 聚 | 3089 | 酸 | 3113 | 锹 | 3137 | 孵 |
| 3066 | 慕 | 3090 | 碟 | 3114 | 锻 | 3138 | 馒 |
| 3067 | 暮 | 3091 | 碱 | 3115 | 镀 | 3139 | 裹 |
| 3068 | 摹 | 3092 | 碳 | 3116 | 舞 | 3140 | 敲 |
| 3069 | 蔓 | 3093 | 磁 | 3117 | 舔 | 3141 | 豪 |
| 3070 | 蔑 | 3094 | 愿 | 3118 | 稳 | 3142 | 膏 |
| 3071 | 蔡 | 3095 | 需 | 3119 | 熏 | 3143 | 遮 |
| 3072 | 蔗 | 3096 | 辖 | 3120 | 箕 | 3144 | 腐 |
| 3073 | 蔽 | 3097 | 辗 | 3121 | 算 | 3145 | 瘩 |
| 3074 | 蔼 | 3098 | 雌 | 3122 | 箩 | 3146 | 瘟 |
| 3075 | 熙 | 3099 | 裳 | 3123 | 管 | 3147 | 瘦 |
| 3076 | 蔚 | 3100 | 颗 | 3124 | 箫 | 3148 | 辣 |
| 3077 | 兢 | 3101 | 瞅 | 3125 | 舆 | 3149 | 彰 |
| 3078 | 模 | 3102 | 墅 | 3126 | 僚 | 3150 | 竭 |
| 3079 | 槛 | 3103 | 嗽 | 3127 | 僧 | 3151 | 端 |
| 3080 | 榴 | 3104 | 踊 | 3128 | 鼻 | 3152 | 旗 |
| 3081 | 榜 | 3105 | 蜻 | 3129 | 魄 | 3153 | 精 |
| 3082 | 榨 | 3106 | 蜡 | 3130 | 魅 | 3154 | 粹 |
| 3083 | 榕 | 3107 | 蝇 | 3131 | 貌 | 3155 | 歉 |
| 3084 | 歌 | 3108 | 蜘 | 3132 | 膜 | 3156 | 弊 |

3157 熄
3158 熔
3159 煽
3160 潇
3161 漆
3162 漱
3163 漂
3164 漫
3165 滴
3166 漾
3167 演
3168 漏
3169 慢
3170 慷
3171 寨
3172 赛
3173 寡
3174 察
3175 蜜
3176 寥
3177 谭
3178 肇
3179 褐
3180 褪
3181 谱
3182 隧
3183 嫩
3184 翠
3185 熊
3186 凳
3187 骡
3188 缩
3189 慧
3190 撵
3191 撕
3192 撒
3193 撩
3194 趣
3195 趟
3196 撑
3197 撮
3198 撬
3199 播
3200 擒
3201 墩
3202 撞
3203 撤
3204 增
3205 撰
3206 聪
3207 鞋
3208 鞍
3209 蕉
3210 蕊
3211 蔬
3212 蕴
3213 横
3214 槽
3215 樱
3216 橡
3217 樟
3218 橄
3219 敷
3220 豌
3221 飘
3222 醋
3223 醇
3224 醉
3225 磕
3226 磊
3227 磅
3228 碾
3229 震
3230 霄
3231 霉
3232 瞒
3233 题
3234 暴
3235 瞎
3236 嘻
3237 嘶
3238 嘲
3239 嘹
3240 影
3241 踢
3242 踏
3243 踩
3244 踪
3245 蝶
3246 蝴
3247 蝠
3248 蝎
3249 蝌
3250 蝗
3251 蝙
3252 嘿

3253 嘱
3254 幢
3255 墨
3256 镇
3257 镐
3258 镑
3259 靠
3260 稽
3261 稻
3262 黎
3263 稿
3264 稼
3265 箱
3266 篓
3267 箭
3268 篇
3269 僵
3270 躺
3271 僻
3272 德
3273 艘
3274 膝
3275 膛
3276 鲤
3277 鲫
3278 熟
3279 摩
3280 褒
3281 瘪
3282 瘤
3283 瘫
3284 凛
3285 颜
3286 毅
3287 糊
3288 遵
3289 憋
3290 潜
3291 澎
3292 潮
3293 潭
3294 鲨
3295 澳
3296 潘
3297 澈
3298 澜
3299 澄
3300 懂
3301 憔
3302 懊
3303 憎
3304 额
3305 翩
3306 褥
3307 谴
3308 鹤
3309 憨
3310 慰
3311 劈
3312 履
3313 豫
3314 缭
3315 撼
3316 擂
3317 操
3318 擅
3319 燕
3320 蕾
3321 薯
3322 薛
3323 薇
3324 擎
3325 薪
3326 薄
3327 颠
3328 翰
3329 噩
3330 橱
3331 橙
3332 橘
3333 整
3334 融
3335 瓢
3336 醒
3337 霍
3338 霎
3339 辙
3340 冀
3341 餐
3342 嘴
3343 踱
3344 蹄
3345 蹂
3346 蟆
3347 螃
3348 器

3349 噪
3350 鹦
3351 赠
3352 默
3353 黔
3354 镜
3355 赞
3356 穆
3357 篮
3358 篡
3359 篷
3360 篱
3361 儒
3362 邀
3363 衡
3364 膨
3365 雕
3366 鲸
3367 磨
3368 瘾
3369 瘸
3370 凝
3371 辨
3372 辩
3373 糙
3374 糖
3375 糕
3376 燃
3377 濒
3378 澡
3379 激
3380 懒
3381 憾
3382 懈
3383 窿
3384 壁
3385 避
3386 缰
3387 缴
3388 戴
3389 擦
3390 藉
3391 鞠
3392 藏
3393 藐
3394 檬
3395 檐
3396 檀
3397 礁
3398 磷
3399 霜
3400 霞
3401 瞭
3402 瞧
3403 瞬
3404 瞳
3405 瞩
3406 瞪
3407 曙
3408 蹋
3409 蹈
3410 螺
3411 蟋
3412 蟀
3413 嚎
3414 赡
3415 穗
3416 魏
3417 簧
3418 簇
3419 繁
3420 徽
3421 爵
3422 朦
3423 臊
3424 鳄
3425 癌
3426 辫
3427 赢
3428 糟
3429 糠
3430 燥
3431 懦
3432 豁
3433 臀
3434 臂
3435 翼
3436 骤
3437 藕
3438 鞭
3439 藤
3440 覆
3441 瞻
3442 蹦
3443 嚣
3444 镰

3445 翻
3446 鳍
3447 鹰
3448 瀑
3449 襟
3450 璧
3451 戳
3452 孽
3453 警
3454 蘑
3455 藻
3456 攀
3457 曝
3458 蹲
3459 蹭
3460 蹬
3461 巅
3462 簸
3463 簿
3464 蟹
3465 颤
3466 靡
3467 癣
3468 瓣
3469 羹
3470 鳖
3471 爆
3472 疆
3473 鬓
3474 壤
3475 馨
3476 耀
3477 躁
3478 蠕
3479 嚼
3480 嚷
3481 巍
3482 籍
3483 鳞
3484 魔
3485 糯
3486 灌
3487 譬
3488 蠢
3489 霸
3490 露
3491 霹
3492 躏
3493 黯
3494 髓
3495 赣
3496 囊
3497 镶
3498 瓤
3499 罐
3500 矗

[1] 零：与表数目的汉字“一二三四五六七八九”连用时可用“〇”替代。

# 二级字表

| | | | | | | | |
|---|---|---|---|---|---|---|---|
| 3501 | 乂 | 3522 | 闩 | 3543 | 仟 | 3564 | 耒 |
| 3502 | 乜 | 3523 | 讣 | 3544 | 仡 | 3565 | 玎 |
| 3503 | 兀 | 3524 | 尹 | 3545 | 仫 | 3566 | 玑 |
| 3504 | 弋 | 3525 | 夬 | 3546 | 仞 | 3567 | 邢 |
| 3505 | 孑 | 3526 | 爿 | 3547 | 卮 | 3568 | 圩 |
| 3506 | 孓 | 3527 | 毋 | 3548 | 氐 | 3569 | 圬 |
| 3507 | 幺 | 3528 | 邗 | 3549 | 犰 | 3570 | 圭 |
| 3508 | 亓 | 3529 | 邛 | 3550 | 刍 | 3571 | 扦 |
| 3509 | 韦 | 3530 | 艽 | 3551 | 邝 | 3572 | 圪 |
| 3510 | 廿 | 3531 | 艿 | 3552 | 邙 | 3573 | 圳 |
| 3511 | 丏 | 3532 | 札 | 3553 | 汀 | 3574 | 圹 |
| 3512 | 卅 | 3533 | 叵 | 3554 | 讦 | 3575 | 扪 |
| 3513 | 仄 | 3534 | 匝 | 3555 | 讧 | 3576 | 圮 |
| 3514 | 厄 | 3535 | 丕 | 3556 | 讪 | 3577 | 圯 |
| 3515 | 仃 | 3536 | 匜 | 3557 | 讫 | 3578 | 芊 |
| 3516 | 仉 | 3537 | 劢 | 3558 | 尻 | 3579 | 芍 |
| 3517 | 仂 | 3538 | 卟 | 3559 | 阡 | 3580 | 芄 |
| 3518 | 兮 | 3539 | 叱 | 3560 | 尕 | 3581 | 芨 |
| 3519 | 刈 | 3540 | 叻 | 3561 | 弁 | 3582 | 芑 |
| 3520 | 爻 | 3541 | 仨 | 3562 | 驭 | 3583 | 芎 |
| 3521 | 卞 | 3542 | 仕 | 3563 | 匡 | 3584 | 芗 |

3585 亘
3586 厍
3587 夼
3588 戌
3589 尥
3590 乩
3591 旯
3592 曳
3593 岌
3594 屺
3595 凼
3596 囡
3597 钇
3598 缶
3599 氘
3600 氖
3601 牝
3602 伎
3603 伛
3604 伢
3605 佤
3606 仵
3607 伥
3608 伧
3609 伉
3610 伫
3611 囟
3612 汆
3613 刖
3614 夙
3615 旮
3616 刎
3617 犷
3618 犸
3619 舛
3620 凫
3621 邬
3622 饧
3623 汕
3624 汔
3625 汐
3626 汲
3627 汜
3628 汊
3629 忖
3630 忏
3631 讴
3632 讵
3633 祁
3634 讷
3635 聿
3636 艮
3637 厾
3638 阱
3639 阮
3640 阪
3641 丞
3642 妁
3643 牟
3644 纡
3645 纣
3646 纥
3647 纨
3648 玕
3649 玙
3650 抟
3651 抔
3652 圻
3653 坂
3654 坍
3655 坞
3656 抃
3657 抉
3658 㧐
3659 芫
3660 邯
3661 芸
3662 芾
3663 苈
3664 苣
3665 芷
3666 芮
3667 苋
3668 芼
3669 苌
3670 苁
3671 芩
3672 芪
3673 芡
3674 芟
3675 苄
3676 苎
3677 苡
3678 杌
3679 杓
3680 杞

| | |
|---|---|
| 3681 | 杈 |
| 3682 | 忑 |
| 3683 | 孛 |
| 3684 | 邴 |
| 3685 | 邳 |
| 3686 | 矶 |
| 3687 | 奁 |
| 3688 | 豕 |
| 3689 | 忒 |
| 3690 | 欤 |
| 3691 | 轫 |
| 3692 | 迓 |
| 3693 | 邶 |
| 3694 | 忐 |
| 3695 | 卣 |
| 3696 | 邺 |
| 3697 | 旰 |
| 3698 | 呋 |
| 3699 | 呒 |
| 3700 | 呓 |
| 3701 | 呔 |
| 3702 | 呖 |
| 3703 | 呃 |
| 3704 | 旸 |
| 3705 | 吡 |
| 3706 | 町 |
| 3707 | 虬 |
| 3708 | 呗 |
| 3709 | 吽 |
| 3710 | 吣 |
| 3711 | 吲 |
| 3712 | 帏 |
| 3713 | 岐 |
| 3714 | 岈 |
| 3715 | 岘 |
| 3716 | 岑 |
| 3717 | 岚 |
| 3718 | 兕 |
| 3719 | 囵 |
| 3720 | 囫 |
| 3721 | 钊 |
| 3722 | 钋 |
| 3723 | 钌 |
| 3724 | 迕 |
| 3725 | 氙 |
| 3726 | 氚 |
| 3727 | 牤 |
| 3728 | 佞 |
| 3729 | 邱 |
| 3730 | 攸 |
| 3731 | 佚 |
| 3732 | 佝 |
| 3733 | 佟 |
| 3734 | 佗 |
| 3735 | 伽 |
| 3736 | 彷 |
| 3737 | 佘 |
| 3738 | 佥 |
| 3739 | 孚 |
| 3740 | 豸 |
| 3741 | 坌 |
| 3742 | 肟 |
| 3743 | 邸 |
| 3744 | 奂 |
| 3745 | 劬 |
| 3746 | 狄 |
| 3747 | 狁 |
| 3748 | 鸠 |
| 3749 | 邹 |
| 3750 | 饨 |
| 3751 | 饩 |
| 3752 | 饪 |
| 3753 | 饫 |
| 3754 | 饬 |
| 3755 | 亨 |
| 3756 | 庑 |
| 3757 | 庋 |
| 3758 | 疔 |
| 3759 | 疖 |
| 3760 | 肓 |
| 3761 | 闱 |
| 3762 | 闳 |
| 3763 | 闵 |
| 3764 | 羌 |
| 3765 | 炀 |
| 3766 | 沣 |
| 3767 | 沅 |
| 3768 | 沔 |
| 3769 | 沤 |
| 3770 | 沌 |
| 3771 | 沏 |
| 3772 | 沚 |
| 3773 | 汩 |
| 3774 | 汨 |
| 3775 | 沂 |
| 3776 | 汾 |

3777 沨
3778 汴
3779 汶
3780 沆
3781 沩
3782 泐
3783 怃
3784 怄
3785 忡
3786 忤
3787 忾
3788 怅
3789 忻
3790 忪
3791 怆
3792 忭
3793 忸
3794 诂
3795 诃
3796 诅
3797 诋
3798 诌
3799 诏
3800 诒
3801 孜
3802 陇
3803 陀
3804 陂
3805 陉
3806 妍
3807 妩
3808 妪
3809 妣
3810 妊
3811 妗
3812 妫
3813 妞
3814 姒
3815 妤
3816 邵
3817 劭
3818 刭
3819 甬
3820 邰
3821 纭
3822 纰
3823 纴
3824 纶
3825 纾
3826 玮
3827 玡
3828 玭
3829 玠
3830 玢
3831 玥
3832 玦
3833 盂
3834 忝
3835 匦
3836 坩
3837 抨
3838 拤
3839 坫
3840 拈
3841 垆
3842 抻
3843 劼
3844 拃
3845 拊
3846 坼
3847 坻
3848 㧟
3849 坨
3850 坭
3851 抿
3852 坳
3853 耶
3854 苷
3855 苯
3856 苤
3857 茏
3858 苫
3859 苜
3860 苴
3861 苒
3862 苘
3863 茌
3864 苻
3865 苓
3866 茚
3867 茆
3868 茑
3869 茓
3870 茔
3871 茕
3872 茀

| | | | | | | | |
|---|---|---|---|---|---|---|---|
| 3873 | 苕 | 3897 | 昊 | 3921 | 呦 | 3945 | 邾 |
| 3874 | 枥 | 3898 | 昙 | 3922 | 咝 | 3946 | 迮 |
| 3875 | 枇 | 3899 | 杲 | 3923 | 岢 | 3947 | 牦 |
| 3876 | 杪 | 3900 | 昃 | 3924 | 岿 | 3948 | 竺 |
| 3877 | 杳 | 3901 | 咂 | 3925 | 岬 | 3949 | 迤 |
| 3878 | 枧 | 3902 | 呸 | 3926 | 岫 | 3950 | 佶 |
| 3879 | 杵 | 3903 | 昕 | 3927 | 帙 | 3951 | 佬 |
| 3880 | 枨 | 3904 | 昀 | 3928 | 岣 | 3952 | 佰 |
| 3881 | 枞 | 3905 | 旻 | 3929 | 峁 | 3953 | 侑 |
| 3882 | 枋 | 3906 | 昉 | 3930 | 刿 | 3954 | 侉 |
| 3883 | 杻 | 3907 | 炅 | 3931 | 迥 | 3955 | 臾 |
| 3884 | 杷 | 3908 | 咔 | 3932 | 岷 | 3956 | 岱 |
| 3885 | 杼 | 3909 | 畀 | 3933 | 剀 | 3957 | 侗 |
| 3886 | 矸 | 3910 | 虮 | 3934 | 帔 | 3958 | 侃 |
| 3887 | 砀 | 3911 | 咀 | 3935 | 峄 | 3959 | 侏 |
| 3888 | 刳 | 3912 | 呷 | 3936 | 沓 | 3960 | 侩 |
| 3889 | 奄 | 3913 | 黾 | 3937 | 囹 | 3961 | 佻 |
| 3890 | 瓯 | 3914 | 呱 | 3938 | 罔 | 3962 | 佾 |
| 3891 | 殁 | 3915 | 呤 | 3939 | 钍 | 3963 | 侪 |
| 3892 | 郏 | 3916 | 咚 | 3940 | 钎 | 3964 | 佼 |
| 3893 | 轭 | 3917 | 咆 | 3941 | 钏 | 3965 | 佯 |
| 3894 | 郅 | 3918 | 咛 | 3942 | 钒 | 3966 | 侬 |
| 3895 | 鸢 | 3919 | 呶 | 3943 | 钕 | 3967 | 帛 |
| 3896 | 盱 | 3920 | 呣 | 3944 | 钗 | 3968 | 阜 |

| | | | | | | | |
|---|---|---|---|---|---|---|---|
| 3969 | 侔 | 3993 | 饴 | 4017 | 泺 | 4041 | 诘 |
| 3970 | 徂 | 3994 | 洌 | 4018 | 泖 | 4042 | 戾 |
| 3971 | 刽 | 3995 | 冼 | 4019 | 泫 | 4043 | 诙 |
| 3972 | 郄 | 3996 | 庖 | 4020 | 泮 | 4044 | 戽 |
| 3973 | 怂 | 3997 | 疠 | 4021 | 沱 | 4045 | 郓 |
| 3974 | 籴 | 3998 | 疝 | 4022 | 泯 | 4046 | 衩 |
| 3975 | 瓮 | 3999 | 疡 | 4023 | 泓 | 4047 | 祆 |
| 3976 | 戗 | 4000 | 兖 | 4024 | 泾 | 4048 | 祎 |
| 3977 | 肼 | 4001 | 妾 | 4025 | 怙 | 4049 | 祉 |
| 3978 | 䏝 | 4002 | 劾 | 4026 | 怵 | 4050 | 祇 |
| 3979 | 肽 | 4003 | 炜 | 4027 | 怦 | 4051 | 诛 |
| 3980 | 肱 | 4004 | 𬉼 | 4028 | 怛 | 4052 | 诜 |
| 3981 | 肫 | 4005 | 炖 | 4029 | 怏 | 4053 | 诟 |
| 3982 | 剁 | 4006 | 炘 | 4030 | 怍 | 4054 | 诠 |
| 3983 | 迩 | 4007 | 炝 | 4031 | 㤘 | 4055 | 诣 |
| 3984 | 郇 | 4008 | 炔 | 4032 | 怩 | 4056 | 诤 |
| 3985 | 狙 | 4009 | 泔 | 4033 | 怫 | 4057 | 诧 |
| 3986 | 狎 | 4010 | 沭 | 4034 | 怿 | 4058 | 诨 |
| 3987 | 狍 | 4011 | 泷 | 4035 | 宕 | 4059 | 诩 |
| 3988 | 狒 | 4012 | 泸 | 4036 | 穹 | 4060 | 戕 |
| 3989 | 咎 | 4013 | 泱 | 4037 | 宓 | 4061 | 孢 |
| 3990 | 炙 | 4014 | 泅 | 4038 | 诓 | 4062 | 亟 |
| 3991 | 枭 | 4015 | 泗 | 4039 | 诔 | 4063 | 陔 |
| 3992 | 饯 | 4016 | 泠 | 4040 | 诖 | 4064 | 妲 |

| | | | | | | | |
|---|---|---|---|---|---|---|---|
| 4065 | 妯 | 4089 | 珀 | 4113 | 莒 | 4137 | 荬 |
| 4066 | 姗 | 4090 | 顸 | 4114 | 茼 | 4138 | 莳 |
| 4067 | 帑 | 4091 | 珉 | 4115 | 茴 | 4139 | 柰 |
| 4068 | 弩 | 4092 | 珈 | 4116 | 茱 | 4140 | 栉 |
| 4069 | 孥 | 4093 | 拮 | 4117 | 莛 | 4141 | 柯 |
| 4070 | 驽 | 4094 | 垭 | 4118 | 荞 | 4142 | 柘 |
| 4071 | 虱 | 4095 | 挝 | 4119 | 茯 | 4143 | 栊 |
| 4072 | 迦 | 4096 | 垣 | 4120 | 荏 | 4144 | 枢 |
| 4073 | 迨 | 4097 | 挞 | 4121 | 荇 | 4145 | 枰 |
| 4074 | 绀 | 4098 | 垤 | 4122 | 荃 | 4146 | 栌 |
| 4075 | 绁 | 4099 | 赳 | 4123 | 荟 | 4147 | 柙 |
| 4076 | 绂 | 4100 | 贲 | 4124 | 荀 | 4148 | 枵 |
| 4077 | 驷 | 4101 | 垱 | 4125 | 茗 | 4149 | 柚 |
| 4078 | 驸 | 4102 | 垌 | 4126 | 荠 | 4150 | 枳 |
| 4079 | 绉 | 4103 | 郝 | 4127 | 茭 | 4151 | 柞 |
| 4080 | 绌 | 4104 | 垧 | 4128 | 茨 | 4152 | 柝 |
| 4081 | 驿 | 4105 | 垓 | 4129 | 垩 | 4153 | 栀 |
| 4082 | 骀 | 4106 | 挦 | 4130 | 荥 | 4154 | 柢 |
| 4083 | 甾 | 4107 | 垠 | 4131 | 荦 | 4155 | 栎 |
| 4084 | 珏 | 4108 | 茜 | 4132 | 荨 | 4156 | 枸 |
| 4085 | 珐 | 4109 | 荚 | 4133 | 茛 | 4157 | 柈 |
| 4086 | 珂 | 4110 | 荑 | 4134 | 剋 | 4158 | 柁 |
| 4087 | 珑 | 4111 | 贯 | 4135 | 荪 | 4159 | 枷 |
| 4088 | 玳 | 4112 | 荜 | 4136 | 茹 | 4160 | 柽 |

4161 剌
4162 酊
4163 郦
4164 甭
4165 砗
4166 砘
4167 砒
4168 斫
4169 砭
4170 砜
4171 奎
4172 耷
4173 虺
4174 殂
4175 殇
4176 殄
4177 殆
4178 轱
4179 轲
4180 轳
4181 轶
4182 轸
4183 虿
4184 毖
4185 觇
4186 尜
4187 哐
4188 眄
4189 眍
4190 ⿰口邦
4191 郢
4192 眇
4193 眊
4194 眈
4195 禺
4196 哂
4197 咴
4198 曷
4199 昴
4200 昱
4201 昵
4202 咦
4203 哓
4204 哔
4205 畎
4206 毗
4207 呲
4208 胄
4209 畋
4210 畈
4211 虼
4212 虻
4213 盅
4214 咣
4215 哕
4216 剐
4217 郧
4218 咻
4219 囿
4220 咿
4221 哌
4222 哙
4223 哚
4224 咯
4225 咩
4226 咤
4227 哝
4228 哏
4229 哞
4230 峙
4231 峣
4232 罘
4233 帧
4234 峒
4235 峤
4236 峋
4237 峥
4238 贶
4239 钚
4240 钛
4241 钡
4242 钣
4243 钤
4244 钨
4245 钫
4246 钯
4247 氡
4248 氟
4249 牯
4250 郜
4251 秕
4252 秭
4253 竽
4254 笈
4255 笃
4256 俦

| | | | | | | | |
|---|---|---|---|---|---|---|---|
| 4257 | 俨 | 4281 | 胛 | 4305 | 弈 | 4329 | 炷 |
| 4258 | 俅 | 4282 | 胂 | 4306 | 奕 | 4330 | 烃 |
| 4259 | 俪 | 4283 | 胙 | 4307 | 庥 | 4331 | 洱 |
| 4260 | 叟 | 4284 | 胍 | 4308 | 疬 | 4332 | 洹 |
| 4261 | 垡 | 4285 | 胗 | 4309 | 疣 | 4333 | 洧 |
| 4262 | 牮 | 4286 | 胝 | 4310 | 疥 | 4334 | 洌 |
| 4263 | 俣 | 4287 | 朐 | 4311 | 疭 | 4335 | 浃 |
| 4264 | 俚 | 4288 | 胫 | 4312 | 庠 | 4336 | 洇 |
| 4265 | 皈 | 4289 | 鸨 | 4313 | 竑 | 4337 | 洄 |
| 4266 | 俑 | 4290 | 匍 | 4314 | 彦 | 4338 | 洙 |
| 4267 | 俟 | 4291 | 狨 | 4315 | 飒 | 4339 | 涎 |
| 4268 | 逅 | 4292 | 狯 | 4316 | 闼 | 4340 | 洎 |
| 4269 | 徇 | 4293 | 飑 | 4317 | 闾 | 4341 | 洫 |
| 4270 | 徉 | 4294 | 狩 | 4318 | 闿 | 4342 | 浍 |
| 4271 | 舢 | 4295 | 狲 | 4319 | 阂 | 4343 | 洮 |
| 4272 | 俞 | 4296 | 訇 | 4320 | 羑 | 4344 | 洵 |
| 4273 | 郗 | 4297 | 逄 | 4321 | 迸 | 4345 | 浒 |
| 4274 | 俎 | 4298 | 昝 | 4322 | 籼 | 4346 | 浔 |
| 4275 | 郤 | 4299 | 饷 | 4323 | 酋 | 4347 | 浕 |
| 4276 | 爰 | 4300 | 饸 | 4324 | 炳 | 4348 | 洳 |
| 4277 | 郛 | 4301 | 饹 | 4325 | 炻 | 4349 | 恸 |
| 4278 | 瓴 | 4302 | 胤 | 4326 | 炽 | 4350 | 恓 |
| 4279 | 胨 | 4303 | 孪 | 4327 | 炯 | 4351 | 恹 |
| 4280 | 胪 | 4304 | 娈 | 4328 | 烀 | 4352 | 恫 |

4353 恺
4354 恻
4355 恂
4356 恪
4357 恽
4358 宥
4359 扃
4360 衲
4361 衽
4362 衿
4363 袂
4364 祛
4365 祜
4366 祓
4367 祚
4368 诮
4369 祗
4370 祢
4371 诰
4372 诳
4373 鸩
4374 昶
4375 郡
4376 咫
4377 弭
4378 牁
4379 胥
4380 陛
4381 陟
4382 娅
4383 姮
4384 娆
4385 姝
4386 姣
4387 姘
4388 姹
4389 怼
4390 羿
4391 炱
4392 矜
4393 绔
4394 骁
4395 骅
4396 绗
4397 绛
4398 骈
4399 耖
4400 挈
4401 珥
4402 珙
4403 顼
4404 珰
4405 珩
4406 珧
4407 珣
4408 珞
4409 琤
4410 珲
4411 敖
4412 恚
4413 埔
4414 埕
4415 埘
4416 埙
4417 埚
4418 挹
4419 耆
4420 耄
4421 埒
4422 捋
4423 贽
4424 垸
4425 捃
4426 盍
4427 荸
4428 莆
4429 莳
4430 莴
4431 莪
4432 莠
4433 莓
4434 莜
4435 莅
4436 荼
4437 莩
4438 荽
4439 莸
4440 荻
4441 莘
4442 莎
4443 莞
4444 莨
4445 鸪
4446 莼
4447 栲
4448 栳

| | | | | | | | |
|---|---|---|---|---|---|---|---|
| 4449 | 梆 | 4473 | 砝 | 4497 | 眙 | 4521 | 崃 |
| 4450 | 桓 | 4474 | 砹 | 4498 | 哧 | 4522 | 罡 |
| 4451 | 桡 | 4475 | 砺 | 4499 | 哽 | 4523 | 罟 |
| 4452 | 桎 | 4476 | 砧 | 4500 | 唔 | 4524 | 峪 |
| 4453 | 桢 | 4477 | 砷 | 4501 | 晁 | 4525 | 觊 |
| 4454 | 桤 | 4478 | 砟 | 4502 | 晏 | 4526 | 赅 |
| 4455 | 梃 | 4479 | 砼 | 4503 | 鸮 | 4527 | 钰 |
| 4456 | 栝 | 4480 | 砥 | 4504 | 趵 | 4528 | 钲 |
| 4457 | 桕 | 4481 | 砣 | 4505 | 趿 | 4529 | 钴 |
| 4458 | 桁 | 4482 | 剞 | 4506 | 畛 | 4530 | 钵 |
| 4459 | 桧 | 4483 | 砻 | 4507 | 蚨 | 4531 | 钹 |
| 4460 | 桅 | 4484 | 轼 | 4508 | 蚜 | 4532 | 钺 |
| 4461 | 栟 | 4485 | 轾 | 4509 | 蚍 | 4533 | 钽 |
| 4462 | 桉 | 4486 | 辂 | 4510 | 蚋 | 4534 | 钼 |
| 4463 | 栩 | 4487 | 鸫 | 4511 | 蚬 | 4535 | 钿 |
| 4464 | 逑 | 4488 | 趸 | 4512 | 蚝 | 4536 | 铀 |
| 4465 | 逋 | 4489 | 龀 | 4513 | 蚧 | 4537 | 铂 |
| 4466 | 彧 | 4490 | 鸬 | 4514 | 唢 | 4538 | 铄 |
| 4467 | 鬲 | 4491 | 虔 | 4515 | 圄 | 4539 | 铆 |
| 4468 | 豇 | 4492 | 逍 | 4516 | 唣 | 4540 | 铈 |
| 4469 | 酐 | 4493 | 眬 | 4517 | 唏 | 4541 | 铉 |
| 4470 | 逦 | 4494 | 唛 | 4518 | 盎 | 4542 | 铊 |
| 4471 | 厝 | 4495 | 晟 | 4519 | 唑 | 4543 | 铋 |
| 4472 | 孬 | 4496 | 眩 | 4520 | 崂 | 4544 | 铌 |

4545 钹
4546 钺
4547 铎
4548 氩
4549 氤
4550 氦
4551 毪
4552 舐
4553 秣
4554 秫
4555 盉
4556 笄
4557 笕
4558 笊
4559 笏
4560 笆
4561 俸
4562 倩
4563 俵
4564 偌
4565 俳
4566 俶
4567 倬
4568 倏
4569 恁
4570 倭
4571 倪
4572 俾
4573 倜
4574 隼
4575 隽
4576 倌
4577 倥
4578 臬
4579 皋
4580 郫
4581 倨
4582 衄
4583 颀
4584 徕
4585 舫
4586 釜
4587 奚
4588 衾
4589 胯
4590 胱
4591 胴
4592 胭
4593 脍
4594 胼
4595 朕
4596 脒
4597 胺
4598 鸱
4599 玺
4600 鸲
4601 狷
4602 猁
4603 狳
4604 猃
4605 狺
4606 逖
4607 桀
4608 袅
4609 饽
4610 凇
4611 栾
4612 挛
4613 亳
4614 疳
4615 疴
4616 疸
4617 疽
4618 痈
4619 疱
4620 痂
4621 痉
4622 衮
4623 凋
4624 颃
4625 恣
4626 旆
4627 旄
4628 旃
4629 阃
4630 阄
4631 訚
4632 阆
4633 恙
4634 粑
4635 朔
4636 郸
4637 烜
4638 烨
4639 烩
4640 烊

4641 剡
4642 郯
4643 烬
4644 涑
4645 浯
4646 涞
4647 涟
4648 娑
4649 涅
4650 涠
4651 浞
4652 涓
4653 浥
4654 涔
4655 浜
4656 浠
4657 浣
4658 浚
4659 悚
4660 悭
4661 悝
4662 悒
4663 悌
4664 悛
4665 宸
4666 窈
4667 剜
4668 诹
4669 冢
4670 诼
4671 袒
4672 袢
4673 祯
4674 诿
4675 谀
4676 谂
4677 谄
4678 谇
4679 屐
4680 屙
4681 陬
4682 勐
4683 奘
4684 牂
4685 蚩
4686 陲
4687 姬
4688 娠
4689 娌
4690 娉
4691 娲
4692 娩
4693 娴
4694 娣
4695 娓
4696 婀
4697 畚
4698 逡
4699 绠
4700 骊
4701 绡
4702 骋
4703 绥
4704 绦
4705 绨
4706 骎
4707 邕
4708 鸶
4709 彗
4710 耜
4711 焘
4712 舂
4713 琏
4714 琇
4715 麸
4716 揶
4717 埴
4718 埯
4719 捯
4720 掳
4721 掴
4722 埸
4723 埵
4724 赧
4725 埤
4726 捭
4727 逵
4728 埝
4729 堋
4730 堍
4731 掬
4732 鸷
4733 掖
4734 捽
4735 掊
4736 堉

4737 掸
4738 捩
4739 掮
4740 悫
4741 埭
4742 埽
4743 掇
4744 掼
4745 聃
4746 菁
4747 萁
4748 菘
4749 堇
4750 萘
4751 萋
4752 菽
4753 菖
4754 萜
4755 萸
4756 萑
4757 棻
4758 菔
4759 菟
4760 萏
4761 萃
4762 菏
4763 菹
4764 菪
4765 菅
4766 菀
4767 萦
4768 菰
4769 菡
4770 梵
4771 梿
4772 梏
4773 觋
4774 桴
4775 桷
4776 梓
4777 棁
4778 桫
4779 棂
4780 啬
4781 郾
4782 匮
4783 敕
4784 豉
4785 鄄
4786 酞
4787 酚
4788 戛
4789 硎
4790 硭
4791 硒
4792 硖
4793 硗
4794 硐
4795 硇
4796 硌
4797 鸸
4798 瓠
4799 匏
4800 厩
4801 龚
4802 殒
4803 殓
4804 殍
4805 赉
4806 雩
4807 辄
4808 堑
4809 眭
4810 眦
4811 啧
4812 晡
4813 晤
4814 眺
4815 眵
4816 眸
4817 圊
4818 喏
4819 喵
4820 啉
4821 勖
4822 晞
4823 唵
4824 晗
4825 冕
4826 啭
4827 畦
4828 趺
4829 啮
4830 跄
4831 蚶
4832 蛄

| | | | | | | | |
|---|---|---|---|---|---|---|---|
| 4833 | 蛎 | 4857 | 崦 | 4881 | 铮 | 4905 | 偃 |
| 4834 | 蛆 | 4858 | 帼 | 4882 | 铯 | 4906 | 偕 |
| 4835 | 蚰 | 4859 | 崮 | 4883 | 铰 | 4907 | 偈 |
| 4836 | 蛊 | 4860 | 崤 | 4884 | 铱 | 4908 | 傀 |
| 4837 | 圉 | 4861 | 崆 | 4885 | 铳 | 4909 | 偬 |
| 4838 | 蚱 | 4862 | 赇 | 4886 | 铵 | 4910 | 偻 |
| 4839 | 蛉 | 4863 | 赈 | 4887 | 铷 | 4911 | 皑 |
| 4840 | 蛏 | 4864 | 赊 | 4888 | 氪 | 4912 | 皎 |
| 4841 | 蚴 | 4865 | 铑 | 4889 | 牾 | 4913 | 鸻 |
| 4842 | 啁 | 4866 | 铒 | 4890 | 鸹 | 4914 | 徜 |
| 4843 | 啕 | 4867 | 铗 | 4891 | 秾 | 4915 | 舸 |
| 4844 | 唿 | 4868 | 铙 | 4892 | 逶 | 4916 | 舻 |
| 4845 | 啐 | 4869 | 铟 | 4893 | 笺 | 4917 | 舴 |
| 4846 | 唼 | 4870 | 铠 | 4894 | 筇 | 4918 | 舷 |
| 4847 | 唷 | 4871 | 铡 | 4895 | 笸 | 4919 | 龛 |
| 4848 | 啖 | 4872 | 铢 | 4896 | 笪 | 4920 | 翎 |
| 4849 | 啵 | 4873 | 铣 | 4897 | 笮 | 4921 | 脬 |
| 4850 | 啶 | 4874 | 铤 | 4898 | 笠 | 4922 | 脘 |
| 4851 | 啷 | 4875 | 铧 | 4899 | 笥 | 4923 | 脲 |
| 4852 | 唳 | 4876 | 铨 | 4900 | 笤 | 4924 | 匐 |
| 4853 | 唰 | 4877 | 铩 | 4901 | 笳 | 4925 | 猗 |
| 4854 | 啜 | 4878 | 铪 | 4902 | 笾 | 4926 | 猡 |
| 4855 | 帻 | 4879 | 铫 | 4903 | 笞 | 4927 | 猞 |
| 4856 | 崚 | 4880 | 铬 | 4904 | 偾 | 4928 | 猝 |

4929 斛
4930 猕
4931 馗
4932 馃
4933 馄
4934 鸾
4935 孰
4936 庹
4937 庾
4938 痔
4939 痍
4940 疵
4941 翊
4942 旌
4943 旎
4944 袤
4945 阇
4946 阈
4947 阉
4948 阊
4949 阋
4950 阍
4951 阏
4952 羟
4953 粝
4954 粕
4955 敝
4956 焐
4957 烯
4958 焓
4959 烽
4960 焖
4961 烷
4962 焗
4963 渍
4964 渚
4965 淇
4966 淅
4967 淞
4968 渎
4969 涿
4970 淖
4971 挲
4972 淠
4973 涸
4974 渑
4975 淦
4976 淝
4977 淬
4978 涪
4979 淙
4980 涫
4981 渌
4982 淄
4983 惬
4984 悻
4985 悱
4986 惝
4987 惘
4988 悸
4989 惆
4990 惚
4991 惇
4992 惮
4993 窕
4994 谌
4995 谏
4996 扈
4997 皲
4998 谑
4999 裆
5000 袷
5001 裉
5002 谒
5003 谔
5004 谕
5005 谖
5006 谗
5007 谙
5008 谛
5009 谝
5010 逯
5011 郿
5012 隈
5013 粜
5014 隍
5015 隗
5016 婧
5017 婊
5018 婕
5019 娼
5020 婢
5021 婵
5022 胬
5023 袈
5024 翌

| | |
|---|---|
| 5025 | 恿 |
| 5026 | 欸 |
| 5027 | 绫 |
| 5028 | 骐 |
| 5029 | 绮 |
| 5030 | 绯 |
| 5031 | 绱 |
| 5032 | 骒 |
| 5033 | 绲 |
| 5034 | 骓 |
| 5035 | 绶 |
| 5036 | 绺 |
| 5037 | 绻 |
| 5038 | 绾 |
| 5039 | 骖 |
| 5040 | 缁 |
| 5041 | 耠 |
| 5042 | 琫 |
| 5043 | 琵 |
| 5044 | 琶 |
| 5045 | 琪 |
| 5046 | 瑛 |
| 5047 | 琦 |
| 5048 | 琥 |
| 5049 | 琨 |
| 5050 | 靓 |
| 5051 | 琰 |
| 5052 | 琮 |
| 5053 | 琯 |
| 5054 | 琬 |
| 5055 | 琛 |
| 5056 | 琚 |
| 5057 | 辇 |
| 5058 | 鼋 |
| 5059 | 揳 |
| 5060 | 堞 |
| 5061 | 搽 |
| 5062 | 揸 |
| 5063 | 揠 |
| 5064 | 堙 |
| 5065 | 趄 |
| 5066 | 揖 |
| 5067 | 颉 |
| 5068 | 塄 |
| 5069 | 揿 |
| 5070 | 耋 |
| 5071 | 揄 |
| 5072 | 蛩 |
| 5073 | 蛰 |
| 5074 | 塆 |
| 5075 | 摒 |
| 5076 | 揆 |
| 5077 | 掾 |
| 5078 | 聒 |
| 5079 | 葑 |
| 5080 | 葚 |
| 5081 | 靰 |
| 5082 | 靸 |
| 5083 | 葳 |
| 5084 | 葺 |
| 5085 | 葸 |
| 5086 | 萼 |
| 5087 | 葆 |
| 5088 | 葩 |
| 5089 | 葶 |
| 5090 | 蒌 |
| 5091 | 萱 |
| 5092 | 戟 |
| 5093 | 葭 |
| 5094 | 楮 |
| 5095 | 棼 |
| 5096 | 椟 |
| 5097 | 棹 |
| 5098 | 椤 |
| 5099 | 棰 |
| 5100 | 赍 |
| 5101 | 椋 |
| 5102 | 椁 |
| 5103 | 椪 |
| 5104 | 棣 |
| 5105 | 椐 |
| 5106 | 鹁 |
| 5107 | 覃 |
| 5108 | 酤 |
| 5109 | 酢 |
| 5110 | 酡 |
| 5111 | 鹂 |
| 5112 | 厥 |
| 5113 | 殚 |
| 5114 | 殛 |
| 5115 | 雯 |
| 5116 | 雱 |
| 5117 | 辊 |
| 5118 | 辋 |
| 5119 | 椠 |
| 5120 | 辍 |

| | | | | | | | |
|---|---|---|---|---|---|---|---|
| 5121 | 辎 | 5145 | 蛳 | 5169 | 崽 | 5193 | 氰 |
| 5122 | 辈 | 5146 | 蛐 | 5170 | 嵬 | 5194 | 毳 |
| 5123 | 睄 | 5147 | 蛔 | 5171 | 嵛 | 5195 | 毽 |
| 5124 | 睑 | 5148 | 蛞 | 5172 | 嵯 | 5196 | 犊 |
| 5125 | 睇 | 5149 | 蛴 | 5173 | 嵝 | 5197 | 犄 |
| 5126 | 睃 | 5150 | 蛟 | 5174 | 嵫 | 5198 | 犋 |
| 5127 | 戢 | 5151 | 蛘 | 5175 | 幄 | 5199 | 鹄 |
| 5128 | 喋 | 5152 | 喁 | 5176 | 嵋 | 5200 | 犍 |
| 5129 | 嗒 | 5153 | 喟 | 5177 | 赕 | 5201 | 嵇 |
| 5130 | 喃 | 5154 | 啾 | 5178 | 铻 | 5202 | 黍 |
| 5131 | 喱 | 5155 | 嗖 | 5179 | 铼 | 5203 | 稃 |
| 5132 | 喹 | 5156 | 喑 | 5180 | 铿 | 5204 | 稂 |
| 5133 | 晷 | 5157 | 嗟 | 5181 | 锃 | 5205 | 筚 |
| 5134 | 喈 | 5158 | 喽 | 5182 | 锂 | 5206 | 筵 |
| 5135 | 跖 | 5159 | 嗞 | 5183 | 锆 | 5207 | 筌 |
| 5136 | 跗 | 5160 | 喀 | 5184 | 锇 | 5208 | 傣 |
| 5137 | 跞 | 5161 | 喔 | 5185 | 锉 | 5209 | 傈 |
| 5138 | 跚 | 5162 | 喙 | 5186 | 锏 | 5210 | 舄 |
| 5139 | 跎 | 5163 | 嵘 | 5187 | 锑 | 5211 | 牍 |
| 5140 | 跏 | 5164 | 嵖 | 5188 | 锒 | 5212 | 傥 |
| 5141 | 跆 | 5165 | 崴 | 5189 | 锔 | 5213 | 傧 |
| 5142 | 蛱 | 5166 | 遄 | 5190 | 锕 | 5214 | 遑 |
| 5143 | 蛲 | 5167 | 詈 | 5191 | 掣 | 5215 | 傩 |
| 5144 | 蛭 | 5168 | 嵎 | 5192 | 矬 | 5216 | 遁 |

| | | | | | | | |
|---|---|---|---|---|---|---|---|
| 5217 | 徨 | 5241 | 猥 | 5265 | 鹇 | 5289 | 湔 |
| 5218 | 婺 | 5242 | 飓 | 5266 | 阑 | 5290 | 湉 |
| 5219 | 畲 | 5243 | 觞 | 5267 | 阒 | 5291 | 渥 |
| 5220 | 弑 | 5244 | 觚 | 5268 | 阕 | 5292 | 湄 |
| 5221 | 颌 | 5245 | 猱 | 5269 | 粞 | 5293 | 滁 |
| 5222 | 翕 | 5246 | 颎 | 5270 | 遒 | 5294 | 愠 |
| 5223 | 釉 | 5247 | 飧 | 5271 | 孳 | 5295 | 惺 |
| 5224 | 鹆 | 5248 | 馇 | 5272 | 焯 | 5296 | 愦 |
| 5225 | 舜 | 5249 | 馊 | 5273 | 焜 | 5297 | 惴 |
| 5226 | 貂 | 5250 | 亵 | 5274 | 焙 | 5298 | 愀 |
| 5227 | 腈 | 5251 | 脔 | 5275 | 焱 | 5299 | 愎 |
| 5228 | 腌 | 5252 | 裒 | 5276 | 鹈 | 5300 | 愔 |
| 5229 | 腓 | 5253 | 痣 | 5277 | 湛 | 5301 | 喾 |
| 5230 | 腆 | 5254 | 痨 | 5278 | 渫 | 5302 | 寐 |
| 5231 | 腴 | 5255 | 痦 | 5279 | 湮 | 5303 | 谟 |
| 5232 | 腑 | 5256 | 痞 | 5280 | 湎 | 5304 | 扉 |
| 5233 | 腚 | 5257 | 痤 | 5281 | 湜 | 5305 | 裢 |
| 5234 | 腱 | 5258 | 痫 | 5282 | 渭 | 5306 | 裎 |
| 5235 | 鱿 | 5259 | 痧 | 5283 | 湍 | 5307 | 裥 |
| 5236 | 鲀 | 5260 | 赓 | 5284 | 湫 | 5308 | 裬 |
| 5237 | 鲂 | 5261 | 竦 | 5285 | 溲 | 5309 | 祺 |
| 5238 | 颍 | 5262 | 瓿 | 5286 | 湟 | 5310 | 谠 |
| 5239 | 猢 | 5263 | 啻 | 5287 | 溆 | 5311 | 幂 |
| 5240 | 猹 | 5264 | 颏 | 5288 | 湲 | 5312 | 谡 |

| | | | | | | | |
|---|---|---|---|---|---|---|---|
| 5313 | 谥 | 5337 | 缗 | 5361 | 搠 | 5385 | 蒟 |
| 5314 | 谧 | 5338 | 飨 | 5362 | 摈 | 5386 | 蒡 |
| 5315 | 遐 | 5339 | 耢 | 5363 | 彀 | 5387 | 蒹 |
| 5316 | 孱 | 5340 | 瑚 | 5364 | 毂 | 5388 | 蒴 |
| 5317 | 弼 | 5341 | 瑁 | 5365 | 搦 | 5389 | 蒗 |
| 5318 | 巽 | 5342 | 瑜 | 5366 | 搡 | 5390 | 蓥 |
| 5319 | 骘 | 5343 | 瑗 | 5367 | 蓁 | 5391 | 颐 |
| 5320 | 媪 | 5344 | 瑄 | 5368 | 戡 | 5392 | 楔 |
| 5321 | 媛 | 5345 | 瑕 | 5369 | 蓍 | 5393 | 楠 |
| 5322 | 婷 | 5346 | 遨 | 5370 | 鄞 | 5394 | 楂 |
| 5323 | 巯 | 5347 | 骜 | 5371 | 靳 | 5395 | 楝 |
| 5324 | 翚 | 5348 | 韫 | 5372 | 蓐 | 5396 | 楫 |
| 5325 | 皴 | 5349 | 髡 | 5373 | 蓦 | 5397 | 楸 |
| 5326 | 婺 | 5350 | 塬 | 5374 | 鹋 | 5398 | 椴 |
| 5327 | 骛 | 5351 | 鄢 | 5375 | 蒽 | 5399 | 槌 |
| 5328 | 缂 | 5352 | 趔 | 5376 | 蓓 | 5400 | 楯 |
| 5329 | 缃 | 5353 | 趑 | 5377 | 蓖 | 5401 | 皙[1] |
| 5330 | 缄 | 5354 | 摅 | 5378 | 蓊 | 5402 | 榈 |
| 5331 | 彘 | 5355 | 摁 | 5379 | 蒯 | 5403 | 槎 |
| 5332 | 缇 | 5356 | 蜇 | 5380 | 蓟 | 5404 | 榉 |
| 5333 | 缈 | 5357 | 搋 | 5381 | 蓑 | 5405 | 楦 |
| 5334 | 缌 | 5358 | 搪 | 5382 | 蒿 | 5406 | 楣 |
| 5335 | 缑 | 5359 | 搐 | 5383 | 蒺 | 5407 | 楹 |
| 5336 | 缒 | 5360 | 搛 | 5384 | 蓠 | 5408 | 椽 |

5409 裘
5410 剽
5411 甄
5412 酮
5413 酰
5414 酯
5415 酩
5416 蜃
5417 碛
5418 碓
5419 硼
5420 碉
5421 碚
5422 碇
5423 碜
5424 鹌
5425 辏
5426 龃
5427 龅
5428 訾
5429 粲
5430 虞
5431 睚
5432 嗪
5433 韪
5434 嗷
5435 嗉
5436 睨
5437 睢
5438 雎
5439 睥
5440 嘟
5441 嗑
5442 嗫
5443 嗬
5444 嗔
5445 嗝
5446 戥
5447 嗄
5448 煦
5449 暄
5450 遢
5451 暌
5452 跬
5453 跶
5454 跸
5455 跐
5456 跣
5457 跹
5458 跻
5459 蛸
5460 蜊
5461 蜍
5462 蜉
5463 蜣
5464 畹
5465 蛹
5466 嗣
5467 嗯
5468 嗥
5469 嗲
5470 嗳
5471 嗌
5472 嗍
5473 嗨
5474 嗐
5475 嗤
5476 嗵
5477 罨
5478 嵊
5479 嵩
5480 嵴
5481 骰
5482 锗
5483 锛
5484 锜
5485 锝
5486 锞
5487 锟
5488 锢
5489 锨
5490 锩
5491 锭
5492 锱
5493 雉
5494 氲
5495 犏
5496 歃
5497 稞
5498 稗
5499 稔
5500 筠
5501 筢
5502 筮
5503 筲
5504 筱

5505 牒
5506 煲
5507 敫
5508 徭
5509 愆
5510 艄
5511 觎
5512 毹
5513 貊
5514 貅
5515 貉
5516 颔
5517 腠
5518 腩
5519 腼
5520 腭
5521 腧
5522 塍
5523 媵
5524 詹
5525 鲅
5526 鲆
5527 鲇
5528 鲈
5529 稣
5530 鲋
5531 鲐
5532 肄
5533 鹐
5534 飕
5535 觥
5536 遛
5537 馐
5538 鹑
5539 亶
5540 瘃
5541 痱
5542 痼
5543 痿
5544 瘐
5545 瘁
5546 瘆
5547 麂
5548 裔
5549 歆
5550 旒
5551 雍
5552 阖
5553 阗
5554 阙
5555 羧
5556 豢
5557 粳
5558 猷
5559 煳
5560 煜
5561 煨
5562 煅
5563 煊
5564 煸
5565 煺
5566 滟
5567 溱
5568 溘
5569 漭
5570 滢
5571 溥
5572 溧
5573 溽
5574 裟
5575 溻
5576 溷
5577 滗
5578 滫
5579 溴
5580 滏
5581 滃
5582 滦
5583 溏
5584 滂
5585 滓
5586 溟
5587 滪
5588 愫
5589 慑
5590 慊
5591 鲎
5592 骞
5593 窦
5594 窠
5595 窣
5596 裱
5597 褚
5598 裨
5599 裾
5600 裰

| | |
|---|---|
| 5601 | 褉 |
| 5602 | 谩 |
| 5603 | 谪 |
| 5604 | 媾 |
| 5605 | 嫫 |
| 5606 | 媲 |
| 5607 | 嫒 |
| 5608 | 嫔 |
| 5609 | 媸 |
| 5610 | 缙 |
| 5611 | 缜 |
| 5612 | 缛 |
| 5613 | 辔 |
| 5614 | 骝 |
| 5615 | 缟 |
| 5616 | 缡 |
| 5617 | 缢 |
| 5618 | 缣 |
| 5619 | 骟 |
| 5620 | 耥 |
| 5621 | 璈 |
| 5622 | 瑶 |
| 5623 | 瑭 |
| 5624 | 獒 |
| 5625 | 觏 |
| 5626 | 慝 |
| 5627 | 嫠 |
| 5628 | 韬 |
| 5629 | 叆 |
| 5630 | 髦 |
| 5631 | 摽 |
| 5632 | 墁 |
| 5633 | 撂 |
| 5634 | 摞 |
| 5635 | 撄 |
| 5636 | 翥 |
| 5637 | 踅 |
| 5638 | 摭 |
| 5639 | 墉 |
| 5640 | 墒 |
| 5641 | 榖 |
| 5642 | 綦 |
| 5643 | 蔫 |
| 5644 | 蔷 |
| 5645 | 靺 |
| 5646 | 靼 |
| 5647 | 鞅 |
| 5648 | 靿 |
| 5649 | 甍 |
| 5650 | 蔸 |
| 5651 | 蔟 |
| 5652 | 蔺 |
| 5653 | 戬 |
| 5654 | 蕖 |
| 5655 | 蔻 |
| 5656 | 蓿 |
| 5657 | 斡 |
| 5658 | 鹕 |
| 5659 | 蓼 |
| 5660 | 榛 |
| 5661 | 榧 |
| 5662 | 榻 |
| 5663 | 榫 |
| 5664 | 榭 |
| 5665 | 槔 |
| 5666 | 榱 |
| 5667 | 槁 |
| 5668 | 槟 |
| 5669 | 槠 |
| 5670 | 榷 |
| 5671 | 僰 |
| 5672 | 酽 |
| 5673 | 酶 |
| 5674 | 酹 |
| 5675 | 厮 |
| 5676 | 碡 |
| 5677 | 碴 |
| 5678 | 碣 |
| 5679 | 碲 |
| 5680 | 磋 |
| 5681 | 臧 |
| 5682 | 豨 |
| 5683 | 殡 |
| 5684 | 霆 |
| 5685 | 霁 |
| 5686 | 辕 |
| 5687 | 蜚 |
| 5688 | 裴 |
| 5689 | 翡 |
| 5690 | 龇 |
| 5691 | 龈 |
| 5692 | 睿 |
| 5693 | 䁖 |
| 5694 | 睽 |
| 5695 | 嘞 |
| 5696 | 嘈 |

5697 嘌
5698 嘁
5699 嘎
5700 暧
5701 暝
5702 踌
5703 踉
5704 蜞
5705 蜥
5706 蜮
5707 蝈
5708 蜴
5709 蜱
5710 蜩
5711 蜷
5712 蜿
5713 螂
5714 蜢
5715 嘘
5716 嘡
5717 鹗
5718 嘣
5719 嘤
5720 嘚
5721 嗾
5722 嘧
5723 罴
5724 罱
5725 幔
5726 嶂
5727 幛
5728 赙
5729 罂
5730 骷
5731 骶
5732 鹘
5733 锲
5734 锴
5735 锶
5736 锷
5737 锸
5738 锵
5739 镁
5740 镂
5741 犒
5742 箐
5743 箦
5744 箧
5745 箍
5746 箸
5747 箬
5748 箅
5749 箪
5750 箔
5751 箜
5752 箢
5753 箓
5754 毓
5755 僖
5756 儆
5757 僳
5758 僭
5759 劁
5760 僮
5761 魃
5762 魆
5763 睾
5764 艋
5765 鄱
5766 膈
5767 膑
5768 鲑
5769 鲔
5770 鲚
5771 鲛
5772 鲟
5773 獐
5774 觫
5775 雒
5776 夤
5777 馑
5778 銮
5779 塾
5780 麽
5781 瘌
5782 瘊
5783 瘘
5784 瘙
5785 廖
5786 韶
5787 旖
5788 膂
5789 阚
5790 鄯
5791 鲞
5792 粿

| | | | | | | | |
|---|---|---|---|---|---|---|---|
| 5793 | 粼 | 5817 | 綮 | 5841 | 骠 | 5865 | 鋆 |
| 5794 | 粽 | 5818 | 谮 | 5842 | 缥 | 5866 | 撙 |
| 5795 | 糁 | 5819 | 褡 | 5843 | 缦 | 5867 | 撺 |
| 5796 | 粱 | 5820 | 褙 | 5844 | 缧 | 5868 | 墀 |
| 5797 | 鹚 | 5821 | 褓 | 5845 | 缨 | 5869 | 聩 |
| 5798 | 熘 | 5822 | 褛 | 5846 | 骢 | 5870 | 觐 |
| 5799 | 熥 | 5823 | 褊 | 5847 | 缪 | 5871 | 鞑 |
| 5800 | 潢 | 5824 | 谯 | 5848 | 缫 | 5872 | 蕙 |
| 5801 | 漕 | 5825 | 谰 | 5849 | 耦 | 5873 | 鞒 |
| 5802 | 滹 | 5826 | 谲 | 5850 | 耧 | 5874 | 蕈 |
| 5803 | 漯 | 5827 | 暨 | 5851 | 瑾 | 5875 | 蕨 |
| 5804 | 漶 | 5828 | 屣 | 5852 | 璜 | 5876 | 蕤 |
| 5805 | 潋 | 5829 | 鹛 | 5853 | 璀 | 5877 | 蕞 |
| 5806 | 潴 | 5830 | 嫣 | 5854 | 璎 | 5878 | 蕺 |
| 5807 | 漪 | 5831 | 嫱 | 5855 | 璁 | 5879 | 瞢 |
| 5808 | 漉 | 5832 | 嫖 | 5856 | 璋 | 5880 | 蕃 |
| 5809 | 漳 | 5833 | 嫦 | 5857 | 璇 | 5881 | 蕲 |
| 5810 | 漩 | 5834 | 嫚 | 5858 | 奭 | 5882 | 赜 |
| 5811 | 澉 | 5835 | 嫘 | 5859 | 髯 | 5883 | 槿 |
| 5812 | 潍 | 5836 | 嫡 | 5860 | 髫 | 5884 | 樯 |
| 5813 | 慵 | 5837 | 鼐 | 5861 | 撷 | 5885 | 槭 |
| 5814 | 搴 | 5838 | 翟 | 5862 | 撅 | 5886 | 樗 |
| 5815 | 窨 | 5839 | 瞀 | 5863 | 赭 | 5887 | 樘 |
| 5816 | 寤 | 5840 | 鹜 | 5864 | 撸 | 5888 | 樊 |

5889 槲
5890 醌
5891 醅
5892 靥
5893 魇
5894 餍
5895 磔
5896 磙
5897 霈
5898 辘
5899 龉
5900 龊
5901 觑
5902 瞌
5903 瞋[2]
5904 瞑
5905 嘭
5906 噎
5907 噶
5908 颙
5909 暹
5910 噘[3]
5911 踔
5912 踝
5913 踟
5914 踒
5915 踬
5916 踮
5917 踯
5918 踺
5919 踞
5920 蝽
5921 蝶
5922 蝻
5923 蝰
5924 蝮
5925 螋
5926 蝓
5927 蝣
5928 蝼
5929 噗
5930 嘬
5931 颚
5932 噍
5933 噢
5934 噙
5935 噜
5936 噌
5937 噔
5938 颛
5939 幞
5940 幡
5941 嶙
5942 嶝
5943 骺
5944 骼
5945 骸
5946 镊
5947 镉
5948 镌
5949 镍
5950 镏
5951 镒
5952 镓
5953 镔
5954 稷
5955 箴
5956 篑
5957 篁
5958 篌
5959 篆
5960 牖
5961 儋
5962 徵
5963 磐
5964 虢
5965 鹞
5966 膘
5967 滕
5968 鲠
5969 鲡
5970 鲢
5971 鲣
5972 鲥
5973 鲦
5974 鲩
5975 獗
5976 獠
5977 觯
5978 馓
5979 馔
5980 麾
5981 廛
5982 瘛
5983 瘼
5984 瘢

5985 瘠

5986 齑

5987 羯

5988 羰

5989 𥻗

5990 遴

5991 糌

5992 糍

5993 糅

5994 熜

5995 熵

5996 熠

5997 澍

5998 澌

5999 潸

6000 潦

6001 潲

6002 鋈

6003 潟

6004 潼

6005 潺

6006 憬

6007 憧

6008 寮

6009 窳

6010 谳

6011 褴

6012 褟

6013 褫

6014 谵

6015 熨

6016 屦

6017 嬉

6018 勰

6019 戮

6020 蝥

6021 缬

6022 缮

6023 缯

6024 骣

6025 畿

6026 耩

6027 耨

6028 耪

6029 璞

6030 璟

6031 靛

6032 璠

6033 璘

6034 聱

6035 螯

6036 髻

6037 髭

6038 髹

6039 擀

6040 熹

6041 甏

6042 擞

6043 縠

6044 磬

6045 颞

6046 蕻

6047 鞘

6048 颟

6049 薤

6050 薨

6051 檠

6052 薏

6053 薮

6054 薜

6055 薅

6056 樾

6057 橛

6058 橇

6059 樵

6060 檎

6061 橹

6062 樽

6063 樨

6064 橼

6065 墼

6066 橐

6067 翮

6068 醛

6069 醐

6070 醍

6071 醚

6072 磲

6073 赝

6074 飙

6075 殪

6076 霖

6077 霏

6078 霓

6079 錾

6080 辚

| | | | | | | | |
|---|---|---|---|---|---|---|---|
| 6081 | 臻 | 6105 | 噬 | 6129 | 盥 | 6153 | 赟 |
| 6082 | 遽 | 6106 | 噫 | 6130 | 劓 | 6154 | 瘭 |
| 6083 | 氅 | 6107 | 噻 | 6131 | 翱 | 6155 | 廪 |
| 6084 | 瞟 | 6108 | 噼 | 6132 | 魉 | 6156 | 瘿 |
| 6085 | 瞠 | 6109 | 罹 | 6133 | 魈 | 6157 | 瘵 |
| 6086 | 瞰 | 6110 | 圜 | 6134 | 徼 | 6158 | 瘴 |
| 6087 | 嚄 | 6111 | 鐯 | 6135 | 歙 | 6159 | 癃 |
| 6088 | 嚆 | 6112 | 镖 | 6136 | 膳 | 6160 | 瘳 |
| 6089 | 噤 | 6113 | 镗 | 6137 | 膦 | 6161 | 斓 |
| 6090 | 暾 | 6114 | 镘 | 6138 | 膙 | 6162 | 麇 |
| 6091 | 蹀 | 6115 | 镚 | 6139 | 鲮 | 6163 | 麈 |
| 6092 | 踹 | 6116 | 镛 | 6140 | 鲱 | 6164 | 嬴 |
| 6093 | 踵 | 6117 | 镝 | 6141 | 鲲 | 6165 | 壅 |
| 6094 | 踽 | 6118 | 镞 | 6142 | 鲳 | 6166 | 羲 |
| 6095 | 蹉 | 6119 | 镠 | 6143 | 鲴 | 6167 | 糗 |
| 6096 | 蹁 | 6120 | 氇 | 6144 | 鲵 | 6168 | 瞥 |
| 6097 | 螨 | 6121 | 氆 | 6145 | 鲷 | 6169 | 甑 |
| 6098 | 蟒 | 6122 | 憩 | 6146 | 鲻 | 6170 | 燎 |
| 6099 | 螈 | 6123 | 穑 | 6147 | 獴 | 6171 | 燠 |
| 6100 | 螅 | 6124 | 篝 | 6148 | 獭 | 6172 | 燔 |
| 6101 | 螭 | 6125 | 篥 | 6149 | 獬 | 6173 | 燧 |
| 6102 | 螠 | 6126 | 篦 | 6150 | 邂 | 6174 | 濑 |
| 6103 | 螟 | 6127 | 篪 | 6151 | 鹧 | 6175 | 濉 |
| 6104 | 噱 | 6128 | 篙 | 6152 | 廨 | 6176 | 潞 |

| | | | | | | | |
|---|---|---|---|---|---|---|---|
| 6177 | 澧 | 6201 | 壕 | 6225 | 嚏 | 6249 | 镧 |
| 6178 | 澹 | 6202 | 觳 | 6226 | 嚅 | 6250 | 镩 |
| 6179 | 瀣 | 6203 | 罄 | 6227 | 蹑 | 6251 | 镪 |
| 6180 | 澶 | 6204 | 擢 | 6228 | 蹒 | 6252 | 镫 |
| 6181 | 濂 | 6205 | 薹 | 6229 | 蹊 | 6253 | 罅 |
| 6182 | 褰 | 6206 | 鞡 | 6230 | 蟥 | 6254 | 黏 |
| 6183 | 寰 | 6207 | 鞬 | 6231 | 螬 | 6255 | 簌 |
| 6184 | 窸 | 6208 | 薷 | 6232 | 螵 | 6256 | 篾 |
| 6185 | 褶 | 6209 | 薰 | 6233 | 疃 | 6257 | 篼 |
| 6186 | 禧 | 6210 | 藓 | 6234 | 螳 | 6258 | 簖 |
| 6187 | 嬖 | 6211 | 藁 | 6235 | 蟑 | 6259 | 簋 |
| 6188 | 犟 | 6212 | 檄 | 6236 | 嚓 | 6260 | 鼢 |
| 6189 | 隰 | 6213 | 檩 | 6237 | 羁 | 6261 | 黛 |
| 6190 | 嬗 | 6214 | 懋 | 6238 | 罽 | 6262 | 儡 |
| 6191 | 颡 | 6215 | 醢 | 6239 | 罾 | 6263 | 鹪 |
| 6192 | 缱 | 6216 | 翳 | 6240 | 嶷 | 6264 | 鼾 |
| 6193 | 缲 | 6217 | 礅 | 6241 | 黜 | 6265 | 皤 |
| 6194 | 缳 | 6218 | 磴 | 6242 | 黝 | 6266 | 魍 |
| 6195 | 璨 | 6219 | 鹩 | 6243 | 髁 | 6267 | 龠 |
| 6196 | 璩 | 6220 | 龋 | 6244 | 髀 | 6268 | 繇 |
| 6197 | 璐 | 6221 | 龌 | 6245 | 镡 | 6269 | 貘 |
| 6198 | 璪 | 6222 | 豳 | 6246 | 镢 | 6270 | 邈 |
| 6199 | 螯 | 6223 | 壑 | 6247 | 镣 | 6271 | 貔 |
| 6200 | 擤 | 6224 | 黻 | 6248 | 镦 | 6272 | 臌 |

6273 膻
6274 臆
6275 臃
6276 鲼
6277 鲽
6278 鳀
6279 鳃
6280 鳅
6281 鳇
6282 鳊
6283 螽
6284 燮
6285 鹫
6286 襄
6287 糜
6288 縻
6289 膺
6290 癍
6291 麋
6292 懑
6293 濡
6294 濮
6295 濞
6296 濠
6297 濯
6298 蹇
6299 謇
6300 邃
6301 襁
6302 檗
6303 擘
6304 孺
6305 隳
6306 嬷
6307 蟊
6308 鹬
6309 鍪
6310 鏊
6311 鳌
6312 鬈
6313 鬃
6314 瞽
6315 鞯
6316 鞨
6317 鞫
6318 鞧
6319 鞣
6320 藜
6321 藠
6322 藩
6323 醪
6324 蹙
6325 礓
6326 燹
6327 餮
6328 瞿
6329 曛
6330 颢
6331 曜
6332 躇
6333 蹚[4]
6334 鹭
6335 蟛
6336 蟪
6337 蟠
6338 蟮
6339 鹮
6340 黠
6341 黟
6342 髅
6343 髂
6344 镬
6345 镭
6346 镯
6347 馥
6348 簟
6349 簪
6350 鼬
6351 雠
6352 艟
6353 鳎
6354 鳏
6355 鳐
6356 癞
6357 癔
6358 癜
6359 癖
6360 糨
6361 蹩
6362 鎏
6363 懵
6364 彝
6365 邋
6366 鬏
6367 攉
6368 攒

6369 鞲
6370 鞴
6371 藿
6372 蘧
6373 蘅
6374 麓
6375 醮
6376 醯
6377 酃
6378 霪
6379 霭
6380 霨
6381 黼
6382 嚯
6383 蹰
6384 蹶
6385 蹽
6386 蹼
6387 蹴
6388 蹾
6389 蹿
6390 蠖
6391 蠓
6392 蟾
6393 蠊
6394 黢
6395 髋
6396 髌
6397 镲
6398 籀
6399 籁
6400 齁
6401 魑
6402 艨
6403 鳓
6404 鳔
6405 鳕
6406 鳗
6407 鳙
6408 麒
6409 鏖
6410 羸
6411 㸆
6412 瀚
6413 瀣
6414 瀛
6415 襦
6416 谶
6417 襞
6418 骥
6419 缵
6420 瓒
6421 攘
6422 蘩
6423 蘖
6424 醴
6425 霰
6426 酆
6427 矍
6428 曦
6429 躅
6430 鼍
6431 巉
6432 黩
6433 黥
6434 黪
6435 镳
6436 镴
6437 黧
6438 纂
6439 璺
6440 鼯
6441 臜
6442 鳜
6443 鳝
6444 鳟
6445 獾
6446 孀
6447 骧
6448 瓘
6449 鼙
6450 醺
6451 礴
6452 颦
6453 曩
6454 鳢
6455 癫
6456 麝
6457 夔
6458 爝
6459 灏
6460 禳
6461 鐾
6462 羼
6463 蠡
6464 耱

| | | | | | | | |
|---|---|---|---|---|---|---|---|
| 6465 | 懿 | 6474 | 穰 | 6483 | 鼹 | 6492 | 襻 |
| 6466 | 蘸 | 6475 | 饔 | 6484 | 癯 | 6493 | 纛 |
| 6467 | 鹳 | 6476 | 鬻 | 6485 | 麟 | 6494 | 鬣 |
| 6468 | 霾 | 6477 | 鬟 | 6486 | 蠲 | 6495 | 攮 |
| 6469 | 氍 | 6478 | 趱 | 6487 | 蠹 | 6496 | 囔 |
| 6470 | 饕 | 6479 | 攫 | 6488 | 躞 | 6497 | 馕 |
| 6471 | 躐 | 6480 | 攥 | 6489 | 衢 | 6498 | 戆 |
| 6472 | 髑 | 6481 | 颧 | 6490 | 鑫 | 6499 | 爨 |
| 6473 | 镵 | 6482 | 躜 | 6491 | 灞 | 6500 | 齉 |

[1] 晳:义为人的皮肤白。不再作为“晰”的异体字。

[2] 瞋:义为发怒时睁大眼睛。不再作为“嗔”的异体字。

[3] 噘:义为噘嘴。不再作为“撅”的异体字。

[4] 蹚:义为蹚水、蹚地,读tāng。不再作为“趟(tàng)”的异体字。

# 三级字表

6501 亍
6502 尢
6503 彳
6504 卬
6505 殳
6506 𠙶
6507 毌
6508 邘
6509 戋
6510 圢
6511 氕
6512 伋
6513 仝
6514 冮
6515 氿
6516 汈
6517 氾
6518 忉
6519 宄
6520 讦
6521 讱
6522 扞
6523 圲
6524 圫
6525 芏
6526 芃
6527 朳
6528 朸
6529 𨚕
6530 邨
6531 吒
6532 吖
6533 屼
6534 屾
6535 辿
6536 钆
6537 仳
6538 伣
6539 伈
6540 癿
6541 甪
6542 邠
6543 犴
6544 冱
6545 邡
6546 闫
6547 汅
6548 汋
6549 䜣
6550 讻
6551 𬣙
6552 孖
6553 𬘘
6554 纩
6555 玒
6556 玓
6557 玘
6558 玚
6559 刬
6560 𫭟
6561 坜
6562 坉
6563 扽
6564 𫭢
6565 坋
6566 扺
6567 㧑
6568 毐
6569 芰
6570 芣
6571 苊
6572 苉
6573 芘
6574 芴
6575 芠
6576 𫇭
6577 芤
6578 杕
6579 杙
6580 杄
6581 杧
6582 杩
6583 尪
6584 尨

6585 轪
6586 𫐄
6587 坒
6588 𠦑
6589 旴
6590 𡵂
6591 呙
6592 吺
6593 岍
6594 𪩘
6595 岠
6596 岜
6597 呇
6598 冏
6599 𬂩
6600 吞
6601 伾
6602 㑇
6603 伭
6604 佖
6605 伲
6606 佁
6607 飑
6608 狃
6609 闶
6610 汧
6611 汫
6612 𬇕
6613 𬇙
6614 沄
6615 沘
6616 𬇹
6617 汭
6618 𣲗
6619 沇
6620 忮
6621 忳
6622 忺
6623 𫍣
6624 祃
6625 诇
6626 邲
6627 诎
6628 诐
6629 屃
6630 𫸩
6631 岊
6632 阽
6633 邮
6634 阼
6635 妧
6636 妘
6637 郱
6638 纮
6639 驲
6640 驳
6641 纻
6642 𫄥
6643 𫘝
6644 纼
6645 玤
6646 玞
6647 玱
6648 玟
6649 邽
6650 邿
6651 坥
6652 坰
6653 坬
6654 坽
6655 弆
6656 耵
6657 邯
6658 𬜬
6659 茋
6660 苧
6661 苾
6662 苠
6663 枅
6664 㭎
6665 枘
6666 枍
6667 矼
6668 矻
6669 匼
6670 𬨂
6671 𬀩
6672 𬀪
6673 昨
6674 昪
6675 昄
6676 昒
6677 昈
6678 咉
6679 咇
6680 咍

| | | | | | | | |
|---|---|---|---|---|---|---|---|
| 6681 | 岵 | 6705 | 舠 | 6729 | 祊 | 6753 | 绋 |
| 6682 | 崈 | 6706 | 郐 | 6730 | 诇 | 6754 | 绐 |
| 6683 | 岨 | 6707 | 郃 | 6731 | 𬣳 | 6755 | 砉 |
| 6684 | 岞 | 6708 | 攽 | 6732 | 𬩽 | 6756 | 耔 |
| 6685 | 峂 | 6709 | 肭 | 6733 | 鸤 | 6757 | 㛃 |
| 6686 | 峒 | 6710 | 肸 | 6734 | 弢 | 6758 | 玶 |
| 6687 | 囷 | 6711 | 肷 | 6735 | 弨 | 6759 | 珇 |
| 6688 | 𫓧 | 6712 | 狉 | 6736 | 陑 | 6760 | 珅 |
| 6689 | 钐 | 6713 | 狝 | 6737 | 𬮿 | 6761 | 𬍛 |
| 6690 | 钔 | 6714 | 饳 | 6738 | 陎 | 6762 | 珋 |
| 6691 | 钖 | 6715 | 忞 | 6739 | 𬮱 | 6763 | 玹 |
| 6692 | 牥 | 6716 | 於 | 6740 | 卺 | 6764 | 珌 |
| 6693 | 佴 | 6717 | 炌 | 6741 | 毑 | 6765 | 玿 |
| 6694 | 垈 | 6718 | 炆 | 6742 | 妭 | 6766 | 韨 |
| 6695 | 侁 | 6719 | 泙 | 6743 | 姈 | 6767 | 垚 |
| 6696 | 侹 | 6720 | 沺 | 6744 | 𫰛 | 6768 | 垯 |
| 6697 | 佸 | 6721 | 泂 | 6745 | 迳 | 6769 | 垙 |
| 6698 | 佺 | 6722 | 泜 | 6746 | 叕 | 6770 | 垲 |
| 6699 | 隹 | 6723 | 泃 | 6747 | 𬳵 | 6771 | 埏 |
| 6700 | 㑇 | 6724 | 泇 | 6748 | 驵 | 6772 | 垍 |
| 6701 | 侂 | 6725 | 怊 | 6749 | 𬳶 | 6773 | 耇 |
| 6702 | 佽 | 6726 | 峃 | 6750 | 𫄢 | 6774 | 埄 |
| 6703 | 侘 | 6727 | 穸 | 6751 | 𬳽 | 6775 | 垎 |
| 6704 | 郈 | 6728 | 祋 | 6752 | 𬳿 | 6776 | 垴 |

6777 垟
6778 垞
6779 挓
6780 垵
6781 垏
6782 拶
6783 荖
6784 荁
6785 荙
6786 荛
6787 茈
6788 莃
6789 荄
6790 茺
6791 茼
6792 荓
6793 茳
6794 荝
6795 茛
6796 荭
6797 𬃊
6798 柷
6799 柃
6800 柊
6801 枹
6802 梂
6803 柖
6804 郚
6805 剅
6806 鸸
6807 迺
6808 厖
6809 砆
6810 砑
6811 砄
6812 耏
6813 奓
6814 奊
6815 轵
6816 轷
6817 轹
6818 轺
6819 昺
6820 睍
6821 昽
6822 昀
6823 咡
6824 咺
6825 昳
6826 眕
6827 哒
6828 昤
6829 昫
6830 昡
6831 咥
6832 昪
6833 虷
6834 虸
6835 哃
6836 峘
6837 耑
6838 峛
6839 峬
6840 峗
6841 峧
6842 峅
6843 钘
6844 𫓧
6845 钜
6846 𬬮
6847 𬬱
6848 𬬭
6849 钪
6850 钬
6851 钭
6852 矧
6853 秬
6854 俫
6855 舁
6856 偁
6857 俙
6858 俍
6859 屖
6860 衎
6861 舣
6862 弇
6863 俞
6864 鸧
6865 𬌗
6866 胠
6867 胋
6868 胈
6869 胩
6870 胣
6871 胐
6872 飐

| | | | | | | | |
|---|---|---|---|---|---|---|---|
| 6873 | 訄 | 6897 | 洴 | 6921 | 𫄧 | 6945 | 埆 |
| 6874 | 饻 | 6898 | 洣 | 6922 | 𫄨 | 6946 | 垿 |
| 6875 | 庤 | 6899 | 恔 | 6923 | 彖 | 6947 | 埌 |
| 6876 | 疢 | 6900 | 宬 | 6924 | 骉 | 6948 | 埇 |
| 6877 | 炣 | 6901 | 窀 | 6925 | 恝 | 6949 | 荻 |
| 6878 | 炟 | 6902 | 扂 | 6926 | 珪 | 6950 | 茝 |
| 6879 | 㶲 | 6903 | 祎 | 6927 | 珛 | 6951 | 𬜬 |
| 6880 | 洭 | 6904 | 祏 | 6928 | 珹 | 6952 | 鄀 |
| 6881 | 洘 | 6905 | 祐 | 6929 | 琊 | 6953 | 莶 |
| 6882 | 洓 | 6906 | 祕 | 6930 | 玼 | 6954 | 莝 |
| 6883 | 洿 | 6907 | 叚 | 6931 | 珖 | 6955 | 𫉄 |
| 6884 | 㳚 | 6908 | 陧 | 6932 | 𪟝 | 6956 | 莙 |
| 6885 | 泚 | 6909 | 陞 | 6933 | 珽 | 6957 | 栻 |
| 6886 | 浈 | 6910 | 娀 | 6934 | 珦 | 6958 | 桠 |
| 6887 | 浉 | 6911 | 姞 | 6935 | 珫 | 6959 | 𬃊 |
| 6888 | 洸 | 6912 | 姱 | 6936 | 珒 | 6960 | 桄 |
| 6889 | 洑 | 6913 | 姤 | 6937 | 𬍤 | 6961 | 梠 |
| 6890 | 洢 | 6914 | 姶 | 6938 | 珢 | 6962 | 栴 |
| 6891 | 洈 | 6915 | 姽 | 6939 | 珕 | 6963 | 梴 |
| 6892 | 洚 | 6916 | 臬 | 6940 | 珝 | 6964 | 栒 |
| 6893 | 洺 | 6917 | 绖 | 6941 | 𫭟 | 6965 | 酎 |
| 6894 | 洨 | 6918 | 骃 | 6942 | 埗 | 6966 | 酏 |
| 6895 | 浐 | 6919 | 𬘡 | 6943 | 垾 | 6967 | 颊 |
| 6896 | 浺 | 6920 | 𬳽 | 6944 | 垺 | 6968 | 砵 |

6969 砠
6970 砫
6971 砬
6972 硁
6973 恧
6974 翃
6975 郪
6976 𫐄
6977 𫐐
6978 辁
6979 [illegible]
6980 剕
6981 赀
6982 哢
6983 晅
6984 晊
6985 唝
6986 哳
6987 哱
6988 冔
6989 晔
6990 晐
6991 晖
6992 畖
6993 蚄
6994 蚆
6995 郮
6996 帱
6997 峧
6998 峿
6999 峯
7000 崄
7001 帨
7002 崀
7003 赆
7004 钬
7005 钷
7006 钸
7007 𫓧
7008 𬬿
7009 𬬮
7010 眚
7011 甡
7012 笫
7013 倻
7014 倴
7015 脩
7016 倮
7017 倕
7018 倞
7019 𫢸
7020 倓
7021 倧
7022 衃
7023 虒
7024 舭
7025 舯
7026 舥
7027 瓞
7028 鬯
7029 鸰
7030 脎
7031 朓
7032 胲
7033 虓
7034 觔
7035 狌
7036 [illegible]
7037 狻
7038 胥
7039 𫗧
7040 勍
7041 痄
7042 疰
7043 痃
7044 竘
7045 羖
7046 羓
7047 桊
7048 敉
7049 焆
7050 烔
7051 烶
7052 烻
7053 𬊈
7054 涍
7055 浡
7056 浭
7057 浬
7058 涄
7059 涢
7060 涐
7061 浰
7062 浟
7063 浛
7064 浼

7065 浲
7066 涘
7067 悈
7068 悃
7069 悢
7070 𬒈
7071 宧
7072 窅
7073 窊
7074 窎
7075 扅
7076 扆
7077 袪
7078 袗
7079 袯
7080 祧
7081 隺
7082 堲
7083 疍
7084 𬮿
7085 陴
7086 烝
7087 砮
7088 㛚
7089 哿
7090 狆
7091 豮
7092 剟
7093 𫘪
7094 𫄨
7095 绤
7096 骍
7097 𫄷
7098 䂮
7099 琎
7100 珸
7101 珵
7102 琄
7103 琈
7104 琀
7105 珺
7106 掭
7107 堎
7108 堐
7109 埼
7110 掎
7111 埫
7112 堌
7113 晢
7114 埤
7115 掞
7116 埪
7117 壸
7118 𪣻
7119 聍
7120 菝
7121 萚
7122 菥
7123 莿
7124 䓫
7125 勚
7126 䓬
7127 萆
7128 菂
7129 菍
7130 菼
7131 萣
7132 菪
7133 菉
7134 菡
7135 梼
7136 梽
7137 桲
7138 梾
7139 桯
7140 梣
7141 梌
7142 桹
7143 敔
7144 屖
7145 硔
7146 𬒗
7147 硙
7148 硚
7149 硊
7150 硍
7151 勔
7152 䴕
7153 龁
7154 逴
7155 唪
7156 啫
7157 翈
7158 𪾢
7159 晙
7160 畤

7161 𬱟
7162 跰
7163 跂
7164 蛃
7165 蚲
7166 𬟽
7167 蚺
7168 啴
7169 翈
7170 崧
7171 崟
7172 崞
7173 崒
7174 崌
7175 崡
7176 铏
7177 𫓹
7178 𫓺
7179 铕
7180 𫟼
7181 𫔍
7182 铘
7183 铚
7184 铞
7185 铦
7186 铴
7187 牻
7188 牿
7189 稆
7190 笱
7191 筊
7192 偰
7193 偡
7194 𫛠
7195 偭
7196 偲
7197 偁
7198 𬀩
7199 鄅
7200 偓
7201 徛
7202 衒
7203 舳
7204 舲
7205 鸼
7206 悆
7207 鄃
7208 瓻
7209 𫎆
7210 脶
7211 脞
7212 脟
7213 𦙶
7214 𫚉
7215 猇
7216 猊
7217 猄
7218 觖
7219 恵
7220 庱
7221 庼
7222 庳
7223 痓
7224 䴔
7225 竫
7226 𫮃
7227 阌
7228 羝
7229 羕
7230 焆
7231 烺
7232 焌
7233 淏
7234 𬇙
7235 淟
7236 淜
7237 淴
7238 淯
7239 湴
7240 涴
7241 𬇹
7242 㥄
7243 惛
7244 惔
7245 悰
7246 惙
7247 寁
7248 逭
7249 𬤇
7250 𬤊
7251 袼
7252 裈
7253 祲
7254 𬤛
7255 𫍰
7256 谞

| | | | | | | | |
|---|---|---|---|---|---|---|---|
| 7257 | 艴 | 7281 | 𬳽 | 7305 | 靬 | 7329 | 棓 |
| 7258 | 弸 | 7282 | 絜 | 7306 | 葴 | 7330 | 棬 |
| 7259 | 弶 | 7283 | 珷 | 7307 | 蒇 | 7331 | 棪 |
| 7260 | 𬮱 | 7284 | 琲 | 7308 | 𬜬 | 7332 | 椀 |
| 7261 | 隃 | 7285 | 琡 | 7309 | 鄚 | 7333 | 楗 |
| 7262 | 婞 | 7286 | 琟 | 7310 | 𬞟 | 7334 | 𬷕 |
| 7263 | 娵 | 7287 | 琔 | 7311 | 蓇 | 7335 | 甦 |
| 7264 | 婼 | 7288 | 琭 | 7312 | 萩 | 7336 | 酦 |
| 7265 | 媖 | 7289 | 堾 | 7313 | 蒐 | 7337 | 𬢀 |
| 7266 | 婳 | 7290 | 堼 | 7314 | 葰 | 7338 | 奡 |
| 7267 | 婍 | 7291 | 揕 | 7315 | 葎 | 7339 | 皕 |
| 7268 | 婌 | 7292 | 㙍 | 7316 | 鄐 | 7340 | 硪 |
| 7269 | 婫 | 7293 | 堧 | 7317 | 蒎 | 7341 | 欹 |
| 7270 | 婤 | 7294 | 喆 | 7318 | 葖 | 7342 | 詟 |
| 7271 | 婘 | 7295 | 堨 | 7319 | 蒄 | 7343 | 𫐐 |
| 7272 | 婠 | 7296 | 塅 | 7320 | 萹 | 7344 | 辌 |
| 7273 | 𬘬 | 7297 | 堠 | 7321 | 棤 | 7345 | 棐 |
| 7274 | 𬘭 | 7298 | 縶 | 7322 | 棽 | 7346 | 斮 |
| 7275 | 𬳵 | 7299 | 𫭢 | 7323 | 棫 | 7347 | 龂 |
| 7276 | 𬳶 | 7300 | 𪣻 | 7324 | 椓 | 7348 | 黹 |
| 7277 | 绹 | 7301 | 葜 | 7325 | 椑 | 7349 | 牚 |
| 7278 | 𬘯 | 7302 | 惎 | 7326 | 𬃊 | 7350 | 睎 |
| 7279 | 𫄧 | 7303 | 萳 | 7327 | 鹀 | 7351 | 晫 |
| 7280 | 骕 | 7304 | 葙 | 7328 | 棡 | 7352 | 晪 |

7353 睒
7354 踇
7355 蛑
7356 畯
7357 罦
7358 喤
7359 崶
7360 嵁
7361 嵽
7362 崾
7363 崴
7364 崿
7365 嵚
7366 翙
7367 𫖮
7368 圌
7369 圐
7370 颎
7371 淼
7372 赒
7373 锾
7374 铹
7375 𬭊
7376 𫓯
7377 铽
7378 𫔄
7379 锊
7380 锍
7381 锎
7382 𬭎
7383 锓
7384 犇
7385 颋
7386 稌
7387 筀
7388 𥮾
7389 筜
7390 筥
7391 筅
7392 傃
7393 傉
7394 翛
7395 傒
7396 傕
7397 舾
7398 畬
7399 𫖯
7400 脿
7401 腘
7402 䐃
7403 腙
7404 腒
7405 颔
7406 鲃
7407 猰
7408 𫛭
7409 猯
7410 㺄
7411 馉
7412 溧[1]
7413 鄗
7414 廞
7415 廋
7416 廆
7417 鄘
7418 粢
7419 遆
7420 旐
7421 𬮱
7422 焞
7423 𬊤
7424 欻
7425 渍
7426 溚
7427 溁
7428 湝
7429 渰
7430 湓
7431 𬇙
7432 渟
7433 溠
7434 渼
7435 溇
7436 湣
7437 湑
7438 溞
7439 愐
7440 愃
7441 敩
7442 甯
7443 棨
7444 扊
7445 裣
7446 裸
7447 婻
7448 婹

7449 媞
7450 㛹
7451 媓
7452 媂
7453 媄
7454 毵
7455 矞
7456 𬳿
7457 𫘨
7458 缊
7459 缐
7460 骙
7461 瑃
7462 瑓
7463 瑅
7464 瑆
7465 䴖
7466 瑖
7467 瑝
7468 琭
7469 瑀
7470 𤩽
7471 瑳
7472 瑂
7473 嶅
7474 瑑
7475 遘
7476 髢
7477 塥
7478 堽
7479 赪
7480 摛
7481 塝
7482 搒
7483 搌
7484 蒱
7485 蒨
7486 蓏
7487 蔀
7488 蓢
7489 蒖
7490 蒻
7491 蓣
7492 椹
7493 楪
7494 榃
7495 榅
7496 楒
7497 楞
7498 梗
7499 榇
7500 椸
7501 楙
7502 歅
7503 𬪩
7504 碃
7505 碏
7506 𬒈
7507 碈
7508 𬒗
7509 硿
7510 鄠
7511 辒
7512 𬨎
7513 𫐓
7514 龆
7515 觜
7516 𫑡
7517 暕
7518 𫛭
7519 噁[2]
7520 曼
7521 暅
7522 跱
7523 蜐
7524 蜎
7525 嵲
7526 赗
7527 骱
7528 锖
7529 𫓹
7530 锘
7531 锳
7532 锧
7533 锪
7534 𬭚
7535 锫
7536 锬
7537 铍
7538 稑
7539 稙
7540 䅟
7541 箦
7542 筻
7543 筼
7544 箁

7545 筦
7546 筤
7547 傺
7548 鹎
7549 僇
7550 艅
7551 艉
7552 䙌
7553 貆
7554 膃
7555 腨
7556 腯
7557 膢
7558 鲉
7559 鲊
7560 鲌
7561 𬶋
7562 𬶍
7563 𬶏
7564 鲏
7565 𬶐
7566 猺
7567 飔
7568 觟
7569 馌
7570 褭
7571 廒
7572 瘀
7573 瘅
7574 鄘
7575 鹒
7576 鄜
7577 麀
7578 鄣
7579 阘
7580 𬮤
7581 煁
7582 煃
7583 煴
7584 煋
7585 煟
7586 煓
7587 滠
7588 溍
7589 溹
7590 滆
7591 滉
7592 溦
7593 溵
7594 𬇙
7595 滧
7596 滘
7597 滍
7598 愭
7599 慥
7600 慆
7601 塱
7602 𫌀
7603 裼
7604 禋
7605 禔
7606 禘
7607 褖
7608 谫
7609 鹔
7610 𬱖
7611 愍
7612 嫄
7613 媱
7614 戤
7615 勠[3]
7616 戣
7617 𫘪
7618 𫘬
7619 缞
7620 耤
7621 瑧
7622 𫞩
7623 瑨
7624 瑱
7625 瑷
7626 瑢
7627 斠
7628 搐
7629 墕
7630 墈
7631 墐
7632 墘
7633 摴
7634 銎
7635 𡒄
7636 墚
7637 撖
7638 摎
7639 靽
7640 鞁

7641 蔌
7642 蕇
7643 蓰
7644 蔹
7645 蔊
7646 嘏
7647 榰
7648 榑
7649 樌
7650 𣗋
7651 槜
7652 榍
7653 疐
7654 𬸘
7655 酺
7656 酾
7657 酲
7658 酴
7659 碶
7660 碜
7661 𬒗
7662 碨
7663 𥔲
7664 碹
7665 碥
7666 劂
7667 𪩘
7668 䴗
7669 夥
7670 瞍
7671 鹝
7672 㬎
7673 跽
7674 蜾
7675 幖
7676 嶍
7677 圙
7678 锘
7679 锺
7680 锼
7681 锽
7682 𬭤
7683 锾
7684 锿
7685 镃
7686 镄
7687 镅
7688 馝
7689 鹙
7690 箨
7691 箖
7692 劄
7693 僬
7694 僦
7695 僔
7696 僎
7697 槃
7698 𡐓
7699 鲒
7700 鲕
7701 𫚕
7702 鲖
7703 鲗
7704 鲘
7705 鲙
7706 𬶋
7707 𬶍
7708 𩽾
7709 夐
7710 獍
7711 飗
7712 鸑
7713 澌
7714 廑
7715 廙
7716 瘗
7717 瘥
7718 瘕
7719 鲞
7720 鄫
7721 熇
7722 漹
7723 漖
7724 潆
7725 溇
7726 潩
7727 漼
7728 漴
7729 潽
7730 漈
7731 漋
7732 漻
7733 慬
7734 窬
7735 窭
7736 㮾

7737 𬤝
7738 褕
7739 禛
7740 禚
7741 隩
7742 嫕
7743 嫭
7744 嫜
7745 嫪
7746 𬙊
7747 𬍤
7748 麹
7749 璆
7750 漦
7751 𬒗
7752 墣
7753 墦
7754 墡
7755 劐
7756 薁
7757 蕰
7758 蔃
7759 鼒
7760 檦
7761 鹝
7762 磏
7763 磉
7764 殣
7765 慭
7766 霅
7767 暵
7768 暲
7769 暶
7770 踦
7771 踣
7772 䗖
7773 蝘
7774 蝲
7775 蝤
7776 噇
7777 噂
7778 噀
7779 罶
7780 嶲
7781 嶓
7782 㠇
7783 嶟
7784 嶒
7785 镆
7786 镈
7787 镋
7788 𬭚
7789 𬭊
7790 镕
7791 稹
7792 儇
7793 皞
7794 皛
7795 鹧
7796 艎
7797 艏
7798 鹟
7799 𬶋
7800 鲦
7801 鲪
7802 鲬
7803 獛
7804 觭
7805 鹠
7806 鹡
7807 糇
7808 糈
7809 翦
7810 鹢
7811 鹣
7812 熛
7813 潖
7814 潵
7815 㵐
7816 澂
7817 澛
7818 塗
7819 潽
7820 潾
7821 潏
7822 憭
7823 憕
7824 𫛭
7825 戭
7826 褯
7827 褟
7828 𫍯
7829 嫽
7830 遹
7831 𬴂
7832 璬

| | | | | | | | |
|---|---|---|---|---|---|---|---|
| 7833 | 璲 | 7857 | 鹾 | 7881 | 衠 | 7905 | 澽 |
| 7834 | 璒 | 7858 | 虤 | 7882 | 盦 | 7906 | 澴 |
| 7835 | 憙 | 7859 | 瞦 | 7883 | 螣 | 7907 | 澭 |
| 7836 | 擐 | 7860 | 曌 | 7884 | 縢 | 7908 | 澼 |
| 7837 | 鄹 | 7861 | 曈 | 7885 | 鲭 | 7909 | 憷 |
| 7838 | 薳 | 7862 | 曒 | 7886 | 鲯 | 7910 | 憺 |
| 7839 | 鞔 | 7863 | 踖 | 7887 | 鲰 | 7911 | 懔 |
| 7840 | 黇 | 7864 | 踶 | 7888 | 鲺 | 7912 | 黉 |
| 7841 | 𬞟 | 7865 | 蝑 | 7889 | 鲹 | 7913 | 嬛 |
| 7842 | 蕗 | 7866 | 螗 | 7890 | 𫗴 | 7914 | 鹨 |
| 7843 | 藒 | 7867 | 疁 | 7891 | 辴 | 7915 | 翯 |
| 7844 | 蕹 | 7868 | 㠓 | 7892 | 獚 | 7916 | 𫄷 |
| 7845 | 橞 | 7869 | 幪 | 7893 | 瘭 | 7917 | 璱 |
| 7846 | 橑 | 7870 | 𪩘 | 7894 | 鹜 | 7918 | 𤩽 |
| 7847 | 橦 | 7871 | 嶦 | 7895 | 羱 | 7919 | 璬 |
| 7848 | 醑 | 7872 | 𬭚 | 7896 | 糒 | 7920 | 璮 |
| 7849 | 觱 | 7873 | 𬭼 | 7897 | 燋 | 7921 | 髽 |
| 7850 | 磡 | 7874 | 𬭸 | 7898 | 熻 | 7922 | 擿 |
| 7851 | 𥕢 | 7875 | 馞 | 7899 | 燊 | 7923 | 薿 |
| 7852 | 磜 | 7876 | 穄 | 7900 | 燚 | 7924 | 薸 |
| 7853 | 豮 | 7877 | 篚 | 7901 | 燏 | 7925 | 檑 |
| 7854 | 𬭛 | 7878 | 篯 | 7902 | 濩 | 7926 | 櫆 |
| 7855 | 𬺈 | 7879 | 簉 | 7903 | 濋 | 7927 | 檞 |
| 7856 | 𬺓 | 7880 | 鼽 | 7904 | 澪 | 7928 | 醨 |

7929 繄
7930 磹
7931 磻
7932 瞫
7933 瞵
7934 蹐
7935 蟏
7936 㘎
7937 𬭸
7938 镤
7939 镖
7940 𬭚
7941 镥
7942 镨
7943 𬭛
7944 𬭤
7945 𫔎
7946 𫔍
7947 熷
7948 穙
7949 穜
7950 穟
7951 簕
7952 簃
7953 篪
7954 儦
7955 魋
7956 屬
7957 艚
7958 𫛭
7959 谿
7960 䲠
7961 𬶋
7962 鲾
7963 𬶏
7964 鲙
7965 鳁
7966 鳂
7967 𫚉
7968 鳉
7969 獯
7970 䗪
7971 馘
7972 襕
7973 襚
7974 蜸
7975 螱
7976 甓
7977 嬬
7978 嬥
7979 𦈡
7980 𫄸
7981 瓀
7982 釐
7983 鬶
7984 爇
7985 鞳
7986 鞮
7987 𬟁
7988 藟
7989 藦
7990 藨
7991 鹲
7992 檫
7993 黡
7994 礞
7995 礌
7996 𥖨
7997 蹢
7998 蹜
7999 蟫
8000 𧒽
8001 嚚
8002 髃
8003 镮
8004 镱
8005 酂
8006 馧
8007 簠
8008 簝
8009 簰
8010 鼫
8011 鼩
8012 噭
8013 臑
8014 𦢊
8015 鳑
8016 鳒
8017 鳠
8018 鹯
8019 癗
8020 翿
8021 旞
8022 翷
8023 輾
8024 翾

| | |
|---|---|
| 8025 | 瀫 |
| 8026 | 瀍 |
| 8027 | 瀌 |
| 8028 | 襜 |
| 8029 | 鹝 |
| 8030 | 纆 |
| 8031 | 嚭 |
| 8032 | 𪳍 |
| 8033 | 鬷 |
| 8034 | 醭 |
| 8035 | 蹯 |
| 8036 | 蠋 |
| 8037 | 翾 |
| 8038 | 鼈 |
| 8039 | 儳 |
| 8040 | 儴 |
| 8041 | 鼗 |
| 8042 | 𬶮 |
| 8043 | 𩾌 |
| 8044 | 鳚 |
| 8045 | 鳛 |
| 8046 | 麑 |
| 8047 | 麖 |
| 8048 | 蠃 |
| 8049 | 彟 |
| 8050 | 嬿 |
| 8051 | 鬒 |
| 8052 | 蘘 |
| 8053 | 欂 |
| 8054 | 醵 |
| 8055 | 颥 |
| 8056 | 甗 |
| 8057 | 𨟠 |
| 8058 | 巇 |
| 8059 | 酅 |
| 8060 | 髎 |
| 8061 | 犨 |
| 8062 | 鱚 |
| 8063 | 𥂫 |
| 8064 | 燿 |
| 8065 | 爔 |
| 8066 | 濁 |
| 8067 | 瀹 |
| 8068 | 瀼 |
| 8069 | 瀵 |
| 8070 | 襰 |
| 8071 | 孅 |
| 8072 | 𬳾 |
| 8073 | 纕 |
| 8074 | 櫌 |
| 8075 | 𤫉 |
| 8076 | 瓖 |
| 8077 | 鬘 |
| 8078 | 趯 |
| 8079 | 齼 |
| 8080 | 罍 |
| 8081 | 鼱 |
| 8082 | 鳠 |
| 8083 | 鳡 |
| 8084 | 鳣 |
| 8085 | 爟 |
| 8086 | 爚 |
| 8087 | 灈 |
| 8088 | 韂 |
| 8089 | 蘖 |
| 8090 | 𢋈 |
| 8091 | 𥗴 |
| 8092 | 𫛭 |
| 8093 | 躔 |
| 8094 | 𣊭 |
| 8095 | 稣 |
| 8096 | 鳤 |
| 8097 | 亹 |
| 8098 | 籥 |
| 8099 | 鼷 |
| 8100 | 蠟 |
| 8101 | 玃 |
| 8102 | 醾 |
| 8103 | 齇 |
| 8104 | 𬶟 |
| 8105 | 蠼 |

[1] 凓:义为寒冷。不再作为“栗”的异体字。

[2] 噁:化学名词用字,读è,如“二噁英”等。

[3] 勠:义为合力、齐力。不再作为“戮”的异体字。

## 附件1

# 规范字与繁体字、异体字对照表

## 说　　明

一、本表的编制是为了指导正确使用《通用规范汉字表》、方便古籍阅读、促进海峡两岸及港澳地区交流。繁体字和异体字的使用，遵循《中华人民共和国国家通用语言文字法》的规定。

二、本表列出了《通用规范汉字表》中的3120个规范字及相应的繁体字、异体字。分三栏编排：第一栏是规范字及其序号。第二栏是繁体字，用圆括号括注。第三栏是异体字，用方括号括注。

三、本表收录了与2546个规范字相对应的2574个繁体字。对96组一个规范字对应多个繁体字（或传承字）的字际关系进行了分解。表中的"～"代表与规范字相同的传承字。依据《简化字总表》的规定，对在部分义项和用法上不简化的"瞭、乾、藉、麽"等字，加注予以说明。

四、本表对《第一批异体字整理表》进行了调整，收录了794组共计1023个异体字。对在部分义项和用法上可作规范字使用的"仝、甦、堃、脩"等异体字，加注说明其使用范围和用法。

# 规范字与繁体字、异体字对照表

| 规范字 | | 繁体字 | 异体字 |
|---|---|---|---|
| 0006 | 厂 | (廠) | |
| 0008 | 卜 | ~ | |
| | | (蔔) | |
| 0012 | 儿 | (兒) | |
| 0014 | 几 | ~ | |
| | | (幾) | |
| 0017 | 了 | ~ | |
| | | (瞭[1]) | |
| 0020 | 乃 | | [廼迺[2]] |
| 0023 | 干 | ~ | |
| | | (乾[3]) | [乹乾] |
| | | (幹) | [榦] |
| 0025 | 亏 | (虧) | |
| 0029 | 才 | ~ | |
| | | (纔) | |
| 0034 | 与 | (與) | |

| 规范字 | | 繁体字 | 异体字 |
|---|---|---|---|
| 0035 | 万 | ~ | |
| | | (萬) | |
| 0041 | 千 | ~ | |
| | | (韆) | |
| 0044 | 亿 | (億) | |
| 0045 | 个 | (個) | [箇] |
| 0048 | 么 | (麽[4]) | |
| 0050 | 凡 | | [凢] |
| 0053 | 广 | (廣) | |
| 0054 | 亡 | | [亾] |
| 0055 | 门 | (門) | |
| 0056 | 丫 | | [枒椏[5]] |
| 0057 | 义 | (義) | |
| 0059 | 尸 | | [屍] |
| 0065 | 卫 | (衛) | |
| 0069 | 飞 | (飛) | |

| 规范字 | | 繁体字 | 异体字 |
|---|---|---|---|
| 0070 | 习 | (習) | |
| 0072 | 马 | (馬) | |
| 0073 | 乡 | (鄉) | |
| 0074 | 丰 | ~ | |
| | | (豐) | |
| 0076 | 开 | (開) | |
| 0081 | 无 | (無) | |
| 0082 | 云 | ~ | |
| | | (雲) | |
| 0083 | 专 | (專) | [耑[6]] |
| 0084 | 丐 | | [匄匃] |
| 0085 | 扎 | | [紮紥] |
| 0086 | 艺 | (藝) | |
| 0090 | 厅 | (廳) | |
| 0094 | 区 | (區) | |
| 0095 | 历 | (歷) | [歴厤] |
| | | (曆) | [厤] |
| 0099 | 匹 | | [疋] |
| 0100 | 车 | (車) | |

| 规范字 | | 繁体字 | 异体字 |
|---|---|---|---|
| 0101 | 巨 | | [鉅[7]] |
| 0114 | 贝 | (貝) | |
| 0115 | 冈 | (岡) | |
| 0118 | 见 | (見) | |
| 0122 | 气 | (氣) | |
| 0125 | 升 | | [昇[8]陞[9]] |
| 0126 | 夭 | | [殀] |
| 0127 | 长 | (長) | |
| 0131 | 仆 | ~ | |
| | | (僕) | |
| 0133 | 仇 | | [讐讎[10]] |
| 0134 | 币 | (幣) | |
| 0136 | 仅 | (僅) | |
| 0137 | 斤 | | [觔] |
| 0142 | 从 | (從) | |
| 0143 | 仑 | (侖) | [崘崙] |
| 0145 | 凶 | | [兇] |
| 0149 | 仓 | (倉) | |
| 0154 | 风 | (風) | |

| 规范字 | | 繁体字 | 异体字 |
|---|---|---|---|
| 0157 | 乌 | (烏) | |
| 0159 | 凤 | (鳳) | |
| 0165 | 为 | (爲) | |
| 0166 | 斗 | ~ | |
| | | (鬥) | [鬦鬪鬭] |
| 0167 | 忆 | (憶) | |
| 0168 | 计 | (計) | |
| 0169 | 订 | (訂) | |
| 0171 | 认 | (認) | |
| 0172 | 冗 | | [宂] |
| 0173 | 讥 | (譏) | |
| 0177 | 丑 | ~ | |
| | | (醜) | |
| 0180 | 队 | (隊) | |
| 0181 | 办 | (辦) | |
| 0182 | 以 | | [㕥㠯] |
| 0185 | 邓 | (鄧) | |
| 0186 | 劝 | (勸) | |
| 0187 | 双 | (雙) | |
| 0188 | 书 | (書) | |
| 0191 | 刊 | | [栞] |
| 0195 | 击 | (擊) | |
| 0199 | 扑 | (撲) | |
| 0209 | 节 | (節) | |
| 0211 | 术 | ~ | |
| | | (術) | |
| 0215 | 厉 | (厲) | |
| 0218 | 布 | | [佈] |
| 0221 | 龙 | (龍) | |
| 0223 | 灭 | (滅) | |
| 0224 | 轧 | (軋) | |
| 0225 | 东 | (東) | |
| 0228 | 占 | | [佔] |
| 0230 | 卢 | (盧) | |
| 0231 | 业 | (業) | |
| 0232 | 旧 | (舊) | |
| 0233 | 帅 | (帥) | |
| 0234 | 归 | (歸) | |

| 规范字 | | 繁体字 | 异体字 |
|---|---|---|---|
| 0238 | 叶 | ~ | |
| | | (葉) | |
| 0242 | 电 | (電) | |
| 0243 | 号 | (號) | |
| 0246 | 只 | (衹) | [祇[11]秖] |
| | | (隻) | |
| 0251 | 叽 | (嘰) | |
| 0253 | 叫 | | [呌] |
| 0254 | 叩 | | [敂] |
| 0257 | 叹 | (嘆) | [歎] |
| 0258 | 冉 | | [冄] |
| 0268 | 丘 | | [坵] |
| 0272 | 仙 | | [僊] |
| 0273 | 们 | (們) | |
| 0274 | 仪 | (儀) | |
| 0281 | 丛 | (叢) | |
| 0286 | 尔 | (爾) | [尒] |
| 0287 | 乐 | (樂) | |
| 0289 | 匆 | | [怱悤] |

| 规范字 | | 繁体字 | 异体字 |
|---|---|---|---|
| 0290 | 册 | | [冊] |
| 0291 | 卯 | | [夘戼] |
| 0294 | 处 | (處) | |
| 0295 | 冬 | ~ | |
| | | (鼕) | |
| 0296 | 鸟 | (鳥) | |
| 0297 | 务 | (務) | |
| 0299 | 饥 | (飢) | |
| | | (饑) | |
| 0303 | 冯 | (馮) | |
| 0305 | 闪 | (閃) | |
| 0306 | 兰 | (蘭) | |
| 0309 | 汇 | (匯) | [滙] |
| | | (彙) | |
| 0310 | 头 | (頭) | |
| 0311 | 汉 | (漢) | |
| 0312 | 宁 | (寧) | [寕甯[12]] |
| 0314 | 它 | | [牠] |
| 0315 | 讨 | (討) | |

| 规范字 | | 繁体字 | 异体字 |
|---|---|---|---|
| 0316 | 写 | (寫) | |
| 0317 | 让 | (讓) | |
| 0318 | 礼 | (禮) | |
| 0319 | 训 | (訓) | |
| 0320 | 议 | (議) | |
| 0322 | 讯 | (訊) | |
| 0323 | 记 | (記) | |
| 0330 | 出 | ~ | |
| | | (齣) | |
| 0331 | 辽 | (遼) | |
| 0332 | 奶 | | [妳嬭] |
| 0337 | 边 | (邊) | |
| 0339 | 发 | (發) | |
| | | (髮) | |
| 0340 | 圣 | (聖) | |
| 0341 | 对 | (對) | |
| 0342 | 台 | ~ | |
| | | (臺) | |
| | | (颱) | |

| 规范字 | | 繁体字 | 异体字 |
|---|---|---|---|
| | | (檯) | |
| 0344 | 纠 | (糾) | [糺] |
| 0347 | 丝 | (絲) | |
| 0353 | 动 | (動) | [働] |
| 0354 | 扛 | | [摃] |
| 0357 | 扣 | | [釦] |
| 0358 | 考 | | [攷] |
| 0359 | 托 | | [託] |
| 0361 | 巩 | (鞏) | |
| 0363 | 执 | (執) | |
| 0364 | 扩 | (擴) | |
| 0365 | 扫 | (掃) | |
| 0367 | 场 | (場) | [塲] |
| 0368 | 扬 | (揚) | [敭颺[13]] |
| 0373 | 亚 | (亞) | |
| 0376 | 朴 | ~ | |
| | | (樸) | |
| 0377 | 机 | (機) | |
| 0378 | 权 | (權) | |

| 规范字 | | 繁体字 | 异体字 |
|---|---|---|---|
| 0379 | 过 | (過) | |
| 0382 | 再 | | [𠕅𠕂] |
| 0383 | 协 | (協) | |
| 0385 | 压 | (壓) | |
| 0386 | 厌 | (厭) | |
| 0393 | 页 | (頁) | |
| 0395 | 夸 | ~ | |
| | | (誇) | |
| 0396 | 夺 | (奪) | |
| 0398 | 达 | (達) | |
| 0402 | 夹 | (夾) | [袷[14]裌] |
| 0404 | 轨 | (軌) | |
| 0405 | 邪 | | [衺] |
| 0406 | 尧 | (堯) | |
| 0407 | 划 | ~ | |
| | | (劃) | |
| 0408 | 迈 | (邁) | |
| 0409 | 毕 | (畢) | |
| 0412 | 贞 | (貞) | |

| 规范字 | | 繁体字 | 异体字 |
|---|---|---|---|
| 0413 | 师 | (師) | |
| 0414 | 尘 | (塵) | |
| 0418 | 当 | (當) | |
| | | (噹) | |
| 0420 | 吁 | ~ | |
| | | (籲) | |
| 0422 | 吓 | (嚇) | |
| 0423 | 虫 | (蟲) | |
| 0424 | 曲 | ~ | |
| | | (麯) | [麴[15]] |
| 0425 | 团 | (團) | |
| | | (糰) | |
| 0427 | 同 | | [仝[16]衕] |
| 0428 | 吊 | | [弔] |
| 0429 | 吃 | | [喫] |
| 0430 | 因 | | [囙] |
| 0432 | 吗 | (嗎) | |
| 0434 | 屿 | (嶼) | |
| 0436 | 岁 | (歲) | [嵗] |

| 规范字 | | 繁体字 | 异体字 |
|---|---|---|---|
| 0437 | 帆 | | [帆颿] |
| 0438 | 回 | ~ | |
| | | (迴) | [廻逥] |
| 0439 | 岂 | (豈) | |
| 0440 | 则 | (則) | |
| 0441 | 刚 | (剛) | |
| 0442 | 网 | (網) | |
| 0444 | 年 | | [秊] |
| 0445 | 朱 | ~ | |
| | | (硃) | |
| 0451 | 迁 | (遷) | |
| 0452 | 乔 | (喬) | |
| 0454 | 伟 | (偉) | |
| 0455 | 传 | (傳) | |
| 0461 | 优 | (優) | |
| 0468 | 伤 | (傷) | |
| 0469 | 价 | (價) | |
| 0470 | 伦 | (倫) | |
| 0472 | 华 | (華) | |
| 0474 | 仿 | | [倣髣] |
| 0475 | 伙 | ~ | |
| | | (夥[17]) | |
| 0476 | 伪 | (僞) | |
| 0480 | 向 | ~ | |
| | | (嚮) | [曏] |
| 0481 | 似 | | [佀] |
| 0482 | 后 | ~ | |
| | | (後) | |
| 0486 | 会 | (會) | |
| 0487 | 杀 | (殺) | |
| 0488 | 合 | ~ | |
| | | (閤) | |
| 0491 | 众 | (衆) | [眾] |
| 0492 | 爷 | (爺) | |
| 0493 | 伞 | (傘) | [傘繖] |
| 0494 | 创 | (創) | [剏剙] |
| 0497 | 朵 | | [朶] |
| 0498 | 杂 | (雜) | [襍] |

| 规范字 | | 繁体字 | 异体字 |
|---|---|---|---|
| 0503 | 负 | (負) | |
| 0510 | 壮 | (壯) | |
| 0511 | 冲 | ~ | |
| | | (衝) | |
| 0512 | 妆 | (妝) | [粧] |
| 0513 | 冰 | | [氷] |
| 0514 | 庄 | (莊) | |
| 0515 | 庆 | (慶) | |
| 0517 | 刘 | (劉) | |
| 0518 | 齐 | (齊) | |
| 0522 | 产 | (産) | |
| 0523 | 决 | | [決] |
| 0527 | 闭 | (閉) | |
| 0528 | 问 | (問) | |
| 0529 | 闯 | (闖) | |
| 0531 | 并 | | [併並竝] |
| 0532 | 关 | (關) | |
| 0534 | 灯 | (燈) | |
| 0537 | 污 | | [汙汚] |

| 规范字 | | 繁体字 | 异体字 |
|---|---|---|---|
| 0542 | 汤 | (湯) | |
| 0544 | 兴 | (興) | |
| 0550 | 讲 | (講) | |
| 0551 | 讳 | (諱) | |
| 0552 | 军 | (軍) | |
| 0553 | 讶 | (訝) | |
| 0554 | 许 | (許) | |
| 0555 | 讹 | (訛) | [譌] |
| 0556 | 论 | (論) | |
| 0557 | 讼 | (訟) | |
| 0558 | 农 | (農) | [辳] |
| 0559 | 讽 | (諷) | |
| 0560 | 设 | (設) | |
| 0561 | 访 | (訪) | |
| 0562 | 诀 | (訣) | |
| 0563 | 寻 | (尋) | [𡬶] |
| 0566 | 尽 | (盡) | |
| | | (儘) | |
| 0567 | 导 | (導) | |

| 规范字 | | 繁体字 | 异体字 |
|---|---|---|---|
| 0568 | 异 | | [異] |
| 0570 | 孙 | (孫) | |
| 0571 | 阵 | (陣) | |
| 0572 | 阳 | (陽) | |
| 0574 | 阶 | (階) | [堦] |
| 0575 | 阴 | (陰) | [隂] |
| 0577 | 奸 | | [姦] |
| 0579 | 妇 | (婦) | [媍] |
| 0583 | 妈 | (媽) | |
| 0584 | 戏 | (戲) | [戱] |
| 0586 | 观 | (觀) | |
| 0587 | 欢 | (歡) | [懽讙驩] |
| 0588 | 买 | (買) | |
| 0589 | 红 | (紅) | |
| 0590 | 驮 | (馱) | [駄] |
| 0591 | 纤 | (縴) | |
| | | (纖) | |
| 0592 | 驯 | (馴) | |
| 0593 | 约 | (約) | |
| 0594 | 级 | (級) | |
| 0595 | 纪 | (紀) | |
| 0596 | 驰 | (馳) | |
| 0597 | 纫 | (紉) | |
| 0598 | 巡 | | [廵] |
| 0599 | 寿 | (壽) | |
| 0600 | 弄 | | [挵衖] |
| 0601 | 麦 | (麥) | |
| 0603 | 玛 | (瑪) | |
| 0605 | 进 | (進) | |
| 0608 | 远 | (遠) | |
| 0609 | 违 | (違) | |
| 0610 | 韧 | (韌) | [靭靱䩕] |
| 0611 | 运 | (運) | |
| 0613 | 抚 | (撫) | |
| 0614 | 坛 | (壇) | |
| | | (罎) | [罈壜] |
| 0616 | 坏 | (壞) | |
| 0617 | 抠 | (摳) | |

| 规范字 | | 繁体字 | 异体字 |
|---|---|---|---|
| 0618 | 扰 | (擾) | |
| 0619 | 扼 | | [搤] |
| 0623 | 址 | | [阯] |
| 0624 | 扯 | | [撦] |
| 0627 | 贡 | (貢) | |
| 0629 | 坝 | (垻) | |
| | | (壩) | |
| 0632 | 折 | ~ | |
| | | (摺) | |
| 0635 | 抡 | (掄) | |
| 0637 | 抢 | (搶) | |
| 0639 | 坎 | | [埳] |
| 0644 | 坟 | (墳) | |
| 0645 | 坑 | | [阬] |
| 0649 | 护 | (護) | |
| 0650 | 壳 | (殼) | |
| 0651 | 志 | | [誌] |
| 0652 | 块 | (塊) | |
| 0654 | 声 | (聲) | |

| 规范字 | | 繁体字 | 异体字 |
|---|---|---|---|
| 0656 | 报 | (報) | |
| 0657 | 拟 | (擬) | [儗] |
| 0658 | 却 | | [㕁卻] |
| 0660 | 劫 | | [刦刧刼] |
| 0662 | 芜 | (蕪) | |
| 0663 | 苇 | (葦) | |
| 0665 | 花 | | [芲蘤] |
| 0669 | 苍 | (蒼) | |
| 0671 | 严 | (嚴) | |
| 0672 | 芦 | (蘆) | |
| 0674 | 劳 | (勞) | |
| 0675 | 克 | ~ | |
| | | (剋[18]) | [尅] |
| 0677 | 苏 | (蘇) | [甦[19]蘓] |
| | | (囌) | |
| 0678 | 杆 | | [桿] |
| 0679 | 杠 | | [槓] |
| 0682 | 村 | | [邨[20]] |
| 0687 | 极 | (極) | |

| 规范字 | | 繁体字 | 异体字 |
|---|---|---|---|
| 0689 | 杨 | (楊) | |
| 0696 | 豆 | | [荳] |
| 0697 | 两 | (兩) | |
| 0699 | 丽 | (麗) | |
| 0700 | 医 | (醫) | |
| 0702 | 励 | (勵) | |
| 0704 | 还 | (還) | |
| 0706 | 歼 | (殲) | |
| 0707 | 来 | (來) | |
| 0708 | 连 | (連) | |
| 0709 | 轩 | (軒) | |
| 0711 | 卤 | (鹵) | |
| 0711 | 卤 | (滷) | |
| 0712 | 坚 | (堅) | |
| 0717 | 时 | (時) | [旹] |
| 0720 | 县 | (縣) | |
| 0721 | 里 | ~ | |
| 0721 | 里 | (裏) | [裡] |
| 0722 | 呆 | | [獃] |
| 0725 | 呕 | (嘔) | |
| 0726 | 园 | (園) | |
| 0727 | 旷 | (曠) | |
| 0728 | 围 | (圍) | |
| 0730 | 吨 | (噸) | |
| 0732 | 邮 | (郵) | |
| 0734 | 困 | ~ | |
| 0734 | 困 | (睏) | |
| 0737 | 员 | (員) | |
| 0739 | 听 | (聽) | |
| 0740 | 吟 | | [唫] |
| 0742 | 呛 | (嗆) | |
| 0743 | 吻 | | [脗] |
| 0745 | 呜 | (嗚) | |
| 0751 | 别 | ~ | |
| 0751 | 别 | (彆) | |
| 0753 | 岖 | (嶇) | |
| 0754 | 岗 | (崗) | |
| 0755 | 帐 | (帳) | |

| 规范字 | | 繁体字 | 异体字 |
|---|---|---|---|
| 0756 | 财 | (財) | |
| 0757 | 针 | (針) | [鍼] |
| 0758 | 钉 | (釘) | |
| 0762 | 乱 | (亂) | |
| 0770 | 体 | (體) | |
| 0780 | 佣 | (傭) | |
| 0782 | 你 | | [妳] |
| 0787 | 皂 | | [皁] |
| 0789 | 佛 | | [彿髴] |
| 0792 | 彻 | (徹) | |
| 0795 | 余 | ~ | |
| | | (餘) | |
| 0798 | 谷 | ~ | |
| | | (穀) | |
| 0801 | 邻 | (鄰) | [隣] |
| 0804 | 肛 | | [疘] |
| 0807 | 肠 | (腸) | [膓] |
| 0808 | 龟 | (龜) | |
| 0812 | 犹 | (猶) | |

| 规范字 | | 繁体字 | 异体字 |
|---|---|---|---|
| 0813 | 狈 | (狽) | |
| 0815 | 删 | | [刪] |
| 0816 | 条 | (條) | |
| 0820 | 岛 | (島) | [㠀] |
| 0821 | 刨 | | [鉋鑤] |
| 0823 | 饭 | (飯) | |
| 0824 | 饮 | (飲) | [㱃] |
| 0825 | 系 | ~ | |
| | | (係) | |
| | | (繫) | |
| 0827 | 冻 | (凍) | |
| 0828 | 状 | (狀) | |
| 0829 | 亩 | (畝) | [畂畆畒𤱈畮] |
| 0830 | 况 | | [況] |
| 0831 | 床 | | [牀] |
| 0832 | 库 | (庫) | |
| 0834 | 疗 | (療) | |
| 0835 | 吝 | | [悋] |
| 0836 | 应 | (應) | |

| 规范字 | | 繁体字 | 异体字 |
|---|---|---|---|
| 0837 | 这 | (這) | |
| 0839 | 庐 | (廬) | |
| 0842 | 弃 | | [棄] |
| 0845 | 闰 | (閏) | |
| 0846 | 闲 | (閑) | [閒] |
| 0847 | 间 | (間) | |
| 0848 | 闷 | (悶) | |
| 0851 | 灶 | (竈) | |
| 0852 | 灿 | (燦) | |
| 0859 | 沥 | (瀝) | |
| 0863 | 沦 | (淪) | |
| 0864 | 汹 | | [洶] |
| 0865 | 泛 | | [氾[21]汎] |
| 0866 | 沧 | (滄) | |
| 0868 | 沟 | (溝) | |
| 0869 | 沪 | (滬) | |
| 0870 | 沈 | ~ | |
| | | (瀋) | |
| 0873 | 怀 | (懷) | |

| 规范字 | | 繁体字 | 异体字 |
|---|---|---|---|
| 0874 | 忧 | (憂) | |
| 0882 | 穷 | (窮) | |
| 0883 | 灾 | | [災烖菑] |
| 0885 | 证 | (證) | |
| 0886 | 启 | (啓) | [唘啟] |
| 0887 | 评 | (評) | |
| 0888 | 补 | (補) | |
| 0891 | 祀 | | [禩] |
| 0892 | 识 | (識) | |
| 0893 | 诈 | (詐) | |
| 0894 | 诉 | (訴) | [愬] |
| 0896 | 诊 | (診) | |
| 0897 | 词 | (詞) | [䛐] |
| 0898 | 译 | (譯) | |
| 0900 | 灵 | (靈) | |
| 0902 | 层 | (層) | |
| 0906 | 迟 | (遲) | |
| 0907 | 局 | | [侷跼] |
| 0909 | 张 | (張) | |

| 规范字 | | 繁体字 | 异体字 |
|---|---|---|---|
| 0911 | 际 | (際) | |
| 0912 | 陆 | (陸) | |
| 0914 | 陈 | (陳) | |
| 0916 | 附 | | [坿] |
| 0917 | 坠 | (墜) | |
| 0919 | 妙 | | [玅] |
| 0921 | 姊 | | [姉] |
| 0923 | 妒 | | [妬] |
| 0926 | 劲 | (勁) | |
| 0928 | 鸡 | (鷄) | [雞] |
| 0929 | 纬 | (緯) | |
| 0930 | 驱 | (驅) | [駈敺] |
| 0931 | 纯 | (純) | |
| 0932 | 纱 | (紗) | |
| 0933 | 纲 | (綱) | |
| 0934 | 纳 | (納) | |
| 0935 | 驳 | (駁) | [駮] |
| 0936 | 纵 | (縱) | |
| 0937 | 纷 | (紛) | |

| 规范字 | | 繁体字 | 异体字 |
|---|---|---|---|
| 0938 | 纸 | (紙) | [帋] |
| 0939 | 纹 | (紋) | |
| 0940 | 纺 | (紡) | |
| 0941 | 驴 | (驢) | |
| 0942 | 纽 | (紐) | |
| 0944 | 玩 | | [翫] |
| 0945 | 环 | (環) | |
| 0948 | 责 | (責) | |
| 0949 | 现 | (現) | |
| 0951 | 表 | ~ | |
| | | (錶) | |
| 0952 | 规 | (規) | [槼] |
| 0957 | 拓 | | [搨] |
| 0958 | 拢 | (攏) | |
| 0961 | 拣 | (揀) | |
| 0963 | 担 | (擔) | |
| 0964 | 坤 | | [堃[22]] |
| 0967 | 拐 | | [柺] |
| 0968 | 拖 | | [拕] |

| 规范字 | | 繁体字 | 异体字 |
|---|---|---|---|
| 0971 | 顶 | (頂) | |
| 0974 | 拥 | (擁) | |
| 0975 | 抵 | | [牴觝] |
| 0977 | 势 | (勢) | |
| 0982 | 拦 | (攔) | |
| 0983 | 幸 | | [倖] |
| 0985 | 拧 | (擰) | |
| 0991 | 拨 | (撥) | |
| 0992 | 择 | (擇) | |
| 0995 | 拗 | | [抝] |
| 1004 | 苹 | (蘋[23]) | |
| 1010 | 范 | ~ | |
| | | (範) | |
| 1014 | 茎 | (莖) | |
| 1020 | 杯 | | [盃桮] |
| 1021 | 枢 | (樞) | |
| 1022 | 柜 | (櫃) | |
| 1025 | 板 | ~ | |
| | | (闆) | |

| 规范字 | | 繁体字 | 异体字 |
|---|---|---|---|
| 1026 | 松 | ~ | |
| | | (鬆) | |
| 1027 | 枪 | (槍) | [鎗] |
| 1028 | 枫 | (楓) | |
| 1029 | 构 | (構) | [搆] |
| 1031 | 杰 | | [傑] |
| 1034 | 丧 | (喪) | |
| 1036 | 画 | (畫) | |
| 1040 | 枣 | (棗) | |
| 1042 | 卖 | (賣) | |
| 1043 | 郁 | ~ | |
| | | (鬱) | [欝鬰] |
| 1044 | 矾 | (礬) | |
| 1045 | 矿 | (礦) | [鑛] |
| 1046 | 码 | (碼) | |
| 1047 | 厕 | (厠) | [廁] |
| 1049 | 奔 | | [奔逩犇[24]] |
| 1051 | 奋 | (奮) | |
| 1052 | 态 | (態) | |

| 规范字 | | 繁体字 | 异体字 |
|---|---|---|---|
| 1053 | 欧 | (歐) | |
| 1054 | 殴 | (毆) | |
| 1055 | 垄 | (壟) | |
| 1057 | 轰 | (轟) | |
| 1058 | 顷 | (頃) | |
| 1059 | 转 | (轉) | |
| 1060 | 斩 | (斬) | |
| 1061 | 轮 | (輪) | |
| 1062 | 软 | (軟) | [輭] |
| 1067 | 肯 | | [肎] |
| 1068 | 齿 | (齒) | |
| 1072 | 虏 | (虜) | [虜] |
| 1073 | 肾 | (腎) | |
| 1074 | 贤 | (賢) | |
| 1079 | 果 | | [菓] |
| 1080 | 昆 | | [崐崑] |
| 1081 | 国 | (國) | |
| 1086 | 畅 | (暢) | |
| 1089 | 咙 | (嚨) | |

| 规范字 | | 繁体字 | 异体字 |
|---|---|---|---|
| 1096 | 咒 | | [呪] |
| 1099 | 呼 | | [虖嘑謼] |
| 1100 | 鸣 | (鳴) | |
| 1101 | 咏 | | [詠] |
| 1105 | 岸 | | [岍] |
| 1106 | 岩 | | [嵒巗巖] |
| 1108 | 罗 | (羅) | |
| 1109 | 帜 | (幟) | |
| 1111 | 岭 | (嶺) | |
| 1112 | 凯 | (凱) | |
| 1113 | 败 | (敗) | |
| 1114 | 账 | (賬) | |
| 1115 | 贩 | (販) | |
| 1116 | 贬 | (貶) | |
| 1117 | 购 | (購) | |
| 1118 | 贮 | (貯) | |
| 1119 | 图 | (圖) | |
| 1120 | 钓 | (釣) | |
| 1121 | 制 | ~ | |

| 规范字 | | 繁体字 | 异体字 |
|---|---|---|---|
| | | (製) | |
| 1124 | 氛 | | [雰] |
| 1129 | 刮 | ~ | |
| | | (颳) | |
| 1130 | 秆 | | [稈] |
| 1131 | 和 | | [咊龢[25]] |
| 1137 | 岳 | | [嶽] |
| 1141 | 侠 | (俠) | |
| 1142 | 侥 | (僥) | [儌] |
| 1144 | 侄 | | [妷姪] |
| 1145 | 侦 | (偵) | [遉] |
| 1147 | 侧 | (側) | |
| 1148 | 凭 | (憑) | [凴] |
| 1149 | 侨 | (僑) | |
| 1151 | 货 | (貨) | |
| 1156 | 迫 | | [廹] |
| 1157 | 质 | (質) | |
| 1158 | 欣 | | [訢[26]] |
| 1159 | 征 | ~ | |
| | | (徵[27]) | |
| 1160 | 往 | | [徃] |
| 1163 | 径 | (徑) | [逕[28]] |
| 1165 | 舍 | ~ | |
| | | (捨) | |
| 1168 | 命 | | [𠇮] |
| 1169 | 肴 | | [餚] |
| 1172 | 采 | | [採寀] |
| 1173 | 觅 | (覓) | [覔] |
| 1176 | 贪 | (貪) | |
| 1177 | 念 | | [唸] |
| 1178 | 贫 | (貧) | |
| 1180 | 肤 | (膚) | |
| 1183 | 肿 | (腫) | |
| 1184 | 胀 | (脹) | |
| 1187 | 肮 | (骯) | |
| 1191 | 胁 | (脅) | [脇] |
| 1192 | 周 | | [週] |
| 1193 | 昏 | | [昬] |

| 规范字 | | 繁体字 | 异体字 |
|---|---|---|---|
| 1194 | 鱼 | (魚) | |
| 1195 | 兔 | | [兎兔] |
| 1199 | 狞 | (獰) | |
| 1200 | 备 | (備) | [俻] |
| 1201 | 饰 | (飾) | |
| 1202 | 饱 | (飽) | |
| 1203 | 饲 | (飼) | [飤] |
| 1204 | 变 | (變) | |
| 1206 | 享 | | [亯] |
| 1207 | 庞 | (龐) | |
| 1209 | 夜 | | [亱] |
| 1210 | 庙 | (廟) | |
| 1213 | 疟 | (瘧) | |
| 1216 | 剂 | (劑) | |
| 1217 | 卒 | | [卆] |
| 1220 | 废 | (廢) | [癈] |
| 1221 | 净 | | [淨] |
| 1227 | 闸 | (閘) | [牐] |
| 1228 | 闹 | (鬧) | [閙] |
| 1229 | 郑 | (鄭) | |
| 1230 | 券 | | [劵] |
| 1231 | 卷 | ~ | |
| | | (捲) | |
| 1232 | 单 | (單) | |
| 1236 | 炕 | | [匟] |
| 1238 | 炉 | (爐) | [鑪[29]] |
| 1240 | 浅 | (淺) | |
| 1241 | 法 | | [浛灋] |
| 1242 | 泄 | | [洩] |
| 1245 | 沾 | | [霑] |
| 1246 | 泪 | | [淚] |
| 1252 | 注 | | [註] |
| 1254 | 泞 | (濘) | |
| 1255 | 泻 | (瀉) | |
| 1262 | 泼 | (潑) | |
| 1263 | 泽 | (澤) | |
| 1270 | 怜 | (憐) | |
| 1271 | 怪 | | [恠] |

| 规范字 | | 繁体字 | 异体字 |
|---|---|---|---|
| 1273 | 学 | (學) | |
| 1274 | 宝 | (寶) | [寳] |
| 1277 | 宠 | (寵) | |
| 1279 | 审 | (審) | |
| 1283 | 帘 | ~ | |
| | | (簾) | |
| 1285 | 实 | (實) | [寔] |
| 1286 | 试 | (試) | |
| 1288 | 诗 | (詩) | |
| 1291 | 诚 | (誠) | |
| 1292 | 衬 | (襯) | |
| 1294 | 视 | (視) | [眎眡] |
| 1296 | 话 | (話) | [語] |
| 1297 | 诞 | (誕) | |
| 1298 | 诡 | (詭) | |
| 1299 | 询 | (詢) | |
| 1300 | 该 | (該) | |
| 1301 | 详 | (詳) | |
| 1303 | 肃 | (肅) | |

| 规范字 | | 繁体字 | 异体字 |
|---|---|---|---|
| 1304 | 录 | (録) | |
| 1305 | 隶 | (隸) | [隷隸] |
| 1306 | 帚 | | [箒] |
| 1309 | 届 | | [屆] |
| 1313 | 弥 | (彌) | |
| | | (瀰) | |
| 1314 | 弦 | | [絃] |
| 1320 | 陕 | (陝) | |
| 1322 | 函 | | [圅] |
| 1332 | 驾 | (駕) | |
| 1334 | 参 | (參) | [叅葠蓡] |
| 1335 | 艰 | (艱) | |
| 1336 | 线 | (綫) | [線[30]] |
| 1337 | 练 | (練) | |
| 1338 | 组 | (組) | |
| 1339 | 绅 | (紳) | |
| 1340 | 细 | (細) | |
| 1341 | 驶 | (駛) | |
| 1342 | 织 | (織) | |

| 规范字 | | 繁体字 | 异体字 |
|---|---|---|---|
| 1343 | 驹 | (駒) | |
| 1344 | 终 | (終) | |
| 1345 | 驻 | (駐) | |
| 1346 | 绊 | (絆) | |
| 1347 | 驼 | (駝) | [駞] |
| 1348 | 绍 | (紹) | |
| 1349 | 绎 | (繹) | |
| 1350 | 经 | (經) | |
| 1351 | 贯 | (貫) | |
| 1353 | 贰 | (貳) | |
| 1355 | 春 | | [旾] |
| 1356 | 帮 | (幫) | [幇幚] |
| 1358 | 珍 | | [珎] |
| 1360 | 珊 | | [珊] |
| 1365 | 挂 | | [罣掛] |
| 1370 | 项 | (項) | |
| 1374 | 挟 | (挾) | |
| 1375 | 挠 | (撓) | |
| 1378 | 赵 | (趙) | |
| 1379 | 挡 | (擋) | [攩] |
| 1383 | 括 | | [捪] |
| 1388 | 垛 | | [垜] |
| 1390 | 垫 | (墊) | |
| 1392 | 挤 | (擠) | |
| 1396 | 挥 | (揮) | |
| 1405 | 荐 | (薦) | |
| 1407 | 带 | (帶) | |
| 1408 | 草 | | [艸] |
| 1409 | 茧 | (繭) | [蠒] |
| 1414 | 荡 | (蕩) | [盪] |
| 1415 | 荣 | (榮) | |
| 1416 | 荤 | (葷) | |
| 1417 | 荧 | (熒) | |
| 1419 | 胡 | ~ | [衚] |
| | | (鬍) | |
| 1420 | 荫 | (蔭) | [廕] |
| 1421 | 荔 | | [茘] |
| 1423 | 药 | (藥) | |

| 规范字 | | 繁体字 | 异体字 |
|---|---|---|---|
| 1424 | 标 | (標) | |
| 1425 | 栈 | (棧) | |
| 1429 | 栋 | (棟) | |
| 1431 | 查 | | [査] |
| 1432 | 柏 | | [栢] |
| 1433 | 栅 | | [柵] |
| 1434 | 柳 | | [栁桺] |
| 1436 | 柿 | | [柹] |
| 1437 | 栏 | (欄) | |
| 1438 | 柠 | (檸) | |
| 1439 | 树 | (樹) | |
| 1443 | 咸 | ～ | |
| | | (鹹) | |
| 1447 | 砖 | (磚) | [塼甎] |
| 1448 | 厘 | | [釐[31]] |
| 1453 | 砚 | (硯) | |
| 1455 | 面 | ～ | |
| | | (麵) | [麪] |
| 1458 | 牵 | (牽) | |

| 规范字 | | 繁体字 | 异体字 |
|---|---|---|---|
| 1459 | 鸥 | (鷗) | |
| 1460 | 残 | (殘) | |
| 1462 | 轴 | (軸) | |
| 1463 | 轻 | (輕) | |
| 1464 | 鸦 | (鴉) | [鵶] |
| 1466 | 韭 | | [韮] |
| 1467 | 背 | | [揹] |
| 1468 | 战 | (戰) | |
| 1469 | 点 | (點) | |
| 1471 | 临 | (臨) | |
| 1472 | 览 | (覽) | |
| 1473 | 竖 | (豎) | [竪] |
| 1476 | 尝 | (嘗) | [甞嚐] |
| 1479 | 是 | | [昰] |
| 1483 | 哄 | | [閧鬨] |
| 1484 | 哑 | (啞) | |
| 1485 | 显 | (顯) | |
| 1486 | 冒 | | [冐] |
| 1487 | 映 | | [暎] |

| 规范字 | | 繁体字 | 异体字 |
|---|---|---|---|
| 1495 | 贵 | (貴) | |
| 1498 | 虾 | (蝦) | |
| 1499 | 蚁 | (蟻) | |
| 1501 | 蚂 | (螞) | |
| 1502 | 虽 | (雖) | |
| 1504 | 咽 | | [嚥] |
| 1505 | 骂 | (罵) | [傌駡] |
| 1506 | 勋 | (勛) | [勳] |
| 1507 | 哗 | (嘩) | [譁] |
| 1508 | 咱 | | [偺喒倃㗧] |
| 1509 | 响 | (響) | |
| 1512 | 咬 | | [齩] |
| 1513 | 咳 | | [欬] |
| 1516 | 哟 | (喲) | |
| 1518 | 峡 | (峽) | |
| 1519 | 罚 | (罰) | [罸] |
| 1520 | 贱 | (賤) | |
| 1521 | 贴 | (貼) | |
| 1522 | 贻 | (貽) | |

| 规范字 | | 繁体字 | 异体字 |
|---|---|---|---|
| 1525 | 钙 | (鈣) | |
| 1526 | 钝 | (鈍) | |
| 1527 | 钞 | (鈔) | |
| 1528 | 钟 | (鍾[32]) | |
| | | (鐘) | |
| 1529 | 钢 | (鋼) | |
| 1530 | 钠 | (鈉) | |
| 1531 | 钥 | (鑰) | |
| 1532 | 钦 | (欽) | |
| 1533 | 钧 | (鈞) | |
| 1534 | 钩 | (鉤) | [鈎] |
| 1535 | 钮 | (鈕) | |
| 1540 | 矩 | | [榘] |
| 1541 | 毡 | (氈) | [氊] |
| 1542 | 氢 | (氫) | |
| 1545 | 选 | (選) | |
| 1546 | 适 | (適) | |
| 1549 | 种 | ～ | |
| | | (種) | |

| 规范字 | | 繁体字 | 异体字 |
|---|---|---|---|
| 1550 | 秋 | ~ | [秌穐] |
| | | (鞦) | |
| 1553 | 复 | (復) | |
| | | (複) | |
| 1557 | 俩 | (倆) | |
| 1558 | 贷 | (貸) | |
| 1559 | 顺 | (順) | |
| 1560 | 修 | | [脩[33]] |
| 1567 | 俭 | (儉) | |
| 1578 | 俊 | | [儁雋] |
| 1585 | 须 | (須) | |
| | | (鬚) | |
| 1586 | 叙 | | [敍敘] |
| 1587 | 剑 | (劍) | [劒] |
| 1591 | 胚 | | [肧] |
| 1592 | 胧 | (朧) | |
| 1593 | 胆 | (膽) | |
| 1594 | 胜 | (勝) | |
| 1597 | 脉 | | [脈衇脈] |

| 规范字 | | 繁体字 | 异体字 |
|---|---|---|---|
| 1600 | 狭 | (狹) | [陿] |
| 1601 | 狮 | (獅) | |
| 1602 | 独 | (獨) | |
| 1605 | 狱 | (獄) | |
| 1607 | 贸 | (貿) | |
| 1610 | 饵 | (餌) | |
| 1611 | 饶 | (饒) | |
| 1612 | 蚀 | (蝕) | |
| 1613 | 饺 | (餃) | |
| 1614 | 饼 | (餅) | |
| 1615 | 峦 | (巒) | |
| 1616 | 弯 | (彎) | |
| 1617 | 将 | (將) | |
| 1618 | 奖 | (獎) | [奬] |
| 1623 | 迹 | | [跡蹟] |
| 1625 | 疮 | (瘡) | |
| 1626 | 疯 | (瘋) | |
| 1631 | 亲 | (親) | |
| 1635 | 闺 | (閨) | |

| 规范字 | | 繁体字 | 异体字 |
|---|---|---|---|
| 1636 | 闻 | (聞) | |
| 1637 | 闽 | (閩) | |
| 1638 | 阀 | (閥) | |
| 1639 | 阁 | (閣) | [閤] |
| 1641 | 养 | (養) | |
| 1643 | 姜 | ~ | |
| | | (薑) | |
| 1646 | 类 | (類) | |
| 1649 | 娄 | (婁) | |
| 1654 | 总 | (總) | |
| 1655 | 炼 | (煉) | [鍊] |
| 1657 | 烁 | (爍) | |
| 1658 | 炮 | | [砲礮] |
| 1660 | 烂 | (爛) | |
| 1661 | 剃 | | [薙鬀] |
| 1662 | 洼 | (窪) | |
| 1663 | 洁 | (潔) | [絜[34]] |
| 1665 | 洒 | (灑) | |
| 1667 | 浇 | (澆) | |

| 规范字 | | 繁体字 | 异体字 |
|---|---|---|---|
| 1668 | 浊 | (濁) | |
| 1670 | 测 | (測) | |
| 1677 | 浏 | (瀏) | |
| 1678 | 济 | (濟) | |
| 1681 | 浑 | (渾) | |
| 1682 | 浓 | (濃) | |
| 1685 | 恒 | | [恆] |
| 1687 | 恍 | | [怳] |
| 1689 | 恤 | | [卹䘏賉] |
| 1691 | 恼 | (惱) | |
| 1693 | 举 | (舉) | [擧] |
| 1694 | 觉 | (覺) | |
| 1699 | 宪 | (憲) | |
| 1702 | 窃 | (竊) | |
| 1704 | 诫 | (誡) | |
| 1706 | 诬 | (誣) | |
| 1707 | 语 | (語) | |
| 1709 | 袄 | (襖) | |
| 1714 | 误 | (誤) | |

| 规范字 | | 繁体字 | 异体字 |
|---|---|---|---|
| 1715 | 诱 | (誘) | |
| 1716 | 诲 | (誨) | |
| 1717 | 说 | (說) | |
| 1718 | 诵 | (誦) | |
| 1719 | 垦 | (墾) | |
| 1723 | 昼 | (晝) | |
| 1726 | 费 | (費) | |
| 1728 | 逊 | (遜) | |
| 1731 | 陨 | (隕) | |
| 1733 | 险 | (險) | |
| 1738 | 姻 | | [婣] |
| 1739 | 娇 | (嬌) | |
| 1744 | 贺 | (賀) | |
| 1751 | 垒 | (壘) | |
| 1752 | 绑 | (綁) | |
| 1753 | 绒 | (絨) | [毧羢] |
| 1754 | 结 | (結) | |
| 1755 | 绕 | (繞) | [遶] |
| 1756 | 骄 | (驕) | |
| 1757 | 绘 | (繪) | |
| 1758 | 给 | (給) | |
| 1759 | 绚 | (絢) | |
| 1760 | 骆 | (駱) | |
| 1761 | 络 | (絡) | |
| 1762 | 绝 | (絕) | |
| 1763 | 绞 | (絞) | |
| 1764 | 骇 | (駭) | |
| 1765 | 统 | (統) | |
| 1766 | 耕 | | [畊] |
| 1770 | 艳 | (艷) | [豔豓] |
| 1777 | 蚕 | (蠶) | |
| 1778 | 顽 | (頑) | |
| 1779 | 盏 | (盞) | [琖醆] |
| 1781 | 捞 | (撈) | |
| 1787 | 载 | (載) | |
| 1788 | 赶 | (趕) | |
| 1790 | 盐 | (鹽) | |
| 1792 | 捍 | | [扞[35]] |

| 规范字 | | 繁体字 | 异体字 |
| --- | --- | --- | --- |
| 1793 | 捏 | | [揑] |
| 1796 | 捆 | | [綑] |
| 1798 | 损 | (損) | |
| 1802 | 哲 | | [喆[36]] |
| 1804 | 捡 | (撿) | |
| 1807 | 挽 | | [輓] |
| 1808 | 挚 | (摯) | |
| 1809 | 热 | (熱) | |
| 1811 | 捣 | (搗) | [擣𢭏] |
| 1812 | 壶 | (壺) | |
| 1816 | 耻 | | [恥] |
| 1818 | 耽 | | [躭] |
| 1819 | 聂 | (聶) | |
| 1822 | 莱 | (萊) | |
| 1823 | 莲 | (蓮) | |
| 1827 | 获 | (獲) | |
| | | (穫) | |
| 1828 | 晋 | | [晉] |
| 1829 | 恶 | (惡) | |

| 规范字 | | 繁体字 | 异体字 |
| --- | --- | --- | --- |
| | | (噁) | |
| 1830 | 莹 | (瑩) | |
| 1831 | 莺 | (鶯) | [鸎] |
| 1837 | 栖 | | [棲] |
| 1838 | 档 | (檔) | |
| 1841 | 桥 | (橋) | |
| 1842 | 桦 | (樺) | |
| 1846 | 桩 | (樁) | |
| 1848 | 核 | | [覈] |
| 1849 | 样 | (樣) | |
| 1855 | 栗 | | [慄] |
| 1856 | 贾 | (賈) | |
| 1859 | 翅 | | [翄] |
| 1861 | 唇 | | [脣] |
| 1865 | 砾 | (礫) | |
| 1866 | 础 | (礎) | |
| 1874 | 顾 | (顧) | |
| 1875 | 轿 | (轎) | |
| 1876 | 较 | (較) | |

| 规范字 | | 繁体字 | 异体字 |
|---|---|---|---|
| 1877 | 顿 | (頓) | |
| 1878 | 毙 | (斃) | [獘] |
| 1879 | 致 | ～ | |
| | | (緻) | |
| 1881 | 桌 | | [棹] |
| 1882 | 虑 | (慮) | |
| 1883 | 监 | (監) | |
| 1884 | 紧 | (緊) | [緊緊] |
| 1885 | 党 | ～ | |
| | | (黨) | |
| 1887 | 晒 | (曬) | |
| 1889 | 晓 | (曉) | |
| 1891 | 唠 | (嘮) | |
| 1892 | 鸭 | (鴨) | |
| 1893 | 晃 | | [挸] |
| 1897 | 晕 | (暈) | |
| 1901 | 蚊 | | [螡蟁] |
| 1909 | 恩 | | [恖] |
| 1910 | 鸯 | (鴦) | |

| 规范字 | | 繁体字 | 异体字 |
|---|---|---|---|
| 1918 | 罢 | (罷) | |
| 1919 | 峭 | | [陗] |
| 1920 | 峨 | | [峩] |
| 1921 | 峰 | | [峯] |
| 1922 | 圆 | (圓) | |
| 1924 | 贼 | (賊) | |
| 1925 | 贿 | (賄) | |
| 1926 | 赂 | (賂) | |
| 1927 | 赃 | (贓) | |
| 1928 | 钱 | (錢) | |
| 1929 | 钳 | (鉗) | |
| 1930 | 钻 | (鑽) | [鑚] |
| 1931 | 钾 | (鉀) | |
| 1932 | 铁 | (鐵) | |
| 1933 | 铃 | (鈴) | |
| 1934 | 铅 | (鉛) | [鈆] |
| 1939 | 牺 | (犧) | |
| 1941 | 乘 | | [乗椉] |
| 1942 | 敌 | (敵) | |

| 规范字 | | 繁体字 | 异体字 |
|---|---|---|---|
| 1945 | 积 | (積) | |
| 1948 | 称 | (稱) | |
| 1949 | 秘 | | [祕[37]] |
| 1951 | 笔 | (筆) | |
| 1952 | 笑 | | [咲] |
| 1953 | 笋 | | [筍] |
| 1954 | 债 | (債) | |
| 1955 | 借 | ~ | |
| | | (藉[38]) | |
| 1959 | 倾 | (傾) | |
| 1965 | 赁 | (賃) | |
| 1966 | 俯 | | [俛頫[39]] |
| 1968 | 倦 | | [勌] |
| 1971 | 射 | | [䠶] |
| 1972 | 躬 | | [躳] |
| 1977 | 殷 | | [慇] |
| 1978 | 舰 | (艦) | |
| 1979 | 舱 | (艙) | |
| 1983 | 拿 | | [拏舒挐] |
| 1984 | 耸 | (聳) | |
| 1987 | 爱 | (愛) | |
| 1990 | 颁 | (頒) | |
| 1991 | 颂 | (頌) | |
| 1994 | 脆 | | [脃] |
| 1996 | 胸 | | [胷] |
| 1997 | 胳 | | [肐] |
| 1998 | 脏 | (臟) | |
| | | (髒) | |
| 1999 | 脐 | (臍) | |
| 2000 | 胶 | (膠) | |
| 2001 | 脑 | (腦) | |
| 2002 | 脓 | (膿) | |
| 2004 | 狸 | | [貍] |
| 2008 | 鸵 | (鴕) | |
| 2009 | 留 | | [畄㽞畱] |
| 2010 | 鸳 | (鴛) | |
| 2011 | 皱 | (皺) | |
| 2012 | 饿 | (餓) | |

| 规范字 | | 繁体字 | 异体字 |
|---|---|---|---|
| 2013 | 馁 | (餒) | |
| 2015 | 凄 | | [淒悽] |
| 2016 | 恋 | (戀) | |
| 2017 | 桨 | (槳) | |
| 2018 | 浆 | (漿) | |
| 2023 | 席 | | [蓆] |
| 2024 | 准 | ~ | |
| | | (準) | |
| 2026 | 症 | ~ | |
| | | (癥) | |
| 2029 | 斋 | (齋) | [亝] |
| 2034 | 效 | | [効傚] |
| 2035 | 离 | (離) | |
| 2039 | 资 | (資) | [貲[40]] |
| 2040 | 凉 | | [涼] |
| 2043 | 竞 | (競) | |
| 2048 | 阅 | (閱) | |
| 2051 | 瓶 | | [缾] |
| 2059 | 烦 | (煩) | |

| 规范字 | | 繁体字 | 异体字 |
|---|---|---|---|
| 2060 | 烧 | (燒) | |
| 2061 | 烛 | (燭) | |
| 2062 | 烟 | | [菸煙] |
| 2064 | 递 | (遞) | |
| 2065 | 涛 | (濤) | |
| 2066 | 浙 | | [淛] |
| 2067 | 涝 | (澇) | |
| 2072 | 涡 | (渦) | |
| 2075 | 涂 | ~ | |
| | | (塗) | |
| 2079 | 涤 | (滌) | |
| 2081 | 润 | (潤) | |
| 2082 | 涧 | (澗) | |
| 2086 | 涨 | (漲) | |
| 2087 | 烫 | (燙) | |
| 2088 | 涩 | (澀) | [澁濇] |
| 2089 | 涌 | | [湧] |
| 2090 | 悖 | | [誖] |
| 2093 | 悍 | | [猂] |

| 规范字 | | 繁体字 | 异体字 |
|---|---|---|---|
| 2095 | 悯 | (憫) | |
| 2098 | 宽 | (寬) | |
| 2099 | 家 | ～ | |
| | | (傢) | |
| 2101 | 宴 | | [醼讌] |
| 2102 | 宾 | (賓) | |
| 2103 | 窍 | (竅) | |
| 2108 | 请 | (請) | |
| 2110 | 诸 | (諸) | |
| 2111 | 诺 | (諾) | |
| 2112 | 读 | (讀) | |
| 2114 | 诽 | (誹) | |
| 2115 | 袜 | (襪) | [韈韤] |
| 2120 | 课 | (課) | |
| 2121 | 冥 | | [冥寘] |
| 2122 | 谁 | (誰) | |
| 2123 | 调 | (調) | |
| 2124 | 冤 | | [㝃寃] |
| 2125 | 谅 | (諒) | |
| 2126 | 谆 | (諄) | |
| 2127 | 谈 | (談) | |
| 2128 | 谊 | (誼) | |
| 2130 | 恳 | (懇) | |
| 2132 | 剧 | (劇) | |
| 2144 | 娘 | | [孃] |
| 2147 | 难 | (難) | |
| 2148 | 预 | (預) | |
| 2149 | 桑 | | [桒] |
| 2150 | 绢 | (絹) | |
| 2151 | 绣 | (綉) | [繡] |
| 2152 | 验 | (驗) | [騐] |
| 2153 | 继 | (繼) | |
| 2154 | 骏 | (駿) | |
| 2155 | 球 | | [毬] |
| 2156 | 琐 | (瑣) | [瑣] |
| 2158 | 琉 | | [瑠璢] |
| 2159 | 琅 | | [瑯] |
| 2167 | 捷 | | [揵] |

| 规范字 | | 繁体字 | 异体字 |
|---|---|---|---|
| 2171 | 捶 | | [搥] |
| 2180 | 掏 | | [搯] |
| 2186 | 掷 | (擲) | |
| 2189 | 据 | ~ | |
| | | (據) | [㨿] |
| 2191 | 掺 | (摻) | |
| 2192 | 职 | (職) | |
| 2199 | 菱 | | [蔆] |
| 2204 | 萝 | (蘿) | |
| 2213 | 萤 | (螢) | |
| 2214 | 营 | (營) | |
| 2216 | 萧 | (蕭) | |
| 2217 | 萨 | (薩) | |
| 2221 | 梦 | (夢) | |
| 2222 | 婪 | | [惏] |
| 2226 | 梅 | | [楳槑] |
| 2227 | 检 | (檢) | |
| 2232 | 救 | | [捄] |
| 2236 | 酝 | (醞) | |
| 2238 | 厢 | | [廂] |
| 2239 | 戚 | | [慼慽] |
| 2241 | 硕 | (碩) | |
| 2245 | 聋 | (聾) | |
| 2246 | 袭 | (襲) | |
| 2250 | 辅 | (輔) | |
| 2251 | 辆 | (輛) | |
| 2252 | 颅 | (顱) | |
| 2262 | 眯 | | [瞇] |
| 2264 | 悬 | (懸) | |
| 2265 | 野 | | [埜壄] |
| 2276 | 跃 | (躍) | |
| 2277 | 略 | | [畧] |
| 2280 | 蛇 | | [虵] |
| 2282 | 累 | ~ | |
| | | (纍) | |
| 2286 | 啰 | (囉) | |
| 2291 | 啸 | (嘯) | |
| 2294 | 崭 | (嶄) | [嶃] |

| 规范字 | | 繁体字 | 异体字 |
|---|---|---|---|
| 2295 | 逻 | (邏) | |
| 2301 | 婴 | (嬰) | |
| 2303 | 铐 | (銬) | |
| 2304 | 铛 | (鐺) | |
| 2305 | 铝 | (鋁) | |
| 2306 | 铜 | (銅) | |
| 2307 | 铭 | (銘) | |
| 2308 | 铲 | (鏟) | [剷] |
| 2309 | 银 | (銀) | |
| 2310 | 矫 | (矯) | |
| 2312 | 秸 | | [稭] |
| 2313 | 梨 | | [棃] |
| 2314 | 犁 | | [犂] |
| 2315 | 秽 | (穢) | |
| 2316 | 移 | | [迻] |
| 2318 | 笼 | (籠) | |
| 2327 | 偿 | (償) | |
| 2330 | 偷 | | [媮] |
| 2335 | 躯 | (軀) | |

| 规范字 | | 繁体字 | 异体字 |
|---|---|---|---|
| 2336 | 兜 | | [兠] |
| 2337 | 假 | | [叚[41]] |
| 2338 | 衅 | (釁) | |
| 2342 | 衔 | (銜) | [啣衘] |
| 2343 | 盘 | (盤) | |
| 2345 | 船 | | [舩] |
| 2349 | 鸽 | (鴿) | |
| 2350 | 敛 | (斂) | [歛] |
| 2352 | 欲 | | [慾] |
| 2353 | 彩 | | [綵] |
| 2354 | 领 | (領) | |
| 2355 | 脚 | | [腳] |
| 2356 | 脖 | | [䪬] |
| 2359 | 脸 | (臉) | |
| 2362 | 够 | | [夠] |
| 2365 | 猪 | | [豬] |
| 2366 | 猎 | (獵) | |
| 2367 | 猫 | | [貓] |
| 2372 | 馅 | (餡) | |

| 规范字 | | 繁体字 | 异体字 |
|---|---|---|---|
| 2373 | 馆 | (館) | [舘] |
| 2374 | 凑 | | [湊] |
| 2375 | 减 | | [減] |
| 2378 | 庶 | | [庻] |
| 2379 | 麻 | | [蔴] |
| 2380 | 庵 | | [菴] |
| 2382 | 痒 | (癢) | |
| 2393 | 旋 | ~ | |
| | | (鏇) | |
| 2394 | 望 | | [朢] |
| 2396 | 阁 | (閣) | |
| 2397 | 阐 | (闡) | |
| 2400 | 盖 | (蓋) | |
| 2401 | 眷 | | [睠] |
| 2403 | 粗 | | [觕麤] |
| 2405 | 断 | (斷) | |
| 2407 | 兽 | (獸) | |
| 2408 | 焊 | | [釬銲] |
| 2412 | 鸿 | (鴻) | |

| 规范字 | | 繁体字 | 异体字 |
|---|---|---|---|
| 2413 | 淋 | | [痳] |
| 2417 | 渐 | (漸) | |
| 2422 | 淆 | | [殽] |
| 2423 | 渊 | (淵) | |
| 2424 | 淫 | | [婬滛] |
| 2425 | 渔 | (漁) | |
| 2427 | 淳 | | [湻] |
| 2431 | 淀 | ~ | |
| | | (澱) | |
| 2432 | 深 | | [湥] |
| 2436 | 梁 | | [樑] |
| 2437 | 渗 | (滲) | |
| 2440 | 惭 | (慚) | [慙] |
| 2442 | 惧 | (懼) | |
| 2445 | 惊 | (驚) | |
| 2447 | 悴 | | [顇] |
| 2449 | 惨 | (慘) | |
| 2450 | 惯 | (慣) | |
| 2451 | 寇 | | [冦宼] |

| 规范字 | | 繁体字 | 异体字 |
|---|---|---|---|
| 2455 | 宿 | | [宿] |
| 2457 | 窑 | | [窰窯] |
| 2459 | 谋 | (謀) | |
| 2460 | 谍 | (諜) | |
| 2461 | 谎 | (謊) | |
| 2462 | 谐 | (諧) | |
| 2464 | 祷 | (禱) | |
| 2465 | 祸 | (禍) | [旤] |
| 2466 | 谓 | (謂) | |
| 2467 | 谚 | (諺) | |
| 2468 | 谜 | (謎) | |
| 2473 | 弹 | (彈) | |
| 2475 | 堕 | (墮) | |
| 2476 | 随 | (隨) | |
| 2480 | 隐 | (隱) | |
| 2482 | 婳 | (嬸) | |
| 2484 | 颇 | (頗) | |
| 2485 | 颈 | (頸) | |
| 2486 | 绩 | (績) | [勣[42]] |

| 规范字 | | 繁体字 | 异体字 |
|---|---|---|---|
| 2487 | 绪 | (緒) | |
| 2488 | 续 | (續) | |
| 2489 | 骑 | (騎) | |
| 2490 | 绰 | (綽) | |
| 2491 | 绳 | (繩) | |
| 2492 | 维 | (維) | |
| 2493 | 绵 | (綿) | [緜] |
| 2494 | 绷 | (綳) | [繃] |
| 2495 | 绸 | (綢) | [紬] |
| 2496 | 综 | (綜) | |
| 2497 | 绽 | (綻) | |
| 2498 | 绿 | (緑) | [菉[43]] |
| 2499 | 缀 | (綴) | |
| 2501 | 琴 | | [琹] |
| 2504 | 琼 | (瓊) | |
| 2508 | 款 | | [欵] |
| 2510 | 塔 | | [墖] |
| 2515 | 趁 | | [趂] |
| 2516 | 趋 | (趨) | |

| 规范字 | | 繁体字 | 异体字 |
|---|---|---|---|
| 2518 | 揽 | (攬) | |
| 2519 | 堤 | | [隄] |
| 2521 | 博 | | [愽] |
| 2526 | 插 | | [揷] |
| 2527 | 揪 | | [揫] |
| 2528 | 搜 | | [蒐[44]] |
| 2529 | 煮 | | [煑] |
| 2531 | 搀 | (攙) | |
| 2533 | 搁 | (擱) | |
| 2535 | 搂 | (摟) | |
| 2536 | 搅 | (攪) | |
| 2542 | 期 | | [朞] |
| 2544 | 联 | (聯) | |
| 2546 | 散 | | [㪔] |
| 2548 | 葬 | | [塟𦵏] |
| 2554 | 葱 | | [蔥] |
| 2555 | 蒋 | (蔣) | |
| 2556 | 蒂 | | [蔕] |
| 2558 | 韩 | (韓) | |

| 规范字 | | 繁体字 | 异体字 |
|---|---|---|---|
| 2563 | 棱 | | [稜] |
| 2564 | 棋 | | [棊碁] |
| 2576 | 棕 | | [椶] |
| 2579 | 椭 | (橢) | |
| 2582 | 逼 | | [偪] |
| 2587 | 厨 | | [㕑廚] |
| 2588 | 厦 | | [廈] |
| 2591 | 确 | (確) | |
| 2593 | 雁 | | [鴈] |
| 2597 | 颊 | (頰) | |
| 2598 | 雳 | (靂) | |
| 2599 | 暂 | (暫) | [蹔] |
| 2601 | 翘 | (翹) | |
| 2602 | 辈 | (輩) | |
| 2605 | 凿 | (鑿) | |
| 2606 | 辉 | (輝) | [煇] |
| 2609 | 赏 | (賞) | |
| 2612 | 睐 | (睞) | |
| 2614 | 最 | | [冣㝡] |

| 规范字 | | 繁体字 | 异体字 |
|---|---|---|---|
| 2615 | 晰 | | [晳] |
| 2618 | 啧 | (嘖) | |
| 2627 | 畴 | (疇) | |
| 2628 | 践 | (踐) | |
| 2633 | 遗 | (遺) | |
| 2634 | 蛙 | | [鼃] |
| 2640 | 鹃 | (鵑) | |
| 2641 | 喂 | | [餧餵] |
| 2645 | 啼 | | [嗁] |
| 2646 | 喧 | | [諠] |
| 2649 | 帽 | | [帽] |
| 2650 | 赋 | (賦) | |
| 2651 | 赌 | (賭) | |
| 2652 | 赎 | (贖) | |
| 2653 | 赐 | (賜) | |
| 2654 | 赔 | (賠) | |
| 2656 | 铸 | (鑄) | |
| 2657 | 铺 | (鋪) | [舖] |
| 2658 | 链 | (鏈) | |
| 2659 | 销 | (銷) | |
| 2660 | 锁 | (鎖) | [鎻] |
| 2661 | 锄 | (鋤) | [鉏耡] |
| 2662 | 锅 | (鍋) | |
| 2663 | 锈 | (銹) | [鏽] |
| 2664 | 锋 | (鋒) | |
| 2665 | 锌 | (鋅) | |
| 2666 | 锐 | (鋭) | |
| 2674 | 鹅 | (鵝) | [鵞䳘] |
| 2675 | 剩 | | [賸] |
| 2682 | 筑 | ～ | |
| | | (築) | |
| 2683 | 策 | | [筴筞] |
| 2684 | 筛 | (篩) | |
| 2685 | 筒 | | [筩] |
| 2686 | 筏 | | [栰] |
| 2697 | 储 | (儲) | |
| 2698 | 皓 | | [暠皜] |
| 2703 | 惩 | (懲) | |

| 规范字 | | 繁体字 | 异体字 |
|---|---|---|---|
| 2704 | 御 | ~ | |
| | | (禦) | |
| 2708 | 逾 | | [踰] |
| 2710 | 释 | (釋) | |
| 2712 | 腊 | (臘) | [臈] |
| 2717 | 鲁 | (魯) | |
| 2719 | 猬 | | [蝟] |
| 2722 | 惫 | (憊) | |
| 2724 | 馈 | (饋) | [餽] |
| 2725 | 馋 | (饞) | |
| 2726 | 装 | (裝) | |
| 2727 | 蛮 | (蠻) | |
| 2729 | 敦 | | [敵] |
| 2737 | 阔 | (闊) | [濶] |
| 2742 | 粪 | (糞) | |
| 2748 | 焰 | | [燄] |
| 2750 | 滞 | (滯) | |
| 2755 | 渺 | | [淼 [45]渺] |
| 2756 | 湿 | (濕) | [溼] |

| 规范字 | | 繁体字 | 异体字 |
|---|---|---|---|
| 2759 | 溃 | (潰) | |
| 2760 | 溅 | (濺) | |
| 2764 | 湾 | (灣) | |
| 2766 | 游 | | [遊] |
| 2770 | 愤 | (憤) | |
| 2776 | 愧 | | [媿] |
| 2778 | 慨 | | [嘅] |
| 2782 | 寓 | | [庽] |
| 2783 | 窜 | (竄) | |
| 2784 | 窝 | (窩) | |
| 2786 | 窗 | | [䆫窓牕牎窻] |
| 2788 | 遍 | | [徧] |
| 2789 | 雇 | | [僱] |
| 2791 | 裤 | (褲) | [袴] |
| 2792 | 裙 | | [帬裠] |
| 2793 | 禅 | (禪) | |
| 2795 | 谢 | (謝) | |
| 2796 | 谣 | (謠) | |
| 2797 | 谤 | (謗) | |

| 规范字 | | 繁体字 | 异体字 |
|---|---|---|---|
| 2798 | 谦 | (謙) | |
| 2800 | 属 | (屬) | |
| 2801 | 屡 | (屢) | |
| 2802 | 强 | | [強彊] |
| 2804 | 疏 | | [踈] |
| 2812 | 婿 | | [壻] |
| 2814 | 缅 | (緬) | |
| 2815 | 缆 | (纜) | |
| 2816 | 缉 | (緝) | |
| 2817 | 缎 | (緞) | |
| 2818 | 缓 | (緩) | |
| 2819 | 缔 | (締) | |
| 2820 | 缕 | (縷) | |
| 2821 | 骗 | (騙) | |
| 2822 | 编 | (編) | |
| 2823 | 骚 | (騷) | |
| 2824 | 缘 | (緣) | |
| 2826 | 鹉 | (鵡) | |
| 2828 | 瑰 | | [瓌] |

| 规范字 | | 繁体字 | 异体字 |
|---|---|---|---|
| 2830 | 魂 | | [䰟] |
| 2832 | 摄 | (攝) | |
| 2837 | 鼓 | | [皷] |
| 2838 | 摆 | (擺) | |
| | | (襬) | |
| 2839 | 携 | | [擕攜㩗攜] |
| 2844 | 摊 | (攤) | |
| 2848 | 勤 | | [懃] |
| 2849 | 靴 | | [鞾] |
| 2851 | 鹊 | (鵲) | |
| 2852 | 蓝 | (藍) | |
| 2854 | 幕 | | [幙] |
| 2859 | 蒙 | ~ | |
| | | (濛) | |
| | | (懞) | |
| | | (矇) | |
| 2861 | 献 | (獻) | |
| 2866 | 榄 | (欖) | |
| 2870 | 楼 | (樓) | |

| 规范字 | | 繁体字 | 异体字 |
|---|---|---|---|
| 2871 | 概 | | [槩] |
| 2872 | 赖 | (賴) | [頼] |
| 2874 | 酬 | | [酧詶醻] |
| 2876 | 碍 | (礙) | |
| 2880 | 碰 | | [掽踫] |
| 2881 | 碗 | | [㼝盌椀[46]] |
| 2882 | 碌 | | [磟] |
| 2883 | 尴 | (尷) | |
| 2886 | 雾 | (霧) | |
| 2888 | 辐 | (輻) | |
| 2889 | 辑 | (輯) | |
| 2890 | 输 | (輸) | |
| 2892 | 频 | (頻) | |
| 2893 | 龄 | (齡) | |
| 2894 | 鉴 | (鑒) | [鑑鑑] |
| 2896 | 睹 | | [覩] |
| 2901 | 睬 | | [倸] |
| 2906 | 暖 | | [㬉煗煖] |
| 2909 | 暗 | | [晻闇] |
| 2911 | 照 | | [炤] |
| 2914 | 跷 | (蹺) | [蹻] |
| 2916 | 跺 | | [跥] |
| 2923 | 蜗 | (蝸) | |
| 2925 | 蜂 | | [䗬蠭] |
| 2931 | 置 | | [寘] |
| 2932 | 罪 | | [辠] |
| 2936 | 错 | (錯) | |
| 2937 | 锚 | (錨) | |
| 2938 | 锡 | (錫) | |
| 2939 | 锣 | (鑼) | |
| 2940 | 锤 | (錘) | [鎚] |
| 2941 | 锥 | (錐) | |
| 2942 | 锦 | (錦) | |
| 2943 | 键 | (鍵) | |
| 2944 | 锯 | (鋸) | |
| 2945 | 锰 | (錳) | |
| 2947 | 辞 | (辭) | [辤] |
| 2948 | 稚 | | [稺穉] |

| 规范字 | | 繁体字 | 异体字 |
|---|---|---|---|
| 2950 | 颓 | (頹) | [穨] |
| 2952 | 筹 | (籌) | |
| 2953 | 签 | (簽) | |
| | | (籤) | |
| 2954 | 简 | (簡) | |
| 2956 | 毁 | | [燬譭] |
| 2966 | 愈 | | [瘉癒] |
| 2968 | 腻 | (膩) | |
| 2971 | 腮 | | [顋] |
| 2974 | 鹏 | (鵬) | |
| 2975 | 腾 | (騰) | |
| 2976 | 腿 | | [骽] |
| 2977 | 鲍 | (鮑) | |
| 2978 | 猿 | | [猨蝯] |
| 2979 | 颖 | (穎) | [頴] |
| 2980 | 触 | (觸) | |
| 2983 | 雏 | (雛) | |
| 2984 | 馍 | (饃) | [饝] |
| 2985 | 馏 | (餾) | |

| 规范字 | | 繁体字 | 异体字 |
|---|---|---|---|
| 2986 | 酱 | (醬) | |
| 2987 | 禀 | | [稟] |
| 2988 | 痹 | | [痺] |
| 2990 | 痴 | | [癡] |
| 2992 | 廉 | | [亷㢘] |
| 2995 | 韵 | | [韻] |
| 2997 | 誊 | (謄) | |
| 2998 | 粮 | (糧) | |
| 2999 | 数 | (數) | |
| 3005 | 满 | (滿) | |
| 3009 | 滤 | (濾) | |
| 3010 | 滥 | (濫) | |
| 3012 | 溪 | | [谿[47]] |
| 3014 | 漓 | ~ | |
| | | (灕) | |
| 3017 | 溯 | | [泝遡] |
| 3018 | 滨 | (濱) | |
| 3022 | 滩 | (灘) | |
| 3023 | 慎 | | [昚] |

| 规范字 | | 繁体字 | 异体字 |
|---|---|---|---|
| 3024 | 誉 | (譽) | |
| 3027 | 窥 | (窺) | [闚] |
| 3029 | 寝 | (寢) | [寑] |
| 3030 | 谨 | (謹) | |
| 3032 | 裸 | | [躶臝] |
| 3034 | 谬 | (謬) | |
| 3035 | 群 | | [羣] |
| 3037 | 辟 | ～ | |
| | | (闢) | |
| 3043 | 叠 | | [曡疊疉] |
| 3044 | 缚 | (縛) | |
| 3045 | 缝 | (縫) | |
| 3046 | 缠 | (纏) | |
| 3047 | 缤 | (繽) | |
| 3048 | 剿 | | [勦勦] |
| 3051 | 璃 | | [琍瓈] |
| 3052 | 赘 | (贅) | |
| 3054 | 墙 | (墻) | [牆] |
| 3070 | 蔑 | ～ | |

| 规范字 | | 繁体字 | 异体字 |
|---|---|---|---|
| | | (衊) | |
| 3074 | 蔼 | (藹) | |
| 3075 | 熙 | | [熈熈] |
| 3079 | 槛 | (檻) | |
| 3081 | 榜 | | [牓] |
| 3082 | 榨 | | [搾] |
| 3084 | 歌 | | [謌] |
| 3088 | 酿 | (釀) | |
| 3091 | 碱 | | [堿鹻鹼] |
| 3094 | 愿 | (願) | |
| 3096 | 辖 | (轄) | |
| 3097 | 辗 | (輾) | |
| 3100 | 颗 | (顆) | |
| 3101 | 瞅 | | [田丑 矁] |
| 3103 | 嗽 | | [嗽] |
| 3104 | 踊 | (踴) | |
| 3106 | 蜡 | (蠟) | |
| 3107 | 蝇 | (蠅) | |
| 3109 | 蝉 | (蟬) | |

| 规范字 | | 繁体字 | 异体字 |
|---|---|---|---|
| 3112 | 赚 | (賺) | |
| 3113 | 锹 | (鍬) | [鍫] |
| 3114 | 锻 | (鍛) | |
| 3115 | 镀 | (鍍) | |
| 3118 | 稳 | (穩) | |
| 3119 | 熏 | | [燻] |
| 3122 | 箩 | (籮) | |
| 3123 | 管 | | [筦48] |
| 3124 | 箫 | (簫) | |
| 3125 | 舆 | (輿) | |
| 3134 | 膀 | | [髈] |
| 3135 | 鲜 | (鮮) | [尠尟鱻] |
| 3138 | 馒 | (饅) | |
| 3145 | 瘩 | | [瘩] |
| 3148 | 辣 | | [辢] |
| 3152 | 旗 | | [旂] |
| 3156 | 弊 | | [獘] |
| 3160 | 潇 | (瀟) | |
| 3162 | 漱 | | [潄] |
| 3171 | 寨 | | [砦] |
| 3172 | 赛 | (賽) | |
| 3174 | 察 | | [詧] |
| 3177 | 谭 | (譚) | |
| 3181 | 谱 | (譜) | |
| 3183 | 嫩 | | [嫰] |
| 3186 | 凳 | | [櫈] |
| 3187 | 骡 | (騾) | [鸁] |
| 3188 | 缩 | (縮) | |
| 3190 | 撵 | (攆) | |
| 3196 | 撑 | | [撐] |
| 3201 | 墩 | | [墪] |
| 3205 | 撰 | | [譔] |
| 3206 | 聪 | (聰) | |
| 3207 | 鞋 | | [鞵] |
| 3208 | 鞍 | | [鞌] |
| 3210 | 蕊 | | [蕋橤蘂] |
| 3212 | 蕴 | (藴) | |
| 3215 | 樱 | (櫻) | |

| 规范字 | | 繁体字 | 异体字 |
| --- | --- | --- | --- |
| 3221 | 飘 | (飄) | [飃] |
| 3223 | 醇 | | [醕] |
| 3231 | 霉 | (黴) | |
| 3232 | 瞒 | (瞞) | |
| 3233 | 题 | (題) | |
| 3236 | 嘻 | | [譆] |
| 3243 | 踩 | | [跴] |
| 3244 | 踪 | | [蹤] |
| 3245 | 蝶 | | [蜨] |
| 3248 | 蝎 | | [蠍] |
| 3253 | 嘱 | (囑) | |
| 3256 | 镇 | (鎮) | |
| 3257 | 镐 | (鎬) | |
| 3258 | 镑 | (鎊) | |
| 3263 | 稿 | | [稾] |
| 3266 | 篓 | (簍) | |
| 3269 | 僵 | | [殭] |
| 3272 | 德 | | [悳] |
| 3274 | 膝 | | [厀] |
| 3276 | 鲤 | (鯉) | |
| 3277 | 鲫 | (鯽) | |
| 3280 | 褒 | | [襃] |
| 3281 | 瘪 | (癟) | [癟] |
| 3282 | 瘤 | | [癅] |
| 3283 | 痈 | (癰) | |
| 3285 | 颜 | (顏) | |
| 3287 | 糊 | | [粘餬] |
| 3290 | 潜 | | [濳] |
| 3294 | 鲨 | (鯊) | |
| 3298 | 澜 | (瀾) | |
| 3299 | 澄 | | [澂[49]] |
| 3301 | 憔 | | [癄顦] |
| 3304 | 额 | (額) | [頟] |
| 3307 | 谴 | (譴) | |
| 3308 | 鹤 | (鶴) | |
| 3314 | 缭 | (繚) | |
| 3317 | 操 | | [捺掾] |
| 3319 | 燕 | | [鷰] |

| 规范字 | | 繁体字 | 异体字 |
|---|---|---|---|
| 3321 | 薯 | | [藷] |
| 3327 | 颠 | (顛) | |
| 3330 | 橱 | | [櫥] |
| 3334 | 融 | | [螎] |
| 3339 | 辙 | (轍) | |
| 3344 | 蹄 | | [蹏] |
| 3346 | 蟆 | | [蟇] |
| 3349 | 噪 | | [譟] |
| 3350 | 鹦 | (鸚) | |
| 3351 | 赠 | (贈) | |
| 3354 | 镜 | (鏡) | |
| 3355 | 赞 | (贊) | [賛讚] |
| 3357 | 篮 | (籃) | |
| 3358 | 篡 | | [簒] |
| 3360 | 篱 | ~ | |
| | | (籬) | |
| 3365 | 雕 | | [彫琱鵰] |
| 3366 | 鲸 | (鯨) | |
| 3368 | 瘾 | (癮) | |

| 规范字 | | 繁体字 | 异体字 |
|---|---|---|---|
| 3372 | 辩 | (辯) | |
| 3374 | 糖 | | [餹] |
| 3375 | 糕 | | [餻] |
| 3377 | 濒 | (瀕) | |
| 3380 | 懒 | (懶) | [嬾] |
| 3386 | 缰 | (繮) | [韁] |
| 3387 | 缴 | (繳) | |
| 3395 | 檐 | | [簷] |
| 3398 | 磷 | | [粦燐] |
| 3405 | 瞩 | (矚) | |
| 3414 | 赡 | (贍) | |
| 3419 | 繁 | | [緐] |
| 3420 | 徽 | | [幑] |
| 3424 | 鳄 | (鰐) | [鱷] |
| 3426 | 辫 | (辮) | |
| 3427 | 赢 | (贏) | |
| 3428 | 糟 | | [蹧] |
| 3429 | 糠 | | [粇穅] |
| 3433 | 臀 | | [臋] |

| 规范字 | | 繁体字 | 异体字 |
|---|---|---|---|
| 3436 | 骤 | (驟) | |
| 3439 | 藤 | | [籐] |
| 3443 | 嚣 | (囂) | |
| 3444 | 镰 | (鐮) | [鎌鐮] |
| 3445 | 翻 | | [繙飜] |
| 3446 | 鳍 | (鰭) | |
| 3447 | 鹰 | (鷹) | |
| 3452 | 孽 | | [孼] |
| 3461 | 巅 | (巔) | |
| 3464 | 蟹 | | [蠏] |
| 3465 | 颤 | (顫) | |
| 3467 | 癣 | (癬) | |
| 3470 | 鳖 | (鱉) | [鼈] |
| 3473 | 鬓 | (鬢) | |
| 3476 | 耀 | | [燿] |
| 3478 | 蠕 | | [蝡] |
| 3483 | 鳞 | (鱗) | |
| 3485 | 糯 | | [稬穤] |
| 3488 | 蠢 | | [惷] |
| 3489 | 霸 | | [覇] |
| 3492 | 躏 | (躪) | |
| 3495 | 赣 | (贛) | [贑灨] |
| 3497 | 镶 | (鑲) | |
| 3499 | 罐 | | [鑵] |
| 3509 | 韦 | (韋) | |
| 3514 | 厄 | | [戹阨] |
| 3522 | 闩 | (閂) | |
| 3523 | 讣 | (訃) | |
| 3532 | 札 | | [剳劄[50]] |
| 3534 | 匝 | | [帀] |
| 3537 | 劢 | (勱) | |
| 3547 | 卮 | | [巵] |
| 3550 | 刍 | (芻) | |
| 3551 | 邝 | (鄺) | |
| 3554 | 讦 | (訐) | |
| 3555 | 讧 | (訌) | |
| 3556 | 讪 | (訕) | |
| 3557 | 讫 | (訖) | |

| 规范字 | | 繁体字 | 异体字 |
|---|---|---|---|
| 3562 | 驭 | (馭) | |
| 3566 | 玑 | (璣) | |
| 3574 | 圹 | (壙) | |
| 3575 | 扪 | (捫) | |
| 3584 | 芗 | (薌) | |
| 3585 | 亘 | | [亙] |
| 3586 | 厍 | (厙) | |
| 3597 | 钇 | (釔) | |
| 3603 | 伛 | (傴) | |
| 3607 | 伥 | (倀) | |
| 3608 | 伧 | (傖) | |
| 3610 | 伫 | | [佇竚] |
| 3617 | 犷 | (獷) | |
| 3618 | 犸 | (獁) | |
| 3620 | 凫 | (鳧) | |
| 3621 | 邬 | (鄔) | |
| 3622 | 饧 | (餳) | |
| 3630 | 忏 | (懺) | |
| 3631 | 讴 | (謳) | |
| 3632 | 讵 | (詎) | |
| 3634 | 讷 | (訥) | |
| 3638 | 阱 | | [穽] |
| 3644 | 纡 | (紆) | |
| 3645 | 纣 | (紂) | |
| 3646 | 纥 | (紇) | |
| 3647 | 纨 | (紈) | |
| 3649 | 玙 | (璵) | |
| 3650 | 抟 | (摶) | |
| 3653 | 坂 | | [阪[51]岅] |
| 3655 | 坞 | (塢) | [隖] |
| 3658 | 㧐 | (㩳) | |
| 3661 | 芸 | ~ | |
| | | (蕓) | |
| 3663 | 苈 | (藶) | |
| 3667 | 苋 | (莧) | |
| 3669 | 苌 | (萇) | |
| 3670 | 苁 | (蓯) | |
| 3676 | 苎 | (苧) | |

| 规范字 | | 繁体字 | 异体字 | 规范字 | | 繁体字 | 异体字 |
|---|---|---|---|---|---|---|---|
| 3686 | 矶 | (磯) | | 3748 | 鸠 | (鳩) | |
| 3687 | 奁 | (奩) | [匳匲籨] | 3749 | 邹 | (鄒) | |
| 3690 | 欤 | (歟) | | 3750 | 饨 | (飩) | |
| 3691 | 轫 | (軔) | [軏] | 3751 | 饩 | (餼) | |
| 3696 | 邺 | (鄴) | | 3752 | 饪 | (飪) | [餁] |
| 3699 | 呒 | (嘸) | | 3753 | 饫 | (飫) | |
| 3700 | 呓 | (囈) | | 3754 | 饬 | (飭) | |
| 3702 | 呖 | (嚦) | | 3756 | 庑 | (廡) | |
| 3704 | 旸 | (暘) | | 3759 | 疖 | (癤) | |
| 3707 | 虬 | | [虯] | 3761 | 闱 | (闈) | |
| 3708 | 呗 | (唄) | | 3762 | 闳 | (閎) | |
| 3712 | 帏 | (幃) | | 3763 | 闵 | (閔) | |
| 3715 | 岘 | (峴) | | 3764 | 羌 | | [羗羌] |
| 3717 | 岚 | (嵐) | | 3765 | 炀 | (煬) | |
| 3719 | 囵 | (圇) | | 3766 | 沣 | (灃) | |
| 3721 | 钊 | (釗) | | 3769 | 沤 | (漚) | |
| 3722 | 钋 | (釙) | | 3777 | 沨 | (渢) | |
| 3723 | 钌 | (釕) | | 3781 | 沩 | (溈) | |
| 3738 | 佥 | (僉) | | 3783 | 怃 | (憮) | |

| 规范字 | | 繁体字 | 异体字 |
|---|---|---|---|
| 3784 | 怄 | (慪) | |
| 3786 | 忤 | | [啎] |
| 3787 | 忾 | (愾) | |
| 3788 | 怅 | (悵) | |
| 3791 | 怆 | (愴) | |
| 3794 | 诂 | (詁) | |
| 3795 | 诃 | (訶) | |
| 3796 | 诅 | (詛) | |
| 3797 | 诋 | (詆) | |
| 3798 | 诌 | (謅) | |
| 3799 | 诏 | (詔) | |
| 3800 | 诒 | (詒) | |
| 3802 | 陇 | (隴) | |
| 3805 | 陉 | (陘) | |
| 3807 | 妩 | (嫵) | |
| 3808 | 妪 | (嫗) | |
| 3810 | 妊 | | [姙] |
| 3812 | 妫 | (嬀) | |
| 3818 | 刭 | (剄) | |

| 规范字 | | 繁体字 | 异体字 |
|---|---|---|---|
| 3821 | 纭 | (紜) | |
| 3822 | 纰 | (紕) | |
| 3823 | 纴 | (紝) | |
| 3824 | 纶 | (綸) | |
| 3825 | 纾 | (紓) | |
| 3826 | 玮 | (瑋) | |
| 3835 | 瓯 | (甌) | |
| 3841 | 垆 | (壚) | |
| 3848 | 扤 | (揘) | |
| 3852 | 坳 | | [垇] |
| 3857 | 茏 | (蘢) | |
| 3868 | 茑 | (蔦) | |
| 3870 | 茔 | (塋) | |
| 3871 | 茕 | (煢) | |
| 3874 | 枥 | (櫪) | |
| 3878 | 枧 | (梘) | |
| 3880 | 枨 | (棖) | |
| 3881 | 枞 | (樅) | |
| 3887 | 砀 | (碭) | |

| 规范字 | | 繁体字 | 异体字 |
|---|---|---|---|
| 3890 | 瓯 | (甌) | |
| 3892 | 郏 | (郟) | |
| 3893 | 轭 | (軛) | |
| 3895 | 鸢 | (鳶) | |
| 3898 | 昙 | (曇) | |
| 3910 | 虮 | (蟣) | |
| 3913 | 黾 | (黽) | |
| 3918 | 咛 | (嚀) | |
| 3922 | 哒 | (噠) | |
| 3924 | 岿 | (巋) | |
| 3927 | 帙 | | [袟袠] |
| 3930 | 刿 | (劌) | |
| 3931 | 迥 | | [逈] |
| 3933 | 剀 | (剴) | |
| 3935 | 峄 | (嶧) | |
| 3938 | 罔 | | [冈] |
| 3939 | 钍 | (釷) | |
| 3940 | 钎 | (釺) | |
| 3941 | 钏 | (釧) | |
| 3942 | 钒 | (釩) | |
| 3943 | 钕 | (釹) | |
| 3944 | 钗 | (釵) | |
| 3947 | 牦 | | [犛氂] |
| 3958 | 侃 | | [偘] |
| 3960 | 侩 | (儈) | |
| 3963 | 侪 | (儕) | |
| 3966 | 侬 | (儂) | |
| 3971 | 刽 | (劊) | |
| 3973 | 怂 | (慫) | |
| 3974 | 籴 | (糴) | |
| 3975 | 瓮 | | [甕罋] |
| 3976 | 戗 | (戧) | |
| 3978 | 肷 | (膁) | |
| 3983 | 迩 | (邇) | |
| 3991 | 枭 | (梟) | |
| 3992 | 饯 | (餞) | |
| 3993 | 饴 | (飴) | |
| 3997 | 疠 | (癘) | |

| 规范字 | | 繁体字 | 异体字 |
|---|---|---|---|
| 3999 | 炀 | (煬) | |
| 4003 | 炜 | (煒) | |
| 4004 | 炝 | (熗) | |
| 4007 | 炝 | (熗) | |
| 4011 | 泷 | (瀧) | |
| 4012 | 泸 | (瀘) | |
| 4017 | 泺 | (濼) | |
| 4022 | 泯 | | [泯] |
| 4024 | 泾 | (涇) | |
| 4031 | 㤘 | (㥮) | |
| 4034 | 怿 | (懌) | |
| 4038 | 诓 | (誆) | |
| 4039 | 诔 | (誄) | |
| 4040 | 诖 | (詿) | |
| 4041 | 诘 | (詰) | |
| 4043 | 诙 | (詼) | |
| 4045 | 郓 | (鄆) | |
| 4048 | 祎 | (禕) | |
| 4051 | 诛 | (誅) | |

| 规范字 | | 繁体字 | 异体字 |
|---|---|---|---|
| 4052 | 诜 | (詵) | |
| 4053 | 诟 | (詬) | |
| 4054 | 诠 | (詮) | |
| 4055 | 诣 | (詣) | |
| 4056 | 诤 | (諍) | |
| 4057 | 诧 | (詫) | |
| 4058 | 诨 | (諢) | |
| 4059 | 诩 | (詡) | |
| 4066 | 姗 | | [姍] |
| 4070 | 驽 | (駑) | |
| 4071 | 虱 | | [蝨] |
| 4074 | 绀 | (紺) | |
| 4075 | 绁 | (紲) | [絏] |
| 4076 | 绂 | (紱) | |
| 4077 | 驷 | (駟) | |
| 4078 | 驸 | (駙) | |
| 4079 | 绉 | (縐) | |
| 4080 | 绌 | (絀) | |
| 4081 | 驿 | (驛) | |

| 规范字 | | 繁体字 | 异体字 | 规范字 | | 繁体字 | 异体字 |
|---|---|---|---|---|---|---|---|
| 4082 | 骀 | (駘) | | 4131 | 荦 | (犖) | |
| 4085 | 珐 | | [琺] | 4132 | 荨 | (蕁) | |
| 4087 | 珑 | (瓏) | | 4133 | 荩 | (藎) | |
| 4088 | 玳 | | [瑇] | 4134 | 剋 | | [尅] |
| 4090 | 顸 | (頇) | | 4135 | 荪 | (蓀) | |
| 4094 | 垭 | (埡) | | 4137 | 荬 | (蕒) | |
| 4095 | 挝 | (撾) | | 4138 | 荮 | (葤) | |
| 4097 | 挞 | (撻) | | 4140 | 栉 | (櫛) | |
| 4100 | 贲 | (賁) | | 4143 | 栊 | (櫳) | |
| 4101 | 垱 | (壋) | | 4146 | 栌 | (櫨) | |
| 4106 | 挦 | (撏) | | 4153 | 栀 | | [梔] |
| 4109 | 荚 | (莢) | | 4155 | 栎 | (櫟) | |
| 4111 | 贳 | (貰) | | 4160 | 柽 | (檉) | |
| 4112 | 荜 | (蓽) | | 4163 | 郦 | (酈) | |
| 4118 | 荞 | (蕎) | [荍] | 4165 | 砗 | (硨) | |
| 4123 | 荟 | (薈) | | 4168 | 斫 | | [斮斲斵] |
| 4126 | 荠 | (薺) | | 4170 | 砜 | (碸) | |
| 4129 | 垩 | (堊) | | 4175 | 殇 | (殤) | |
| 4130 | 荥 | (滎) | | 4178 | 轱 | (軲) | |

| 规范字 | | 繁体字 | 异体字 |
| --- | --- | --- | --- |
| 4179 | 轲 | (軻) | |
| 4180 | 轳 | (轤) | |
| 4181 | 轶 | (軼) | |
| 4182 | 轸 | (軫) | |
| 4183 | 虿 | (蠆) | |
| 4185 | 觇 | (覘) | |
| 4189 | 眍 | (瞘) | |
| 4192 | 眇 | | [𦕈] |
| 4201 | 昵 | | [暱] |
| 4203 | 哓 | (嘵) | |
| 4204 | 哔 | (嗶) | |
| 4206 | 毗 | | [毘] |
| 4212 | 虻 | | [蝱] |
| 4215 | 哕 | (噦) | |
| 4216 | 剐 | (剮) | |
| 4217 | 郧 | (鄖) | |
| 4220 | 咿 | | [吚] |
| 4222 | 哙 | (噲) | |
| 4225 | 咩 | | [哶𠺫] |
| 4226 | 咤 | | [吒[52]] |
| 4227 | 哝 | (噥) | |
| 4231 | 峣 | (嶢) | |
| 4233 | 帧 | (幀) | |
| 4234 | 峒 | | [峝] |
| 4235 | 峤 | (嶠) | |
| 4238 | 贶 | (貺) | |
| 4239 | 钚 | (鈈) | |
| 4240 | 钛 | (鈦) | |
| 4241 | 钡 | (鋇) | |
| 4242 | 钣 | (鈑) | |
| 4243 | 钤 | (鈐) | |
| 4244 | 钨 | (鎢) | |
| 4245 | 钫 | (鈁) | |
| 4246 | 钯 | (鈀) | |
| 4251 | 秕 | | [粃] |
| 4255 | 笃 | (篤) | |
| 4256 | 俦 | (儔) | |
| 4257 | 俨 | (儼) | |

| 规范字 | | 繁体字 | 异体字 |
|---|---|---|---|
| 4259 | 俪 | (儷) | |
| 4267 | 俟 | | [竢] |
| 4269 | 徇 | | [狥] |
| 4279 | 胨 | (腖) | |
| 4280 | 胪 | (臚) | |
| 4288 | 胫 | (脛) | [踁] |
| 4289 | 鸨 | (鴇) | |
| 4292 | 狯 | (獪) | |
| 4293 | 飑 | (颮) | |
| 4295 | 狲 | (猻) | |
| 4299 | 饷 | (餉) | [饟] |
| 4300 | 饸 | (餄) | |
| 4301 | 饹 | (餎) | |
| 4303 | 孪 | (孿) | |
| 4304 | 娈 | (孌) | |
| 4308 | 疬 | (癧) | |
| 4311 | 疭 | (瘲) | |
| 4315 | 飒 | (颯) | [颭] |
| 4316 | 闼 | (闥) | |

| 规范字 | | 繁体字 | 异体字 |
|---|---|---|---|
| 4317 | 闾 | (閭) | |
| 4318 | 闿 | (闓) | |
| 4319 | 阂 | (閡) | |
| 4322 | 籼 | | [秈] |
| 4326 | 炽 | (熾) | |
| 4327 | 炯 | | [烱] |
| 4330 | 烃 | (烴) | |
| 4335 | 浃 | (浹) | |
| 4339 | 涎 | | [次] |
| 4342 | 浍 | (澮) | |
| 4345 | 浒 | (滸) | |
| 4346 | 浔 | (潯) | |
| 4347 | 浕 | (濜) | |
| 4349 | 恸 | (慟) | |
| 4351 | 恹 | (懨) | |
| 4353 | 恺 | (愷) | |
| 4354 | 恻 | (惻) | |
| 4357 | 恽 | (惲) | |
| 4361 | 衽 | | [袵] |

| 规范字 | | 繁体字 | 异体字 |
|---|---|---|---|
| 4368 | 诮 | (誚) | |
| 4370 | 祢 | (禰) | |
| 4371 | 诰 | (誥) | |
| 4372 | 诳 | (誑) | |
| 4373 | 鸩 | (鴆) | [酖] |
| 4382 | 娅 | (婭) | |
| 4384 | 娆 | (嬈) | |
| 4389 | 怼 | (懟) | |
| 4393 | 绔 | (絝) | |
| 4394 | 骁 | (驍) | |
| 4395 | 骅 | (驊) | |
| 4396 | 绗 | (絎) | |
| 4397 | 绛 | (絳) | |
| 4398 | 骈 | (駢) | |
| 4403 | 顼 | (頊) | |
| 4404 | 珰 | (璫) | |
| 4410 | 珲 | (琿) | |
| 4415 | 埘 | (塒) | |
| 4416 | 埙 | (塤) | [壎] |

| 规范字 | | 繁体字 | 异体字 |
|---|---|---|---|
| 4417 | 埚 | (堝) | |
| 4423 | 贽 | (贄) | |
| 4426 | 盍 | | [盇] |
| 4429 | 莳 | (蒔) | |
| 4430 | 莴 | (萵) | |
| 4435 | 莅 | | [涖蒞] |
| 4439 | 莸 | (蕕) | |
| 4445 | 鸪 | (鴣) | |
| 4446 | 莼 | (蒓) | [蓴] |
| 4451 | 桡 | (橈) | |
| 4453 | 桢 | (楨) | |
| 4454 | 桤 | (榿) | |
| 4459 | 桧 | (檜) | |
| 4470 | 逦 | (邐) | |
| 4475 | 砺 | (礪) | |
| 4476 | 砧 | | [碪] |
| 4483 | 砻 | (礱) | |
| 4484 | 轼 | (軾) | |
| 4485 | 轾 | (輊) | |

| 规范字 | | 繁体字 | 异体字 | 规范字 | | 繁体字 | 异体字 |
|---|---|---|---|---|---|---|---|
| 4486 | 辂 | (輅) | | 4530 | 钵 | (鉢) | [盋缽] |
| 4487 | 鸫 | (鶇) | | 4531 | 钹 | (鈸) | |
| 4488 | 趸 | (躉) | | 4532 | 钺 | (鉞) | |
| 4489 | 龇 | (齜) | | 4533 | 钽 | (鉭) | |
| 4490 | 鸬 | (鸕) | | 4534 | 钼 | (鉬) | |
| 4493 | 眬 | (矓) | | 4535 | 钿 | (鈿) | |
| 4494 | 唛 | (嘜) | | 4536 | 铀 | (鈾) | |
| 4503 | 鸮 | (鴞) | | 4537 | 铂 | (鉑) | |
| 4511 | 蚬 | (蜆) | | 4538 | 铄 | (鑠) | |
| 4512 | 蚝 | | [蠔] | 4539 | 铆 | (鉚) | |
| 4514 | 唢 | (嗩) | | 4540 | 铈 | (鈰) | |
| 4516 | 啰 | | [啤] | 4541 | 铉 | (鉉) | |
| 4520 | 崂 | (嶗) | | 4542 | 铊 | (鉈) | |
| 4521 | 崃 | (崍) | | 4543 | 铋 | (鉍) | |
| 4525 | 觊 | (覬) | | 4544 | 铌 | (鈮) | |
| 4526 | 赅 | (賅) | | 4545 | 铍 | (鈹) | |
| 4527 | 钰 | (鈺) | | 4546 | 钹 | (鏺) | |
| 4528 | 钲 | (鉦) | | 4547 | 铎 | (鐸) | |
| 4529 | 钴 | (鈷) | | 4548 | 氩 | (氬) | |

| 规范字 | | 繁体字 | 异体字 |
|---|---|---|---|
| 4557 | 笕 | (筧) | |
| 4568 | 倏 | | [倐儵] |
| 4575 | 隽 | | [雋] |
| 4579 | 皋 | | [皐臯] |
| 4582 | 衄 | | [衂䶊] |
| 4583 | 颀 | (頎) | |
| 4584 | 徕 | (徠) | |
| 4592 | 胭 | | [臙] |
| 4593 | 脍 | (膾) | |
| 4598 | 鸱 | (鴟) | |
| 4599 | 玺 | (璽) | |
| 4600 | 鸲 | (鴝) | |
| 4601 | 狷 | | [獧] |
| 4604 | 猃 | (獫) | |
| 4608 | 袅 | (裊) | [嫋褭嬝] |
| 4609 | 饽 | (餑) | |
| 4611 | 栾 | (欒) | |
| 4612 | 挛 | (攣) | |
| 4615 | 疴 | | [痾] |
| 4618 | 痈 | (癰) | |
| 4619 | 疱 | | [皰] |
| 4621 | 痉 | (痙) | |
| 4624 | 颃 | (頏) | |
| 4629 | 阃 | (閫) | |
| 4630 | 阄 | (鬮) | |
| 4631 | 訚 | (誾) | |
| 4632 | 阆 | (閬) | |
| 4636 | 郸 | (鄲) | |
| 4638 | 烨 | (燁) | [爗] |
| 4639 | 烩 | (燴) | |
| 4643 | 烬 | (燼) | |
| 4646 | 涞 | (淶) | |
| 4647 | 涟 | (漣) | |
| 4649 | 涅 | | [湼] |
| 4650 | 涠 | (潿) | |
| 4657 | 浣 | | [澣] |
| 4658 | 浚 | | [濬] |
| 4660 | 悭 | (慳) | |

| 规范字 | | 繁体字 | 异体字 |
|---|---|---|---|
| 4668 | 诹 | (諏) | |
| 4669 | 冢 | | [塚] |
| 4670 | 诼 | (諑) | |
| 4671 | 祖 | | [禮] |
| 4673 | 祯 | (禎) | |
| 4674 | 诿 | (諉) | |
| 4675 | 谀 | (諛) | |
| 4676 | 谂 | (諗) | |
| 4677 | 谄 | (諂) | [讇] |
| 4678 | 谇 | (誶) | |
| 4691 | 娲 | (媧) | |
| 4693 | 娴 | (嫻) | [嫺] |
| 4696 | 婀 | | [娿] |
| 4699 | 绠 | (綆) | |
| 4700 | 骊 | (驪) | |
| 4701 | 绡 | (綃) | |
| 4702 | 骋 | (騁) | |
| 4703 | 绥 | (綏) | |
| 4704 | 绦 | (縧) | [絛縚] |

| 规范字 | | 繁体字 | 异体字 |
|---|---|---|---|
| 4705 | 绨 | (綈) | |
| 4706 | 骎 | (駸) | |
| 4708 | 鸶 | (鷥) | |
| 4711 | 焘 | (燾) | |
| 4713 | 琏 | (璉) | |
| 4715 | 麸 | (麩) | [粰麱] |
| 4720 | 掳 | (擄) | |
| 4721 | 掴 | (摑) | |
| 4732 | 鸷 | (鷙) | |
| 4737 | 掸 | (撣) | |
| 4740 | 悫 | (慤) | |
| 4744 | 掼 | (摜) | |
| 4767 | 萦 | (縈) | |
| 4771 | 梿 | (槤) | |
| 4773 | 觋 | (覡) | |
| 4779 | 椟 | (櫝) | |
| 4780 | 啬 | (嗇) | |
| 4782 | 匮 | (匱) | |
| 4783 | 敕 | | [勅勑] |

| 规范字 | | 繁体字 | 异体字 |
|---|---|---|---|
| 4788 | 戛 | | [戞] |
| 4792 | 硖 | (硤) | |
| 4793 | 硗 | (磽) | |
| 4797 | 鸸 | (鴯) | |
| 4800 | 厩 | | [廐廄] |
| 4801 | 龚 | (龔) | |
| 4802 | 殒 | (殞) | |
| 4803 | 殓 | (殮) | |
| 4805 | 赉 | (賚) | |
| 4807 | 辄 | (輒) | [輙] |
| 4808 | 堑 | (塹) | |
| 4810 | 眦 | | [眥] |
| 4811 | 啧 | (嘖) | |
| 4814 | 眺 | | [覜] |
| 4821 | 勖 | | [勗] |
| 4826 | 啭 | (囀) | |
| 4829 | 啮 | (嚙) | [齧囓] |
| 4830 | 跄 | (蹌) | |
| 4833 | 蛎 | (蠣) | |
| 4836 | 蛊 | (蠱) | |
| 4840 | 蛏 | (蟶) | |
| 4848 | 啖 | | [啗噉] |
| 4855 | 帻 | (幘) | |
| 4858 | 帼 | (幗) | |
| 4862 | 赇 | (賕) | |
| 4863 | 赈 | (賑) | |
| 4864 | 赊 | (賒) | |
| 4865 | 铑 | (銠) | |
| 4866 | 铒 | (鉺) | |
| 4867 | 铗 | (鋏) | |
| 4868 | 铙 | (鐃) | |
| 4869 | 铟 | (銦) | |
| 4870 | 铠 | (鎧) | |
| 4871 | 铡 | (鍘) | |
| 4872 | 铢 | (銖) | |
| 4873 | 铣 | (銑) | |
| 4874 | 铤 | (鋌) | |
| 4875 | 铧 | (鏵) | |

| 规范字 | | 繁体字 | 异体字 |
|---|---|---|---|
| 4876 | 铨 | (銓) | |
| 4877 | 铩 | (鎩) | |
| 4878 | 铪 | (鉿) | |
| 4879 | 铫 | (銚) | |
| 4880 | 铬 | (鉻) | |
| 4881 | 铮 | (錚) | |
| 4882 | 铯 | (銫) | |
| 4883 | 铰 | (鉸) | |
| 4884 | 铱 | (銥) | |
| 4885 | 铳 | (銃) | |
| 4886 | 铵 | (銨) | |
| 4887 | 𬬱 | (鉫) | |
| 4890 | 鸹 | (鴰) | |
| 4891 | 秾 | (穠) | |
| 4893 | 笺 | (箋) | [牋椾] |
| 4902 | 笾 | (籩) | |
| 4904 | 偾 | (僨) | |
| 4909 | 偬 | | [傯] |
| 4910 | 偻 | (僂) | |
| 4911 | 皑 | (皚) | |
| 4913 | 鸻 | (鴴) | |
| 4916 | 舻 | (艫) | |
| 4919 | 龛 | (龕) | |
| 4926 | 猡 | (玀) | |
| 4930 | 猕 | (獼) | |
| 4932 | 馃 | (餜) | |
| 4933 | 馄 | (餛) | |
| 4934 | 鸾 | (鸞) | |
| 4945 | 阇 | (闍) | |
| 4946 | 阈 | (閾) | |
| 4947 | 阉 | (閹) | |
| 4948 | 阊 | (閶) | |
| 4949 | 阋 | (鬩) | |
| 4950 | 阍 | (閽) | |
| 4951 | 阏 | (閼) | |
| 4952 | 羟 | (羥) | |
| 4953 | 粝 | (糲) | |
| 4960 | 焖 | (燜) | |

| 规范字 | | 繁体字 | 异体字 |
|---|---|---|---|
| 4963 | 渍 | (漬) | |
| 4968 | 渎 | (瀆) | |
| 4971 | 挲 | | [挱] |
| 4974 | 渑 | (澠) | |
| 4983 | 惬 | (愜) | [㥦] |
| 4991 | 惇 | | [㥏] |
| 4992 | 惮 | (憚) | |
| 4994 | 谌 | (諶) | |
| 4995 | 谏 | (諫) | |
| 4997 | 皱 | (皺) | |
| 4998 | 谑 | (謔) | |
| 4999 | 裆 | (襠) | |
| 5002 | 谒 | (謁) | |
| 5003 | 谔 | (諤) | |
| 5004 | 谕 | (諭) | |
| 5005 | 谖 | (諼) | |
| 5006 | 谗 | (讒) | |
| 5007 | 谙 | (諳) | |
| 5008 | 谛 | (諦) | |

| 规范字 | | 繁体字 | 异体字 |
|---|---|---|---|
| 5009 | 谝 | (諞) | |
| 5013 | 粜 | (糶) | |
| 5021 | 婵 | (嬋) | |
| 5025 | 恿 | | [恖慂] |
| 5027 | 绫 | (綾) | |
| 5028 | 骐 | (騏) | |
| 5029 | 绮 | (綺) | |
| 5030 | 绯 | (緋) | |
| 5031 | 绱 | (緔) | |
| 5032 | 骒 | (騍) | |
| 5033 | 绲 | (緄) | |
| 5034 | 骓 | (騅) | |
| 5035 | 绶 | (綬) | |
| 5036 | 绺 | (綹) | |
| 5037 | 绻 | (綣) | |
| 5038 | 绾 | (綰) | |
| 5039 | 骖 | (驂) | |
| 5040 | 缁 | (緇) | |
| 5050 | 靓 | (靚) | |

| 规范字 | | 繁体字 | 异体字 |
|---|---|---|---|
| 5057 | 辇 | (輦) | |
| 5058 | 鼋 | (黿) | |
| 5064 | 堙 | | [陻] |
| 5067 | 颉 | (頡) | |
| 5069 | 揿 | (撳) | [搇] |
| 5073 | 蛰 | (蟄) | |
| 5074 | 塆 | (壪) | |
| 5086 | 萼 | | [蕚] |
| 5090 | 蒌 | (蔞) | |
| 5091 | 萱 | | [蕿薮藼蘐] |
| 5096 | 椟 | (櫝) | |
| 5097 | 棹 | | [櫂] |
| 5098 | 椤 | (欏) | |
| 5099 | 棰 | | [箠] |
| 5100 | 赍 | (賫) | [賷齎] |
| 5102 | 椁 | | [槨] |
| 5106 | 鹁 | (鵓) | |
| 5111 | 鹂 | (鸝) | |
| 5113 | 殚 | (殫) | |

| 规范字 | | 繁体字 | 异体字 |
|---|---|---|---|
| 5117 | 辊 | (輥) | |
| 5118 | 辋 | (輞) | |
| 5119 | 椠 | (槧) | |
| 5120 | 辍 | (輟) | |
| 5121 | 辎 | (輜) | |
| 5124 | 睑 | (瞼) | |
| 5128 | 喋 | | [啑] |
| 5135 | 跖 | | [蹠] |
| 5137 | 跞 | (躒) | |
| 5142 | 蛱 | (蛺) | |
| 5143 | 蛲 | (蟯) | |
| 5145 | 蛳 | (螄) | |
| 5147 | 蛔 | | [蚘痐蛕蜖] |
| 5149 | 蛴 | (蠐) | |
| 5156 | 喑 | | [瘖] |
| 5158 | 喽 | (嘍) | |
| 5163 | 嵘 | (嶸) | |
| 5173 | 嵝 | (嶁) | |
| 5177 | 赕 | (賧) | |

| 规范字 | | 繁体字 | 异体字 |
|---|---|---|---|
| 5178 | 铻 | (鋙) | |
| 5179 | 铼 | (錸) | |
| 5180 | 铿 | (鏗) | |
| 5181 | 锃 | (鋥) | |
| 5182 | 锂 | (鋰) | |
| 5183 | 锆 | (鋯) | |
| 5184 | 锇 | (鋨) | |
| 5185 | 锉 | (銼) | [剉] |
| 5186 | 锎 | (鐦) | |
| 5187 | 锑 | (銻) | |
| 5188 | 锒 | (鋃) | |
| 5189 | 锔 | (鋦) | |
| 5190 | 锕 | (錒) | |
| 5196 | 犊 | (犢) | |
| 5199 | 鹄 | (鵠) | |
| 5205 | 筚 | (篳) | |
| 5211 | 牍 | (牘) | |
| 5212 | 傥 | (儻) | |
| 5213 | 傧 | (儐) | |

| 规范字 | | 繁体字 | 异体字 |
|---|---|---|---|
| 5215 | 傩 | (儺) | |
| 5216 | 遁 | | [遯] |
| 5218 | 媭 | (嬃) | |
| 5221 | 颌 | (頜) | |
| 5224 | 鸽 | (鴿) | |
| 5228 | 腌 | | [醃] |
| 5235 | 鱿 | (魷) | |
| 5236 | 鲀 | (魨) | |
| 5237 | 鲂 | (魴) | |
| 5238 | 颍 | (潁) | |
| 5242 | 飔 | (颸) | [颸] |
| 5243 | 觞 | (觴) | |
| 5246 | 颎 | (熲) | |
| 5247 | 飧 | | [飱] |
| 5248 | 馇 | (餷) | |
| 5249 | 馊 | (餿) | |
| 5250 | 亵 | (褻) | |
| 5251 | 脔 | (臠) | |
| 5254 | 痨 | (癆) | |

| 规范字 | | 繁体字 | 异体字 | 规范字 | | 繁体字 | 异体字 |
|---|---|---|---|---|---|---|---|
| 5258 | 瘌 | (癇) | | 5323 | 琉 | (琉) | |
| 5260 | 赓 | (賡) | | 5324 | 翚 | (翬) | |
| 5264 | 颏 | (頦) | | 5327 | 骛 | (鶩) | |
| 5265 | 鹇 | (鷳) | | 5328 | 缂 | (緙) | |
| 5266 | 阑 | (闌) | | 5329 | 缃 | (緗) | |
| 5267 | 阒 | (闃) | | 5330 | 缄 | (緘) | [椷] |
| 5268 | 阕 | (闋) | | 5332 | 缇 | (緹) | |
| 5276 | 鹈 | (鵜) | | 5333 | 缈 | (緲) | |
| 5296 | 愦 | (憒) | | 5334 | 缌 | (緦) | |
| 5301 | 喾 | (嚳) | | 5335 | 缑 | (緱) | |
| 5303 | 谟 | (謨) | [謩] | 5336 | 缒 | (縋) | |
| 5305 | 裢 | (褳) | | 5337 | 缗 | (緡) | |
| 5307 | 裥 | (襇) | | 5338 | 飨 | (饗) | |
| 5310 | 谠 | (讜) | | 5339 | 耢 | (耮) | |
| 5311 | 幂 | | [冪] | 5347 | 鹜 | (鶩) | |
| 5312 | 谡 | (謖) | | 5348 | 韫 | (韞) | |
| 5313 | 谥 | (謚) | [諡] | 5354 | 摅 | (攄) | |
| 5314 | 谧 | (謐) | | 5362 | 摈 | (擯) | |
| 5319 | 鹭 | (鷺) | | 5364 | 毂 | (轂) | |

| 规范字 | | 繁体字 | 异体字 |
|---|---|---|---|
| 5373 | 蓦 | (驀) | |
| 5374 | 鹋 | (鶓) | |
| 5380 | 蓟 | (薊) | |
| 5381 | 蓑 | | [簑] |
| 5384 | 蓠 | (蘺) | |
| 5390 | 蓥 | (鎣) | |
| 5391 | 颐 | (頤) | |
| 5393 | 楠 | | [枏柟] |
| 5396 | 楫 | | [檝] |
| 5402 | 榈 | (櫚) | |
| 5404 | 榉 | (櫸) | |
| 5405 | 楦 | | [楥] |
| 5417 | 碛 | (磧) | |
| 5422 | 碇 | | [矴椗] |
| 5423 | 碜 | (磣) | |
| 5424 | 鹌 | (鵪) | |
| 5425 | 辏 | (輳) | |
| 5426 | 龃 | (齟) | |
| 5427 | 龅 | (齙) | |

| 规范字 | | 繁体字 | 异体字 |
|---|---|---|---|
| 5433 | 韪 | (韙) | |
| 5442 | 嗫 | (囁) | |
| 5453 | 跶 | (躂) | |
| 5454 | 跸 | (蹕) | |
| 5457 | 跹 | (躚) | |
| 5458 | 跻 | (躋) | |
| 5468 | 嗥 | | [嘷獋] |
| 5470 | 嗳 | (噯) | |
| 5482 | 锗 | (鍺) | |
| 5483 | 锛 | (錛) | |
| 5484 | 锜 | (錡) | |
| 5485 | 锝 | (鍀) | |
| 5486 | 锞 | (錁) | |
| 5487 | 锟 | (錕) | |
| 5488 | 锢 | (錮) | |
| 5489 | 锨 | (鍁) | |
| 5490 | 锩 | (錈) | |
| 5491 | 锭 | (錠) | |
| 5492 | 锱 | (錙) | |

| 规范字 | | 繁体字 | 异体字 |
|---|---|---|---|
| 5498 | 稗 | | [粺] |
| 5503 | 筲 | | [箾] |
| 5509 | 愆 | | [諐] |
| 5511 | 觎 | (覦) | |
| 5516 | 颔 | (頷) | |
| 5520 | 腭 | | [齶] |
| 5522 | 塍 | | [堘] |
| 5525 | 鲅 | (鮁) | |
| 5526 | 鲆 | (鮃) | |
| 5527 | 鲇 | (鮎) | |
| 5528 | 鲈 | (鱸) | |
| 5529 | 稣 | (穌) | |
| 5530 | 鲋 | (鮒) | |
| 5531 | 鲐 | (鮐) | |
| 5533 | 鸽 | (鴿) | |
| 5534 | 飕 | (颼) | |
| 5537 | 馐 | (饈) | |
| 5538 | 鹑 | (鶉) | |
| 5541 | 痱 | | [疿] |
| 5546 | 瘆 | (瘮) | |
| 5551 | 雍 | | [雝] |
| 5552 | 阖 | (闔) | |
| 5553 | 阗 | (闐) | |
| 5554 | 阙 | (闕) | |
| 5557 | 粳 | | [秔稉粇] |
| 5566 | 滟 | (灩) | |
| 5570 | 滢 | (瀅) | |
| 5577 | 滗 | (潷) | |
| 5582 | 滦 | (灤) | |
| 5587 | 滪 | (澦) | |
| 5589 | 慑 | (懾) | [慴] |
| 5591 | 鲎 | (鱟) | |
| 5592 | 骞 | (騫) | |
| 5593 | 窦 | (竇) | |
| 5602 | 谩 | (謾) | |
| 5603 | 谪 | (謫) | [讁] |
| 5607 | 嫒 | (嬡) | |
| 5608 | 嫔 | (嬪) | |

| 规范字 | | 繁体字 | 异体字 |
|---|---|---|---|
| 5610 | 缙 | (縉) | |
| 5611 | 缜 | (縝) | |
| 5612 | 缛 | (縟) | |
| 5613 | 辔 | (轡) | |
| 5614 | 骝 | (騮) | |
| 5615 | 缟 | (縞) | |
| 5616 | 缡 | (縭) | |
| 5617 | 缢 | (縊) | |
| 5618 | 缣 | (縑) | |
| 5619 | 骟 | (騸) | |
| 5625 | 觏 | (覯) | |
| 5628 | 韬 | (韜) | |
| 5629 | 叆 | (靉) | |
| 5635 | 撄 | (攖) | |
| 5644 | 蔷 | (薔) | |
| 5652 | 蔺 | (藺) | |
| 5658 | 鹕 | (鶘) | |
| 5667 | 槁 | | [槀] |
| 5668 | 槟 | (檳) | |
| 5669 | 槠 | (櫧) | |
| 5670 | 榷 | | [搉榷] |
| 5672 | 酽 | (釅) | |
| 5675 | 厮 | | [廝] |
| 5677 | 碴 | | [餷] |
| 5683 | 殡 | (殯) | |
| 5685 | 霁 | (霽) | |
| 5686 | 辕 | (轅) | |
| 5690 | 龇 | (齜) | |
| 5691 | 龈 | (齦) | |
| 5692 | 睿 | | [叡] |
| 5693 | 瞜 | (瞜) | |
| 5699 | 嘎 | | [嘠] |
| 5700 | 暧 | (曖) | |
| 5702 | 踌 | (躊) | |
| 5707 | 蝈 | (蟈) | |
| 5713 | 螂 | | [蜋] |
| 5717 | 鹗 | (鶚) | |
| 5719 | 嘤 | (嚶) | |

| 规范字 | | 繁体字 | 异体字 |
|---|---|---|---|
| 5723 | 罴 | (羆) | |
| 5728 | 赙 | (賻) | |
| 5729 | 罂 | (罌) | [甖] |
| 5732 | 鹘 | (鶻) | |
| 5733 | 锲 | (鍥) | |
| 5734 | 锴 | (鍇) | |
| 5735 | 锶 | (鍶) | |
| 5736 | 锷 | (鍔) | |
| 5737 | 锸 | (鍤) | |
| 5738 | 锵 | (鏘) | |
| 5739 | 镁 | (鎂) | |
| 5740 | 镂 | (鏤) | |
| 5743 | 篑 | (簣) | |
| 5744 | 箧 | (篋) | |
| 5746 | 箸 | | [筯] |
| 5747 | 箬 | | [篛] |
| 5749 | 箪 | (簞) | |
| 5753 | 箓 | (籙) | |
| 5767 | 膑 | (臏) | |

| 规范字 | | 繁体字 | 异体字 |
|---|---|---|---|
| 5768 | 鲑 | (鮭) | |
| 5769 | 鲔 | (鮪) | |
| 5770 | 鲚 | (鱭) | |
| 5771 | 鲛 | (鮫) | |
| 5772 | 鲟 | (鱘) | |
| 5773 | 獐 | | [麞] |
| 5777 | 馑 | (饉) | |
| 5778 | 銮 | (鑾) | |
| 5783 | 瘘 | (瘻) | |
| 5789 | 阚 | (闞) | |
| 5791 | 鲞 | (鮝) | |
| 5794 | 粽 | | [糉] |
| 5795 | 糁 | (糝) | |
| 5797 | 鹚 | (鷀) | [鶿] |
| 5805 | 潋 | (瀲) | |
| 5812 | 潍 | (濰) | |
| 5818 | 谮 | (譖) | |
| 5821 | 褓 | | [緥] |
| 5822 | 褛 | (褸) | |

| 规范字 | | 繁体字 | 异体字 |
|---|---|---|---|
| 5824 | 谯 | (譙) | |
| 5825 | 谰 | (讕) | |
| 5826 | 谲 | (譎) | |
| 5829 | 鹛 | (鶥) | |
| 5831 | 嫱 | (嬙) | |
| 5840 | 骛 | (騖) | |
| 5841 | 骠 | (驃) | |
| 5842 | 缥 | (縹) | |
| 5843 | 缦 | (縵) | |
| 5844 | 缧 | (縲) | |
| 5845 | 缨 | (纓) | |
| 5846 | 骢 | (驄) | |
| 5847 | 缪 | (繆) | |
| 5848 | 缫 | (繅) | |
| 5850 | 耧 | (耬) | |
| 5854 | 璎 | (瓔) | |
| 5857 | 璇 | | [璿] |
| 5859 | 髯 | | [髥] |
| 5861 | 撷 | (擷) | |

| 规范字 | | 繁体字 | 异体字 |
|---|---|---|---|
| 5864 | 撸 | (擼) | |
| 5867 | 撺 | (攛) | |
| 5869 | 聩 | (聵) | |
| 5870 | 觐 | (覲) | |
| 5871 | 鞑 | (韃) | |
| 5873 | 鞒 | (鞽) | |
| 5881 | 蕲 | (蘄) | |
| 5882 | 赜 | (賾) | |
| 5884 | 樯 | (檣) | [艢] |
| 5892 | 靥 | (靨) | |
| 5893 | 魇 | (魘) | |
| 5894 | 餍 | (饜) | |
| 5898 | 辘 | (轆) | |
| 5899 | 龉 | (齬) | |
| 5900 | 龊 | (齪) | |
| 5901 | 觑 | (覷) | |
| 5908 | 颞 | (顳) | |
| 5915 | 蹑 | (躡) | |
| 5917 | 踯 | (躑) | |

| 规范字 | | 繁体字 | 异体字 |
|---|---|---|---|
| 5921 | 蝾 | (蠑) | |
| 5928 | 蝼 | (螻) | |
| 5931 | 颚 | (顎) | |
| 5935 | 噜 | (嚕) | |
| 5938 | 颛 | (顓) | |
| 5946 | 镊 | (鑷) | |
| 5947 | 镉 | (鎘) | |
| 5948 | 镌 | (鎸) | |
| 5949 | 镍 | (鎳) | |
| 5950 | 镏 | (鎦) | |
| 5951 | 镒 | (鎰) | |
| 5952 | 镓 | (鎵) | |
| 5953 | 镔 | (鑌) | |
| 5956 | 篑 | (簣) | |
| 5965 | 鹞 | (鷂) | |
| 5966 | 膘 | | [臕] |
| 5968 | 鲠 | (鯁) | [骾] |
| 5969 | 鲡 | (鱺) | |
| 5970 | 鲢 | (鰱) | |
| 5971 | 鲣 | (鰹) | |
| 5972 | 鲥 | (鰣) | |
| 5973 | 鲦 | (鰷) | |
| 5974 | 鲩 | (鯇) | |
| 5977 | 觯 | (觶) | |
| 5978 | 馓 | (饊) | |
| 5979 | 馔 | (饌) | [籑] |
| 5986 | 鹾 | (鹺) | |
| 5992 | 糍 | | [餈] |
| 6010 | 谳 | (讞) | |
| 6011 | 褴 | (襤) | |
| 6014 | 谵 | (譫) | |
| 6016 | 屦 | (屨) | |
| 6019 | 戮 | | [剹] |
| 6021 | 缬 | (纈) | |
| 6022 | 缮 | (繕) | |
| 6023 | 缯 | (繒) | |
| 6024 | 骣 | (驏) | |
| 6042 | 撴 | (擻) | |

| 规范字 | | 繁体字 | 异体字 |
|---|---|---|---|
| 6045 | 颞 | (顳) | |
| 6048 | 颟 | (顢) | |
| 6053 | 薮 | (藪) | |
| 6057 | 橛 | | [橜] |
| 6061 | 橹 | (櫓) | [樐㯭艣艪] |
| 6062 | 樽 | | [罇] |
| 6064 | 橼 | (櫞) | |
| 6073 | 赝 | (贋) | [贗] |
| 6074 | 飙 | (飆) | |
| 6078 | 霓 | | [蜺] |
| 6079 | 錾 | (鏨) | |
| 6080 | 辚 | (轔) | |
| 6086 | 瞰 | | [矙] |
| 6097 | 螨 | (蟎) | |
| 6111 | 镨 | (鐠) | |
| 6112 | 镖 | (鏢) | |
| 6113 | 镗 | (鏜) | |
| 6114 | 镘 | (鏝) | |
| 6115 | 镚 | (鏰) | |
| 6116 | 镛 | (鏞) | |
| 6117 | 镝 | (鏑) | |
| 6118 | 镞 | (鏃) | |
| 6119 | 镠 | (鏐) | |
| 6120 | 氇 | (氌) | |
| 6122 | 憩 | | [憇] |
| 6123 | 穑 | (穡) | |
| 6131 | 翱 | | [翺] |
| 6132 | 魉 | (魎) | |
| 6136 | 膳 | | [饍] |
| 6139 | 鲮 | (鯪) | |
| 6140 | 鲱 | (鯡) | |
| 6141 | 鲲 | (鯤) | |
| 6142 | 鲳 | (鯧) | |
| 6143 | 鲴 | (鯝) | |
| 6144 | 鲵 | (鯢) | |
| 6145 | 鲷 | (鯛) | |
| 6146 | 鲻 | (鯔) | |
| 6148 | 獭 | (獺) | |

| 规范字 | | 繁体字 | 异体字 |
|---|---|---|---|
| 6151 | 鹧 | (鷓) | |
| 6153 | 赟 | (贇) | |
| 6156 | 瘿 | (癭) | |
| 6161 | 襕 | (襴) | |
| 6174 | 濑 | (瀨) | |
| 6191 | 颣 | (纇) | |
| 6192 | 缱 | (繾) | |
| 6193 | 缲 | (繰) | |
| 6194 | 缳 | (繯) | |
| 6210 | 藓 | (蘚) | |
| 6216 | 翳 | | [瞖] |
| 6219 | 鹲 | (鸏) | |
| 6220 | 龋 | (齲) | |
| 6221 | 龌 | (齷) | |
| 6227 | 蹑 | (躡) | |
| 6228 | 蹒 | (蹣) | |
| 6237 | 羁 | (羈) | [覊] |
| 6245 | 镡 | (鐔) | |
| 6246 | 镢 | (鐝) | |
| 6247 | 镣 | (鐐) | |
| 6248 | 镦 | (鐓) | |
| 6249 | 镧 | (鑭) | |
| 6250 | 镩 | (鑹) | |
| 6251 | 镪 | (鏹) | |
| 6252 | 镫 | (鐙) | |
| 6258 | 簖 | (籪) | |
| 6263 | 鹪 | (鷦) | |
| 6273 | 膻 | | [羴羶] |
| 6276 | 鲼 | (鱝) | |
| 6277 | 鲽 | (鰈) | |
| 6278 | 鳀 | (鯷) | |
| 6279 | 鳃 | (鰓) | |
| 6280 | 鳅 | (鰍) | [鰌] |
| 6281 | 鳇 | (鰉) | |
| 6282 | 鳊 | (鯿) | |
| 6284 | 燮 | | [爕] |
| 6285 | 鹫 | (鷲) | |
| 6292 | [illegible] | ([illegible]) | |

| 规范字 | | 繁体字 | 异体字 |
|---|---|---|---|
| 6301 | 䙌 | | [䙌] |
| 6308 | 鹝 | (鷊) | |
| 6311 | 鳌 | (鰲) | [鼇] |
| 6313 | 鬃 | | [騌鬉騣] |
| 6315 | 鞯 | (韉) | |
| 6320 | 藜 | | [蔾] |
| 6330 | 颢 | (顥) | |
| 6333 | 蹚 | | [蹹] |
| 6334 | 鹭 | (鷺) | |
| 6339 | 鹮 | (䴉) | |
| 6342 | 髅 | (髏) | |
| 6344 | 镬 | (鑊) | |
| 6345 | 镭 | (鐳) | |
| 6346 | 镯 | (鐲) | |
| 6349 | 簪 | | [簮] |
| 6351 | 雠 | (讎) | [讐] |
| 6353 | 鳎 | (鰨) | |
| 6354 | 鳏 | (鰥) | |
| 6355 | 鳐 | (鰩) | |
| 6356 | 癞 | (癩) | |
| 6368 | 攒 | (攢) | |
| 6379 | 霭 | (靄) | |
| 6383 | 躏 | | [蹸] |
| 6387 | 蹴 | | [蹵] |
| 6389 | 躏 | (躪) | |
| 6395 | 髋 | (髖) | |
| 6396 | 髌 | (髕) | |
| 6397 | 镲 | (鑔) | |
| 6399 | 籁 | (籟) | |
| 6403 | 鳓 | (鰳) | |
| 6404 | 鳔 | (鰾) | |
| 6405 | 鳕 | (鱈) | |
| 6406 | 鳗 | (鰻) | |
| 6407 | 鳙 | (鱅) | |
| 6416 | 谶 | (讖) | |
| 6418 | 骥 | (驥) | |
| 6419 | 缵 | (纘) | |
| 6420 | 瓒 | (瓚) | |

| 规范字 | | 繁体字 | 异体字 |
|---|---|---|---|
| 6430 | 鼍 | (鼉) | |
| 6432 | 黩 | (黷) | |
| 6434 | 黪 | (黲) | |
| 6435 | 镳 | (鑣) | |
| 6436 | 镴 | (鑞) | |
| 6438 | 籑 | | [篹] |
| 6441 | 臜 | (臢) | |
| 6442 | 鳜 | (鱖) | |
| 6443 | 鳝 | (鱔) | [鱓] |
| 6444 | 鳟 | (鱒) | |
| 6445 | 獾 | | [貛貛] |
| 6447 | 骧 | (驤) | |
| 6452 | 颦 | (顰) | |
| 6454 | 鳢 | (鱧) | |
| 6455 | 癫 | (癲) | |
| 6459 | 灏 | (灝) | |
| 6467 | 鹳 | (鸛) | |
| 6473 | 镵 | (鑱) | |
| 6478 | 趱 | (趲) | |
| 6481 | 颧 | (顴) | |
| 6482 | 躜 | (躦) | |
| 6483 | 鼹 | | [鼴] |
| 6485 | 麟 | | [麐] |
| 6497 | 馕 | (饢) | |
| 6498 | 戆 | (戇) | |
| 6509 | 戋 | (戔) | |
| 6520 | 𬣙 | (訏) | |
| 6521 | 讱 | (訒) | |
| 6536 | 钆 | (釓) | |
| 6538 | 伣 | (俔) | |
| 6546 | 闫 | (閆) | |
| 6547 | 𣲷 | (澫) | |
| 6549 | 䜣 | (訢) | |
| 6550 | 讻 | (訩) | |
| 6551 | 𬣡 | (𧦝) | |
| 6553 | 𬘓 | (紃) | |
| 6554 | 纩 | (纊) | |
| 6558 | 玚 | (瑒) | |

| 规范字 | | 繁体字 | 异体字 |
|---|---|---|---|
| 6559 | 刬 | (剗) | |
| 6560 | 坂 | (堰) | |
| 6561 | 坜 | (壢) | |
| 6564 | 抡 | (掄) | |
| 6567 | 㧑 | (撝) | |
| 6576 | 芳 | (蔿) | |
| 6582 | 杩 | (榪) | |
| 6585 | 轪 | (軑) | |
| 6586 | 轨 | (軏) | |
| 6591 | 呙 | (咼) | |
| 6594 | 疬 | (癧) | |
| 6599 | 贬 | (貶) | |
| 6602 | 伧 | (傖) | |
| 6607 | 飑 | (颼) | |
| 6609 | 闶 | (閌) | |
| 6612 | 沅 | (潕) | |
| 6613 | 沛 | (湋) | |
| 6614 | 沄 | (澐) | |
| 6616 | 涢 | (溳) | |

| 规范字 | | 繁体字 | 异体字 |
|---|---|---|---|
| 6623 | 诐 | (諓) | |
| 6624 | 祃 | (禡) | |
| 6625 | 诇 | (詗) | |
| 6627 | 诎 | (詘) | |
| 6628 | 诐 | (詖) | |
| 6629 | 屃 | (屓) | |
| 6630 | 弧 | (彄) | |
| 6638 | 纮 | (紘) | |
| 6639 | 驲 | (馹) | |
| 6640 | 驳 | (駮) | |
| 6641 | 纻 | (紵) | |
| 6642 | 纨 | (紈) | |
| 6643 | 驶 | (駃) | |
| 6644 | 纼 | (紖) | |
| 6647 | 玱 | (瑲) | |
| 6660 | 苎 | (薴) | |
| 6664 | 枫 | (棡) | |
| 6670 | 轵 | (軝) | |
| 6671 | 玮 | (暐) | |

| 规范字 | | 繁体字 | 异体字 |
|---|---|---|---|
| 6672 | 觃 | (覎) | |
| 6682 | 岽 | (崬) | |
| 6688 | 钛 | (釴) | |
| 6689 | 钐 | (釤) | |
| 6690 | 钔 | (鍆) | |
| 6691 | 钖 | (鍚) | |
| 6706 | 郐 | (鄶) | |
| 6713 | 狝 | (獮) | |
| 6714 | 饳 | (飿) | |
| 6726 | 岿 | (巋) | |
| 6730 | 诇 | (詗) | |
| 6731 | 诹 | (諏) | |
| 6732 | 郭 | (鄩) | |
| 6733 | 鸤 | (鳲) | |
| 6737 | 隑 | (隑) | |
| 6739 | 陎 | (隮) | |
| 6744 | 娙 | (娙) | |
| 6745 | 逕 | (逕) | |
| 6747 | 驱 | (駓) | |

| 规范字 | | 繁体字 | 异体字 |
|---|---|---|---|
| 6748 | 驵 | (駔) | |
| 6749 | 驹 | (駉) | |
| 6750 | 䌹 | (絅) | |
| 6751 | 驺 | (騶) | |
| 6752 | 驼 | (駭) | |
| 6753 | 绋 | (紼) | |
| 6754 | 绐 | (紿) | |
| 6761 | 珞 | (瓅) | |
| 6766 | 韨 | (韍) | |
| 6768 | 垯 | (墶) | |
| 6770 | 垲 | (塏) | |
| 6785 | 荙 | (薘) | |
| 6786 | 荛 | (蕘) | |
| 6791 | 荝 | (萴) | |
| 6796 | 荭 | (葒) | |
| 6806 | 鸸 | (鴯) | |
| 6814 | 龚 | (龔) | |
| 6815 | 轵 | (軹) | |
| 6816 | 轷 | (軤) | |

| 规范字 | | 繁体字 | 异体字 |
|---|---|---|---|
| 6817 | 轹 | (轢) | |
| 6818 | 轺 | (軺) | |
| 6820 | 睍 | (晛) | |
| 6821 | 昽 | (曨) | |
| 6827 | 哒 | (噠) | |
| 6843 | 钘 | (鈃) | |
| 6844 | 钛 | (鈦) | |
| 6845 | 钜 | (鉅) | |
| 6846 | 钬 | (鋹) | |
| 6847 | 钣 | (釿) | |
| 6848 | 铃 | (錀) | |
| 6849 | 钪 | (鈧) | |
| 6850 | 钬 | (鈥) | |
| 6851 | 钭 | (鈄) | |
| 6854 | 俫 | (倈) | |
| 6861 | 舣 | (艤) | |
| 6864 | 鸹 | (鴰) | |
| 6872 | 飐 | (颭) | |
| 6874 | 饻 | (餏) | |
| 6886 | 浈 | (湞) | |
| 6887 | 浉 | (溮) | |
| 6895 | 浐 | (滻) | |
| 6903 | 袆 | (褘) | |
| 6917 | 绖 | (絰) | |
| 6918 | 骃 | (駰) | |
| 6919 | 细 | (絪) | |
| 6920 | 骁 | (駪) | |
| 6921 | 绖 | (綎) | |
| 6922 | 綖 | (綖) | |
| 6924 | 骉 | (驫) | |
| 6932 | 勣 | (勣) | |
| 6937 | 琤 | (瑲) | |
| 6941 | 塄 | (壈) | |
| 6951 | 莔 | (蔄) | |
| 6953 | 荟 | (薈) | |
| 6955 | 荭 | (蕵) | |
| 6958 | 桠 | (椏) | |
| 6959 | 梾 | (棶) | |

| 规范字 | | 繁体字 | 异体字 |
|---|---|---|---|
| 6967 | 颏 | (頦) | |
| 6972 | 硁 | (硜) | |
| 6976 | 𫐄 | (輄) | |
| 6977 | 𫐉 | (輈) | |
| 6978 | 辁 | (輇) | |
| 6981 | 赀 | (貲) | |
| 6985 | 唝 | (嗊) | |
| 6989 | 晔 | (曄) | |
| 6991 | 晖 | (暉) | |
| 6995 | 𬩽 | (鄳) | |
| 6996 | 帱 | (幬) | |
| 6999 | 𫶇 | (𡸃) | |
| 7000 | 崄 | (嶮) | |
| 7003 | 赆 | (贐) | |
| 7004 | 𫓹 | (鉥) | |
| 7005 | 𬬹 | (𨧫) | |
| 7006 | 𬬻 | (鑪) | |
| 7007 | 𬬼 | (鉮) | |
| 7008 | 𬬽 | (鉊) | |

| 规范字 | | 繁体字 | 异体字 |
|---|---|---|---|
| 7009 | 𬬿 | (鉧) | |
| 7019 | 𫢸 | (僤) | |
| 7029 | 鸰 | (鴒) | |
| 7034 | 鱽 | (魛) | |
| 7039 | 𫗴 | (餗) | |
| 7053 | 𬊈 | (燖) | |
| 7059 | 涢 | (溳) | |
| 7070 | 𬒈 | (礐) | |
| 7074 | 窎 | (窵) | |
| 7079 | 𫌀 | (襏) | |
| 7093 | 𬳶 | (駼) | |
| 7094 | 𫄷 | (絺) | |
| 7095 | 𫄸 | (綌) | |
| 7096 | 骍 | (騂) | |
| 7097 | 𫄹 | (綄) | |
| 7099 | 琎 | (璡) | |
| 7114 | 𫮃 | (墠) | |
| 7117 | 壸 | (壼) | |
| 7119 | 聍 | (聹) | |

| 规范字 | | 繁体字 | 异体字 |
|---|---|---|---|
| 7121 | 萚 | (蘀) | |
| 7125 | 劚 | (斸) | |
| 7132 | 䓖 | (藭) | |
| 7135 | 梼 | (檮) | |
| 7138 | 梾 | (棶) | |
| 7144 | 厣 | (厴) | |
| 7146 | 硚 | (礄) | |
| 7147 | 硙 | (磑) | |
| 7148 | 硚 | (礄) | |
| 7152 | 鸷 | (鷙) | |
| 7153 | 龁 | (齕) | |
| 7161 | 颋 | (頲) | |
| 7166 | 蛛 | (蝀) | |
| 7168 | 啴 | (嘽) | |
| 7176 | 铏 | (鉶) | |
| 7177 | 铚 | (銈) | |
| 7178 | 铞 | (銱) | |
| 7179 | 铕 | (銪) | |
| 7180 | 铓 | (鋩) | |

| 规范字 | | 繁体字 | 异体字 |
|---|---|---|---|
| 7181 | 铖 | (鋮) | |
| 7182 | 铘 | (鋣) | |
| 7183 | 铚 | (銍) | |
| 7184 | 锦 | (錦) | |
| 7185 | 铦 | (銛) | |
| 7186 | 锡 | (錫) | |
| 7194 | 鸺 | (鵂) | |
| 7205 | 舻 | (艫) | |
| 7209 | 貙 | (貙) | |
| 7210 | 脶 | (腡) | |
| 7214 | 鲃 | (䰾) | |
| 7221 | 庼 | (廎) | |
| 7224 | 鸡 | (雞) | |
| 7227 | 阌 | (閿) | |
| 7234 | 涠 | (潿) | |
| 7241 | 鎏 | (鎏) | |
| 7249 | 谭 | (譚) | |
| 7250 | 诫 | (誡) | |
| 7252 | 裈 | (褌) | |

| 规范字 | | 繁体字 | 异体字 |
|---|---|---|---|
| 7254 | 𬤊 | (諟) | |
| 7255 | 𫍲 | (謏) | |
| 7256 | 谞 | (諝) | |
| 7260 | 𬯎 | (隤) | |
| 7266 | 婳 | (嫿) | |
| 7273 | 𫄧 | (綪) | |
| 7274 | 𬘬 | (綝) | |
| 7275 | 𬳶 | (騑) | |
| 7276 | 𬳽 | (騊) | |
| 7277 | 绹 | (綯) | |
| 7278 | 𬘭 | (綡) | |
| 7279 | 𬘯 | (綧) | |
| 7280 | 骕 | (驌) | |
| 7281 | 𫘧 | (騄) | |
| 7298 | ⿱埶糸 | (⿱埶糹) | |
| 7299 | 𪣆 | (塿) | |
| 7307 | 蒇 | (蕆) | |
| 7310 | 蒉 | (蕢) | |
| 7326 | 𬃊 | (櫍) | |

| 规范字 | | 繁体字 | 异体字 |
|---|---|---|---|
| 7327 | 鹀 | (鵐) | |
| 7334 | 𬷕 | (鵏) | |
| 7336 | 酦 | (醱) | |
| 7337 | 觌 | (覿) | |
| 7342 | 詟 | (讋) | |
| 7343 | 𫐐 | (輗) | |
| 7344 | 辌 | (輬) | |
| 7346 | 龂 | (齗) | |
| 7347 | 𬺈 | (齘) | |
| 7361 | 𫶇 | (嵽) | |
| 7365 | 嵚 | (嶔) | |
| 7366 | 翙 | (翽) | |
| 7367 | 𫖮 | (顗) | |
| 7370 | 颞 | (顳) | |
| 7372 | 赒 | (賙) | |
| 7373 | 镂 | (鏤) | |
| 7374 | 铹 | (鐒) | |
| 7375 | 𫓹 | (鈭) | |
| 7376 | 𫟹 | (録) | |

| 规范字 | | 繁体字 | 异体字 |
|---|---|---|---|
| 7377 | 𫟹 | (鉽) | |
| 7378 | 𫓹 | (鋗) | |
| 7379 | 锊 | (鋝) | |
| 7380 | 锍 | (鋶) | |
| 7381 | 锎 | (鐦) | |
| 7382 | 𫟷 | (鋐) | |
| 7383 | 锓 | (鋟) | |
| 7385 | 颋 | (頲) | |
| 7389 | 筜 | (簹) | |
| 7399 | [illegible] | (獱) | |
| 7401 | 腘 | (膕) | |
| 7405 | 𫖯 | (頫) | |
| 7406 | 鲃 | (䰾) | |
| 7408 | [illegible] | ([illegible]) | |
| 7411 | 馉 | (餶) | |
| 7414 | 𫷷 | (廞) | |
| 7421 | 阓 | (闠) | |
| 7423 | 𬊤 | (燀) | |
| 7425 | 𬇙 | (濆) | |

| 规范字 | | 繁体字 | 异体字 |
|---|---|---|---|
| 7427 | 𬇹 | (濴) | |
| 7435 | 溇 | (漊) | |
| 7441 | 敩 | (斆) | |
| 7445 | 裣 | (襝) | |
| 7454 | 毵 | (毿) | |
| 7456 | 𬴂 | (䐗) | |
| 7457 | 𫘨 | (騠) | |
| 7458 | 缊 | (縕) | |
| 7459 | 缐 | (線) | |
| 7460 | 骙 | (騤) | |
| 7465 | 䴖 | (鶄) | |
| 7479 | 赪 | (赬) | |
| 7491 | 𬞟 | (蘋) | |
| 7499 | 榇 | (櫬) | |
| 7503 | 𬪩 | (醲) | |
| 7508 | 䃅 | (磾) | |
| 7511 | 辒 | (轀) | |
| 7512 | 𬨎 | (輶) | |
| 7513 | 𫐓 | (輮) | |

| 规范字 | | 繁体字 | 异体字 |
|---|---|---|---|
| 7514 | 龆 | (齠) | |
| 7518 | 鹍 | (鵾) | |
| 7519 | 𫫇 | (噁) | |
| 7526 | 赗 | (賵) | |
| 7528 | 锖 | (錆) | |
| 7529 | 𫓹 | (錤) | |
| 7530 | 锘 | (鍩) | |
| 7531 | 锳 | (鍈) | |
| 7532 | 锧 | (鑕) | |
| 7533 | 锪 | (鍃) | |
| 7534 | 𬭚 | (錞) | |
| 7535 | 锫 | (錇) | |
| 7536 | 锬 | (錟) | |
| 7537 | [illegible] | ([illegible]) | |
| 7540 | 䅟 | (穇) | |
| 7541 | 箦 | (簀) | |
| 7543 | 筼 | (篔) | |
| 7548 | 鹎 | (鵯) | |
| 7557 | 𦝼 | (膢) | |
| 7558 | 鲉 | (鮋) | |
| 7559 | 鲊 | (鮓) | |
| 7560 | 鲌 | (鮊) | |
| 7561 | 䲟 | (鮣) | |
| 7562 | 𬶋 | (鮈) | |
| 7563 | 𬶍 | (鮀) | |
| 7564 | 鲅 | (鮁) | |
| 7567 | 飔 | (颸) | |
| 7569 | 馌 | (饁) | |
| 7573 | 瘅 | (癉) | |
| 7575 | [illegible] | ([illegible]) | |
| 7579 | 阘 | (闒) | |
| 7580 | 阗 | (闐) | |
| 7587 | 滠 | (灄) | |
| 7602 | 𫌀 | (襀) | |
| 7608 | 谫 | (譾) | |
| 7609 | 鹔 | (鷫) | |
| 7610 | 𬱖 | (頵) | |
| 7617 | 𫘪 | (騵) | |

| 规范字 | | 繁体字 | 异体字 |
|---|---|---|---|
| 7618 | 𫘬 | (騱) | |
| 7619 | 缞 | (縗) | |
| 7622 | 𬍤 | (璊) | |
| 7625 | 瑷 | (璦) | |
| 7644 | 蔹 | (蘞) | |
| 7649 | 槚 | (檟) | |
| 7650 | 𣗋 | (欓) | |
| 7654 | 鹥 | (鷖) | |
| 7656 | 酾 | (釃) | |
| 7661 | 𬒗 | ([illegible]) | |
| 7667 | 鲝 | (鮺) | |
| 7668 | 䴗 | (鶪) | |
| 7671 | 鹝 | (鷊) | |
| 7678 | 𨱏 | (鎝) | |
| 7679 | 锺 | (鍾) | |
| 7680 | 锼 | (鎪) | |
| 7681 | 锽 | (鍠) | |
| 7682 | 𫟷 | (鍭) | |
| 7683 | 锾 | (鍰) | |
| 7684 | [illegible] | ([illegible]) | |
| 7685 | 镃 | (鎡) | |
| 7686 | 镄 | (鐨) | |
| 7687 | 镅 | (鎇) | |
| 7689 | 鹜 | (鶩) | |
| 7690 | 箨 | (籜) | |
| 7699 | 鲒 | (鮚) | |
| 7700 | 鲕 | (鮞) | |
| 7701 | 𫚕 | (鰤) | |
| 7702 | 鲖 | (鮦) | |
| 7703 | 鲗 | (鰂) | |
| 7704 | 鲘 | (鮜) | |
| 7705 | 鲙 | (鱠) | |
| 7706 | 𬶋 | (鮡) | |
| 7707 | 𩽹 | (鮠) | |
| 7708 | 𩾃 | (鮟) | |
| 7711 | 飗 | (飀) | |
| 7712 | 𬸚 | (鸑) | |
| 7716 | 瘗 | (瘞) | |

| 规范字 | | 繁体字 | 异体字 |
|---|---|---|---|
| 7719 | 鲞 | (鯗) | |
| 7724 | 潆 | (瀠) | |
| 7735 | 窭 | (窶) | |
| 7737 | 𬤝 | (譓) | |
| 7746 | 𫄳 | (縯) | |
| 7748 | 𪎌 | (麴) | |
| 7751 | 叇 | (靆) | |
| 7761 | 鬶 | (鬹) | |
| 7765 | 慭 | (憖) | |
| 7772 | 䗖 | (螮) | |
| 7785 | 镆 | (鏌) | |
| 7786 | 镈 | (鎛) | |
| 7787 | 镋 | (鎲) | |
| 7788 | 𬭚 | (錞) | |
| 7789 | 𬭛 | (鎓) | |
| 7790 | 镕 | (鎔) | |
| 7795 | 𪆷 | (鷹) | |
| 7798 | 鹟 | (鶲) | |
| 7799 | 𩾃 | (鮸) | |

| 规范字 | | 繁体字 | 异体字 |
|---|---|---|---|
| 7800 | 鲦 | (鰷) | |
| 7801 | 𩽼 | (鮶) | |
| 7802 | 𩾇 | (鯒) | |
| 7805 | 鹠 | (鶹) | |
| 7806 | 鹡 | (鶺) | |
| 7807 | 糇 | | [餱] |
| 7810 | 鹢 | (鷁) | |
| 7811 | 鹣 | (鶼) | |
| 7817 | 澛 | (瀂) | |
| 7824 | 𫛭 | (鶱) | |
| 7828 | 𫍯 | (譞) | |
| 7831 | 𬴊 | (驎) | |
| 7841 | 𬞟 | (蘋) | |
| 7853 | 𫎆 | (獱) | |
| 7854 | 𬨎 | (䡵) | |
| 7855 | 𬺈 | (齮) | |
| 7856 | 𫜪 | (齯) | |
| 7857 | 𬺓 | (齹) | |
| 7870 | 𪩘 | (巘) | |

| 规范字 | | 繁体字 | 异体字 |
|---|---|---|---|
| 7872 | 𬭚 | (鐕) | |
| 7873 | 𬭛 | (鐄) | |
| 7874 | 𬭤 | (鐓) | |
| 7878 | 𬭠 | (鑯) | |
| 7885 | 鲭 | (鯖) | |
| 7886 | 鲯 | (鯕) | |
| 7887 | 鲰 | (鯫) | |
| 7888 | 𫚡 | (鰄) | |
| 7889 | 鲹 | (鰺) | |
| 7890 | 𫗴 | (饘) | |
| 7891 | 𫸩 | (彃) | |
| 7894 | 𫛭 | (鷮) | |
| 7912 | 黉 | (黌) | |
| 7914 | 鹨 | (鷚) | |
| 7916 | 𫄷 | (繶) | |
| 7918 | 𤩽 | (瓛) | |
| 7935 | 蟏 | (蠨) | |
| 7936 | 𪢮 | (𡄷) | |
| 7937 | 𬭞 | (鏏) | |

| 规范字 | | 繁体字 | 异体字 |
|---|---|---|---|
| 7938 | 镤 | (鏷) | |
| 7939 | 𬭺 | (鏢) | |
| 7940 | 𬭽 | (鐇) | |
| 7941 | 镥 | (鑥) | |
| 7942 | 镨 | (鐠) | |
| 7943 | 𬭸 | (鏻) | |
| 7944 | 𬭼 | (鐏) | |
| 7945 | 𬭻 | (鐩) | |
| 7946 | 𫓼 | (鐈) | |
| 7958 | 𫛳 | (鷭) | |
| 7960 | 𫚒 | (鰆) | |
| 7961 | 𫚌 | (鯻) | |
| 7962 | 𫚓 | (鰏) | |
| 7963 | 𫚔 | (鰊) | |
| 7964 | 鲙 | (鱠) | |
| 7965 | 鳁 | (鰮) | |
| 7966 | 鳂 | (鰃) | |
| 7967 | 鳈 | (鰁) | |
| 7968 | 鳉 | (鱂) | |

| 规范字 | | 繁体字 | 异体字 |
|---|---|---|---|
| 7972 | 襕 | (襴) | |
| 7974 | 鹥 | (鷖) | |
| 7979 | 𦈡 | (繻) | |
| 7980 | 𫄸 | (纁) | |
| 7983 | 鬶 | (鬹) | |
| 7987 | 鹝 | (鷊) | |
| 7991 | 𬸦 | (鶨) | |
| 7993 | 黡 | (黶) | |
| 8003 | 镮 | (鐶) | |
| 8004 | 镱 | (鐿) | |
| 8005 | 酂 | (酇) | |
| 8014 | 鲞 | (鯗) | |
| 8015 | 鳑 | (鰟) | |
| 8016 | 鳒 | (鰜) | |
| 8017 | 鹱 | (鸌) | |
| 8018 | 鹯 | (鸇) | |
| 8023 | 冁 | (囅) | |
| 8029 | 䴙 | (鸊) | |

| 规范字 | | 繁体字 | 异体字 |
|---|---|---|---|
| 8030 | 𬙊 | (纆) | |
| 8038 | 鳘 | (鰵) | |
| 8042 | 𬶭 | (鰶) | |
| 8043 | 𩽾 | (鱇) | |
| 8044 | 鳚 | (䲁) | |
| 8045 | 鳛 | (鰼) | |
| 8049 | 彟 | (彠) | |
| 8055 | 颥 | (顬) | |
| 8062 | 𫚦 | (鱚) | |
| 8072 | 𬴃 | (䮾) | |
| 8073 | 𬙋 | (纕) | |
| 8079 | 𬺚 | (齭) | |
| 8082 | 鳠 | (鱯) | |
| 8083 | 鳡 | (鱤) | |
| 8084 | 鳣 | (鱣) | |
| 8092 | 鹴 | (鸘) | |
| 8096 | 鳤 | (䲘) | |
| 8100 | 𫚭 | (鱲) | |

[1]瞭：读liào时不简化作“了”，如“瞭望”“瞭哨”。
[2]迺：可用于姓氏人名、地名。
[3]乾：读qián时不简化作“干”，如“乾坤”“乾隆”。
[4]麽：读mó时不简化作“么”，如“幺麽小丑”。
[5]椏：可用于姓氏人名、地名和科学技术术语，但须类推简化作“桠”（参见本表序号6958），如“五桠果科”。
[6]耑：可用于姓氏人名，读duān。读zhuān时用“专”。
[7]鉅：可用于姓氏人名、地名，但须类推简化作“钜”（参见本表序号6845）。
[8]昇：可用于姓氏人名，如“毕昇”。
[9]陞：可用于姓氏人名、地名。
[10]讎：用于“校讎”“讎定”“仇讎”等，但须类推简化作“雠”（参见本表序号6351）。其他意义用“仇”。
[11]祇：用于表示地神，读qí。读zhǐ时用“只”。
[12]甯：可用于姓氏人名。
[13]颺：可用于姓氏人名，但须类推简化作“飏”（参见本表序号6607）。
[14]袷：用于“袷袢”，读qiā。读jiá时用“夹”。
[15]麴：可用于姓氏人名，但须类推简化作“麹”（参见本表序号7748）。
[16]仝：可用于姓氏人名。
[17]夥：作“多”解时不简化作“伙”。
[18]尅：表示训斥、打人时读kēi，不简化作“克”。
[19]甦：可用于姓氏人名。
[20]邨：可用于姓氏人名。
[21]氾：可用于姓氏人名，读fán。读fàn时用“泛”。
[22]堃：可用于姓氏人名。
[23]蘋：用于表示植物名时简化作“𬞟”（参见本表序号7841），不简化作“苹”。
[24]犇：可用于姓氏人名。
[25]龢：可用于姓氏人名。

[26]訢:可用于姓氏人名,但须类推简化作“䜣”(参见本表序号6549)。

[27]徵:用于表示“宫商角徵羽”五音之一时读zhǐ,不简化作“征”。

[28]逕:可用于姓氏人名、地名,但须类推简化作“迳”(参见本表序号6745)。

[29]鑪:用于科学技术术语,指一种人造的放射性元素(符号为Rf),但须类推简化作“𬬻”(参见本表序号7006)。

[30]綫:可用于姓氏人名,但须类推简化作“缐”(参见本表序号7459)。

[31]釐:可用于姓氏人名,读xī。读lí时用“厘”。

[32]鍾:用于姓氏人名时可简化作“锺”(参见本表序号7679)。

[33]脩:用于表示干肉,如“束脩”。其他意义用“修”。

[34]絜:读xié或jié时均可用于姓氏人名。

[35]扞:用于表示相互抵触,如“扞格”。其他意义用“捍”。

[36]喆:可用于姓氏人名。

[37]祕:可用于姓氏人名。

[38]藉:读jí或用于慰藉、衬垫义时不简化作“借”,如“狼藉(jí)”“枕藉(jiè)”。

[39]頫:可用于姓氏人名,但须类推简化作“𫖯”(参见本表序号7399),如“赵孟𫖯”。

[40]貲:可用于姓氏人名和表示计量义,但须类推简化作“赀”(参见本表序号6981)。

[41]叚:可用于姓氏人名,读xiá。读jiǎ时用“假”。

[42]勣:可用于姓氏人名,但须类推简化作“𪟝”(参见本表序号6932)。

[43]菉:可用于姓氏人名、地名。

[44]蒐:用于表示草名和春天打猎。其他意义用“搜”。

[45]淼:可用于姓氏人名、地名。

[46]椀:用于科学技术术语,如“橡椀”。其他意义用“碗”。

[47]谿:可用于姓氏人名。

[48]筦:可用于姓氏人名。

[49]澂:可用于姓氏人名。

[50]剳:用于科学技术术语,如中医学中的“目剳”。其他意义用“札”。
[51]阪:可用于地名,如“大阪”。
[52]吒:可用于姓氏人名,读zhā,如“哪吒”。读zhà时用“咤”。

# 附件2

# 《通用规范汉字表》笔画检字表

**一画**

0001 一
0002 乙

**二画**

[一]
0003 二
0004 十
0005 丁
0006 厂
0007 七
[丨]
0008 卜
[丿]
0009 八
0010 人
0011 入
3501 乂
0012 儿
0013 匕
0014 几
0015 九
[乛]
0016 刁
0017 了
0018 刀
0019 力
0020 乃
0021 又
3502 乜

**三画**

[一]
0022 三
0023 干
6501 亍
0024 于
0025 亏
0026 工
0027 土
0028 士
0029 才
0030 下
0031 寸
0032 大
0033 丈
3503 兀
6502 尢
0034 与
0035 万
3504 弋
[丨]
0036 上
0037 小
0038 口
0039 山
0040 巾
[丿]
0041 千
0042 乞
0043 川
0044 亿
6503 彳
0045 个
0046 夕
0047 久
0048 么
0049 勺
0050 凡
0051 丸
0052 及
[丶]
0053 广
0054 亡
0055 门
0056 丫
0057 义
0058 之
[乛]
0059 尸
0060 己
0061 已
0062 巳
0063 弓
0064 子
3505 孑
0065 卫

3506 孓
0066 也
0067 女
0068 刃
0069 飞
0070 习
0071 叉
0072 马
0073 乡
3507 幺

## 四画

[一一]
0074 丰
0075 王
3508 亓
0076 开
0077 井
0078 天
0079 夫
0080 元
0081 无
3509 韦
0082 云
0083 专
[一丨]
0084 丐
0085 扎
3510 廿
0086 艺
0087 木
0088 五
0089 支
3511 丏
[一丿]
0090 厅
3512 卅
0091 不
3513 仄
0092 犬
0093 太
0094 区
0095 历
0096 歹
0097 友
0098 尤
3514 厄
0099 匹
[一乛]
0100 车
0101 巨
0102 牙
0103 屯
0104 戈
0105 比
0106 互
0107 切
0108 瓦
[丨一]
0109 止
[丨丿]
0110 少
[丨乛]
0111 曰
0112 日
0113 中
0114 贝
0115 冈
0116 内
0117 水
0118 见
[丿一]
0119 午
0120 牛
0121 手
0122 气
0123 毛
0124 壬
0125 升
0126 夭
0127 长
[丿丨]
0128 仁
0129 什
3515 仃
0130 片
0131 仆
0132 化
3516 仉
0133 仇
0134 币
3517 仂
0135 仍
0136 仅
[丿丿]
0137 斤
0138 爪
0139 反
[丿、]
3518 兮
3519 刈
0140 介
0141 父
0142 从
3520 爻
0143 仑
0144 今
0145 凶

0146 分
0147 乏
0148 公
0149 仓
[丿乛]
0150 月
0151 氏
0152 勿
0153 欠
0154 风
0155 丹
0156 匀
0157 乌
6504 卬
6505 殳
0158 勾
0159 凤
[丶一]
3521 卞
0160 六
0161 文
0162 亢
0163 方
[丶丨]
3522 闩
[丶丿]
0164 火
0165 为
[丶丶]
0166 斗
0167 忆
[丶乛]
0168 计
0169 订
0170 户
3523 讣
0171 认
0172 冗
0173 讥
0174 心
[乛一]
3524 尹
0175 尺
3525 夬
0176 引
[乛丨]
0177 丑
3526 爿
0178 巴
0179 孔
0180 队
6506 办
[乛丿]
0181 办
[乛丶]
0182 以
0183 允
0184 予
0185 邓
0186 劝
0187 双
[乛乛]
6507 毌
0188 书
3527 毋
0189 幻

## 五画

[一一]
0190 玉
0191 刊
0192 未
0193 末
0194 示
0195 击
3528 邗
6508 邘
6509 戋
[一丨]
6510 圢
0196 打
0197 巧
0198 正
0199 扑
0200 卉
0201 扒
3529 邛
0202 功
0203 扔
0204 去
0205 甘
0206 世
0207 艾
3530 艽
0208 古
0209 节
3531 艿
0210 本
0211 术
3532 札
0212 可
3533 叵
3534 匝
0213 丙
[一丿]
0214 左
0215 厉
3535 丕

0216 石
0217 右
0218 布
0219 夯
0220 戊
0221 龙
[一丶]
0222 平
0223 灭
[一乛]
0224 轧
0225 东
3536 匜
3537 劢
[丨一]
0226 卡
0227 北
0228 占
0229 凸
0230 卢
[丨丨]
0231 业
0232 旧
[丨丿]
0233 帅
0234 归
[丨乛]
0235 旦
0236 目
0237 且
0238 叶
0239 甲
0240 申
0241 叮
0242 电
0243 号
0244 田
0245 由
3538 卟
0246 只
0247 叭
0248 史
0249 央
3539 叱
0250 兄
0251 叽
0252 叼
0253 叫
0254 叩
0255 叨
3540 叻
0256 另
0257 叹
0258 冉
0259 皿
0260 凹
0261 囚
0262 四
[丿一]
0263 生
0264 矢
0265 失
6511 氕
0266 乍
0267 禾
[丿丨]
3541 仨
0268 丘
3542 仕
0269 付
0270 仗
0271 代
0272 仙
3543 仟
3544 仡
3545 仫
6512 伋
0273 们
0274 仪
0275 白
0276 仔
0277 他
3546 仞
[丿丿]
0278 斥
3547 卮
0279 瓜
[丿丶]
6513 仝
0280 乎
0281 丛
0282 令
[丿乛]
0283 用
0284 甩
0285 印
3548 氐
0286 尔
0287 乐
0288 句
0289 匆
3549 犰
0290 册
0291 卯
0292 犯
0293 外
0294 处

0295 冬
0296 鸟
0297 务
3550 刍
0298 包
0299 饥
[、一]
0300 主
6514 江
0301 市
3551 邝
0302 立
0303 冯
3552 邙
0304 玄
[、丨]
0305 闪
[、丿]
0306 兰
0307 半
[、、]
0308 汁
3553 汀
0309 汇
0310 头
6515 氿
6516 汈
0311 汉
6517 氾
6518 忉
0312 宁
0313 穴
0314 它
6519 宄
[、乛]
3554 讦
6520 讧
3555 讧
0315 讨
0316 写
0317 让
0318 礼
3556 讪
3557 讫
0319 训
0320 议
0321 必
0322 讯
0323 记
0324 永
6521 讱
[乛一]
0325 司
0326 尼
3558 尻
0327 民
0328 弗
0329 弘
[乛丨]
0330 出
3559 阡
0331 辽
[乛丿]
0332 奶
0333 奴
3560 尕
0334 召
0335 加
0336 皮
0337 边
0338 孕
0339 发
[乛、]
0340 圣
0341 对
3561 弁
0342 台
0343 矛
[乛乛]
0344 纠
3562 驭
0345 母
0346 幼
0347 丝

## 六画

[一一]
3563 匡
3564 耒
0348 邦
3565 玎
3566 玑
0349 式
0350 迂
0351 刑
3567 邢
0352 戎
0353 动
[一丨]
3568 圩
6522 圲
3569 圬
3570 圭
0354 扛
0355 寺
0356 吉
0357 扣
6523 圩

3571　扦
0358　考
6524　圫
3572　圪
0359　托
3573　圳
0360　老
0361　巩
0362　圾
0363　执
3574　圹
0364　扩
3575　扪
0365　扫
3576　圮
3577　圯
0366　地
0367　场
0368　扬
0369　耳
0370　芋
6525　芏
0371　共
3578　芊
3579　芍
6526　芃
3580　芄
3581　芨
0372　芒
0373　亚
0374　芝
3582　芑
3583　芎
3584　芗
0375　朽
0376　朴
6527　朳
0377　机
6528　朸
0378　权
0379　过
3585　亘
0380　臣
0381　吏
0382　再
0383　协
0384　西
6529　𨙸
[一丿]
0385　压
0386　厌
3586　厍
0387　戌
0388　在
0389　百
0390　有
0391　存
0392　而
0393　页
0394　匠
0395　夸
0396　夺
3587　夼
0397　灰
0398　达
3588　戍
3589　尥
0399　列
0400　死
0401　成
[一丶]
0402　夹
[一乛]
0403　夷
0404　轨
0405　邪
6530　邨
0406　尧
0407　划
0408　迈
0409　毕
0410　至
[丨一]
0411　此
3590　乩
0412　贞
[丨丿]
0413　师
0414　尘
0415　尖
0416　劣
[丨丶]
0417　光
0418　当
[丨乛]
0419　早
0420　吁
0421　吐
0422　吓
3591　旯
3592　曳
0423　虫
0424　曲
0425　团
0426　吕
0427　同
0428　吊
6531　吒

0429 吃
0430 因
0431 吸
6532 吖
0432 吗
0433 吆
6533 屼
0434 屿
6534 屾
0435 屹
0436 岁
3593 岌
0437 帆
6535 辿
0438 回
3594 屺
0439 岂
0440 则
0441 刚
0442 网
0443 肉
3595 凼
3596 囡
[丿一]
6536 钆
3597 钇
0444 年
0445 朱
3598 缶
3599 氘
3600 氖
0446 先
3601 牝
0447 丢
0448 廷
0449 舌
0450 竹
0451 迁
0452 乔
0453 迄
[丿丨]
0454 伟
0455 传
0456 乒
0457 乓
0458 休
0459 伍
3602 伎
0460 伏
3603 伛
0461 优
0462 臼
3604 伢
0463 伐
6537 仳
0464 延
3605 佤
0465 仲
6538 伣
3606 仵
0466 件
0467 任
0468 伤
3607 伥
0469 价
0470 伦
0471 份
3608 伧
0472 华
0473 仰
3609 伉
0474 仿
0475 伙
0476 伪
3610 伫
6539 伈
0477 自
0478 伊
6540 [illegible]
0479 血
0480 向
3611 囟
0481 似
[丿丿]
0482 后
0483 行
6541 甪
0484 舟
[丿丶]
0485 全
0486 会
0487 杀
0488 合
0489 兆
0490 企
3612 汆
0491 众
0492 爷
0493 伞
6542 邠
0494 创
[丿乛]
3613 刖
0495 肌
0496 肋
0497 朵
0498 杂
3614 夙

0499 危
0500 旬
0501 旨
3615 旮
0502 旭
0503 负
6543 犴
3616 刎
3617 犷
0504 匈
3618 犸
3619 舛
0505 名
0506 各
0507 多
3620 凫
0508 争
3621 邬
0509 色
3622 饧
[丶一]
6544 冱
0510 壮
0511 冲
0512 妆
0513 冰
0514 庄
0515 庆
0516 亦
0517 刘
0518 齐
0519 交
0520 衣
0521 次
0522 产
0523 决
0524 亥
6545 邡
0525 充
0526 妄
[丶丨]
6546 闫
0527 闭
0528 问
0529 闯
[丶丿]
0530 羊
0531 并
0532 关
0533 米
0534 灯
0535 州
[丶丶]
0536 汗
0537 污
0538 江
6547 𬇙
3623 汕
3624 汔
3625 汐
6548 汋
3626 汲
0539 汛
3627 汜
0540 池
0541 汝
0542 汤
3628 汊
3629 忖
3630 忏
0543 忙
0544 兴
0545 宇
0546 守
0547 宅
0548 字
0549 安
[丶乛]
0550 讲
0551 讳
3631 讴
0552 军
3632 讵
0553 讶
3633 祁
3634 讷
0554 许
0555 讹
6549 䜣
0556 论
6550 讻
0557 讼
0558 农
0559 讽
0560 设
0561 访
6551 𬣙
0562 诀
[乛一]
3635 聿
0563 寻
0564 那
3636 艮
3637 厾
0565 迅
0566 尽
0567 导
0568 异

0569 弛

[乛丨]

3638 阱

3639 阮

0570 孙

0571 阵

6552 孖

0572 阳

0573 收

3640 阪

0574 阶

0575 阴

0576 防

3641 丞

[乛丿]

0577 奸

0578 如

3642 妁

0579 妇

0580 妃

0581 好

0582 她

0583 妈

[乛丶]

0584 戏

0585 羽

0586 观

3643 牟

0587 欢

0588 买

[乛乛]

3644 纡

0589 红

3645 纣

0590 驮

0591 纤

3646 纥

0592 驯

6553 纠

0593 约

3647 纨

0594 级

6554 纩

0595 纪

0596 驰

0597 纫

0598 巡

## 七画

[一一]

0599 寿

3648 玕

6555 玒

0600 弄

3649 玙

0601 麦

0602 玖

6556 玓

6557 玘

6558 玚

0603 玛

0604 形

0605 进

0606 戒

0607 吞

0608 远

0609 违

0610 韧

6559 刬

0611 运

[一丨]

0612 扶

0613 抚

0614 坛

3650 抟

0615 技

0616 坏

3651 抔

6560 坜

0617 抠

6561 坜

0618 扰

0619 扼

0620 拒

6562 坉

6563 扽

0621 找

0622 批

0623 址

0624 扯

0625 走

0626 抄

0627 贡

0628 汞

0629 坝

0630 攻

0631 赤

3652 圻

0632 折

0633 抓

3653 坂

0634 扳

6564 坨

0635 抡

6565 坋

0636 扮

0637 抢

6566 扺

0638 孝
0639 坎
3654 坍
0640 均
3655 坞
0641 抑
0642 抛
0643 投
3656 抃
0644 坟
0645 坑
0646 抗
0647 坊
6567 㧑
0648 抖
0649 护
0650 壳
0651 志
0652 块
3657 抉
0653 扭
0654 声
0655 把
0656 报
0657 拟
0658 却
0659 抒
0660 劫
3658 扠
6568 毐
0661 芙
3659 芜
0662 芜
0663 苇
3660 邯
3661 芸
3662 芾
6569 芰
6570 苯
3663 苈
6571 苊
6572 苉
3664 苣
0664 芽
6573 芘
3665 芷
3666 芮
3667 苋
3668 芼
3669 苌
0665 花
0666 芹
0667 芥
3670 苁
3671 芩
0668 芬
0669 苍
3672 芪
6574 芴
3673 芡
3674 芟
3675 苄
6575 芠
0670 芳
0671 严
6576 苆
3676 芏
0672 芦
0673 芯
0674 劳
0675 克
0676 芭
6577 芤
0677 苏
3677 苡
0678 杆
0679 杠
0680 杜
0681 材
0682 村
6578 杕
0683 杖
3678 杌
6579 杙
0684 杏
6580 杅
0685 杉
0686 巫
3679 杓
0687 极
6581 杧
3680 杞
0688 李
0689 杨
3681 杈
6582 杩
0690 求
3682 忑
3683 孛
0691 甫
0692 匣
0693 更
0694 束
0695 吾
0696 豆
0697 两
3684 邴
0698 酉

0699 丽
[一丿]
0700 医
0701 辰
0702 励
3685 邳
0703 否
0704 还
3686 矶
3687 奁
6583 尪
3688 豕
6584 尨
0705 尬
0706 歼
[一丶]
0707 来
3689 忒
[一乛]
0708 连
3690 欤
0709 轩
6585 轪
6586 𬨂
3691 轫
3692 迓
6587 坒
[丨一]
3693 邶
3694 忐
6588 芈
0710 步
0711 卤
3695 卣
[丨丨]
3696 邺
0712 坚
[丨丶]
0713 肖
[丨乛]
3697 旰
0714 旱
6589 旴
0715 盯
0716 呈
0717 时
0718 吴
3698 呋
3699 呒
0719 助
0720 县
0721 里
3700 呓
0722 呆
6590 昆
0723 吱
0724 吠
3701 呔
0725 呕
0726 园
3702 呖
3703 呃
0727 旷
0728 围
0729 呀
0730 吨
3704 旸
3705 吡
3706 町
0731 足
3707 虬
0732 邮
0733 男
0734 困
0735 吵
0736 串
3708 呗
0737 员
0738 呐
6591 呙
3709 吽
0739 听
6592 吺
0740 吟
0741 吩
0742 呛
0743 吻
0744 吹
0745 呜
0746 吭
3710 吣
3711 吲
0747 吧
0748 邑
0749 吼
0750 囤
0751 别
0752 吮
6593 岍
3712 帏
3713 岐
0753 岖
6594 岍
6595 岠
3714 岈
0754 岗
3715 岘
0755 帐

3716 岑
3717 岚
3718 兕
6596 岜
0756 财
6597 呇
6598 冏
3719 囧
3720 囫
6599 觃

[丿一]

0757 针
0758 钉
3721 钊
3722 钋
3723 钌
3724 迕
3725 氙
3726 氚
0759 牡
0760 告
3727 牤
0761 我
0762 乱
0763 利
0764 秃
0765 秀
0766 私
6600 呑
0767 每

[丿丨]

3728 佞
0768 兵
3729 邱
0769 估
0770 体
0771 何
0772 佐
6601 伾
0773 佑
3730 攸
0774 但
0775 伸
0776 佃
3731 佚
0777 作
0778 伯
0779 伶
0780 佣
0781 低
0782 你
3732 佝
3733 佟
6602 㑇
0783 住
0784 位
6603 伭
0785 伴
3734 佗
6604 佖
0786 身
0787 皂
0788 伺
6605 伲
0789 佛
3735 伽
0790 囱
6606 佁

[丿丿]

0791 近
0792 彻
0793 役
3736 彷
0794 返

[丿丶]

3737 佘
0795 余
0796 希
3738 佥
0797 坐
0798 谷
3739 孚
0799 妥
3740 豸
0800 含
0801 邻
3741 坌
0802 岔

[丿乛]

0803 肝
3742 肟
0804 肛
0805 肚
0806 肘
0807 肠
3743 邸
0808 龟
0809 甸
3744 奂
0810 免
3745 劬
0811 狂
0812 犹
0813 狈
3746 狄
6607 飏
0814 角
0815 删

6608 狃
3747 犺
3748 鸠
0816 条
0817 彤
0818 卵
0819 灸
0820 岛
3749 邹
0821 刨
3750 饨
0822 迎
3751 饩
3752 饪
3753 饫
3754 饬
0823 饭
0824 饮
0825 系
[、一]
0826 言
0827 冻
0828 状
0829 亩
0830 况
3755 亨
3756 庑
0831 床
3757 庋
0832 库
0833 庇
3758 疔
0834 疗
3759 疖
0835 吝
0836 应
0837 这
0838 冷
0839 庐
0840 序
0841 辛
3760 肓
0842 弃
0843 冶
0844 忘
[、丨]
0845 闰
3761 闱
0846 闲
3762 闳
0847 间
3763 闵
6609 闶
0848 闷
[、丿]
3764 羌
0849 判
0850 兑
0851 灶
0852 灿
0853 灼
3765 炀
0854 弟
[、、]
3766 沣
0855 汪
6610 汧
6611 汫
3767 沅
6612 𣲘
6613 𬇙
6614 沄
0856 沐
0857 沛
3768 沔
0858 汰
3769 沤
0859 沥
3770 沌
6615 沘
3771 沏
3772 沚
0860 沙
3773 汩
3774 汨
6616 𬇕
6617 汭
0861 汽
0862 沃
3775 沂
6618 㳇
0863 沦
0864 汹
3776 汾
0865 泛
0866 沧
3777 沨
0867 没
0868 沟
3778 汴
3779 汶
3780 沆
3781 沩
0869 沪
0870 沈
0871 沉
0872 沁
3782 泐

| | |
|---|---|
| 6619 | 沇 |
| 3783 | 怃 |
| 6620 | 忮 |
| 0873 | 怀 |
| 3784 | 怄 |
| 0874 | 忧 |
| 6621 | 忳 |
| 3785 | 忡 |
| 3786 | 忤 |
| 3787 | 忾 |
| 3788 | 怅 |
| 3789 | 忻 |
| 3790 | 忪 |
| 3791 | 怆 |
| 6622 | 忺 |
| 3792 | 忭 |
| 0875 | 忱 |
| 0876 | 快 |
| 3793 | 忸 |
| 0877 | 完 |
| 0878 | 宋 |
| 0879 | 宏 |
| 0880 | 牢 |
| 0881 | 究 |
| 0882 | 穷 |
| 0883 | 灾 |
| [丶乛] | |
| 0884 | 良 |
| 6623 | 𬣙 |
| 0885 | 证 |
| 3794 | 诂 |
| 3795 | 诃 |
| 0886 | 启 |
| 0887 | 评 |
| 0888 | 补 |
| 0889 | 初 |
| 0890 | 社 |
| 0891 | 祀 |
| 6624 | 祃 |
| 3796 | 诅 |
| 0892 | 识 |
| 6625 | 诇 |
| 0893 | 诈 |
| 0894 | 诉 |
| 0895 | 罕 |
| 0896 | 诊 |
| 3797 | 诋 |
| 3798 | 诌 |
| 6626 | 邲 |
| 0897 | 词 |
| 6627 | 诎 |
| 3799 | 诏 |
| 6628 | 诐 |
| 0898 | 译 |
| 3800 | 诒 |
| [乛一] | |
| 0899 | 君 |
| 0900 | 灵 |
| 0901 | 即 |
| 0902 | 层 |
| 0903 | 屁 |
| 6629 | 屃 |
| 0904 | 尿 |
| 0905 | 尾 |
| 0906 | 迟 |
| 0907 | 局 |
| 6630 | 𫸩 |
| 0908 | 改 |
| 0909 | 张 |
| 0910 | 忌 |
| [乛丨] | |
| 0911 | 际 |
| 0912 | 陆 |
| 0913 | 阿 |
| 3801 | 孜 |
| 3802 | 陇 |
| 0914 | 陈 |
| 6631 | 㠯 |
| 6632 | 阽 |
| 0915 | 阻 |
| 6633 | 郘 |
| 6634 | 阼 |
| 0916 | 附 |
| 0917 | 坠 |
| 3803 | 陀 |
| 3804 | 陂 |
| 3805 | 陉 |
| [乛丿] | |
| 3806 | 妍 |
| 6635 | 妧 |
| 3807 | 妩 |
| 6636 | 妘 |
| 0918 | 妓 |
| 3808 | 妪 |
| 3809 | 妣 |
| 0919 | 妙 |
| 3810 | 妊 |
| 0920 | 妖 |
| 3811 | 妗 |
| 0921 | 姊 |
| 0922 | 妨 |
| 3812 | 妫 |
| 0923 | 妒 |
| 3813 | 妞 |
| 3814 | 姒 |
| 3815 | 妤 |
| 0924 | 努 |

3816　邵
3817　劭
0925　忍
[乛、]
3818　到
0926　劲
6637　郱
3819　甬
3820　邰
0927　矣
0928　鸡
[乛乛]
0929　纬
3821　纭
0930　驱
6638　纮
0931　纯
3822　纰
0932　纱
6639　驲
0933　纲
0934　纳
3823　纴
0935　驳
0936　纵
3824　纶
0937　纷
0938　纸
6640　驳
0939　纹
0940　纺
6641　纻
0941　驴
6642　𬘘
6643　𫘝
6644　纼
0942　纽
3825　纾

## 八画

[一一]
0943　奉
6645　玤
6646　玞
0944　玩
3826　玮
0945　环
3827　玡
3828　玭
0946　武
0947　青
0948　责
0949　现
0950　玫
3829　玠
3830　玢
6647　玱
3831　玥
0951　表
6648　玟
3832　玦
3833　盂
3834　忝
0952　规
3835　匦
[一丨]
0953　抹
0954　卦
6649　邽
3836　坩
6650　邿
0955　坷
0956　坯
0957　拓
0958　拢
0959　拔
0960　坪
3837　抨
0961　拣
3838　拤
3839　坫
3840　拈
3841　垆
0962　坦
6651　坥
0963　担
0964　坤
0965　押
3842　抻
0966　抽
3843　劼
0967　拐
6652　坰
3844　拃
0968　拖
3845　拊
0969　者
0970　拍
0971　顶
3846　坼
0972　拆
6653　坬
6654　坽
0973　拎
0974　拥
3847　坻
0975　抵
0976　拘

| | |
|---|---|
| 0977 | 势 |
| 0978 | 抱 |
| 0979 | 拄 |
| 0980 | 垃 |
| 0981 | 拉 |
| 0982 | 拦 |
| 0983 | 幸 |
| 0984 | 拌 |
| 3848 | 扤 |
| 0985 | 拧 |
| 3849 | 坨 |
| 3850 | 坭 |
| 3851 | 抿 |
| 0986 | 拂 |
| 0987 | 拙 |
| 0988 | 招 |
| 0989 | 坡 |
| 0990 | 披 |
| 0991 | 拨 |
| 0992 | 择 |
| 6655 | 弆 |
| 0993 | 抬 |
| 0994 | 拇 |
| 3852 | 坳 |
| 0995 | 拗 |
| 6656 | 耵 |
| 0996 | 其 |
| 3853 | 耶 |
| 0997 | 取 |
| 0998 | 茉 |
| 3854 | 苷 |
| 0999 | 苦 |
| 3855 | 苯 |
| 1000 | 昔 |
| 1001 | 苛 |
| 3856 | 苤 |
| 1002 | 若 |
| 6657 | 郏 |
| 1003 | 茂 |
| 3857 | 茏 |
| 1004 | 苹 |
| 3858 | 苫 |
| 3859 | 苜 |
| 3860 | 苴 |
| 1005 | 苗 |
| 6658 | 𬜬 |
| 1006 | 英 |
| 3861 | 苒 |
| 3862 | 苘 |
| 3863 | 茌 |
| 3864 | 苻 |
| 3865 | 苓 |
| 3866 | 茚 |
| 6659 | 茋 |
| 1007 | 苟 |
| 3867 | 茆 |
| 3868 | 茑 |
| 1008 | 苑 |
| 1009 | 苞 |
| 1010 | 范 |
| 6660 | 苧 |
| 3869 | 茓 |
| 3870 | 茔 |
| 6661 | 苾 |
| 3871 | 茕 |
| 1011 | 直 |
| 6662 | 苠 |
| 3872 | 茀 |
| 1012 | 茁 |
| 3873 | 茗 |
| 1013 | 茄 |
| 1014 | 茎 |
| 1015 | 苔 |
| 1016 | 茅 |
| 1017 | 枉 |
| 6663 | 枅 |
| 1018 | 林 |
| 1019 | 枝 |
| 1020 | 杯 |
| 1021 | 枢 |
| 3874 | 枥 |
| 1022 | 柜 |
| 3875 | 枇 |
| 3876 | 杪 |
| 3877 | 杳 |
| 6664 | 㭎 |
| 6665 | 枘 |
| 3878 | 枧 |
| 3879 | 杵 |
| 1023 | 枚 |
| 3880 | 枨 |
| 1024 | 析 |
| 1025 | 板 |
| 6666 | 枍 |
| 3881 | 枞 |
| 1026 | 松 |
| 1027 | 枪 |
| 1028 | 枫 |
| 1029 | 构 |
| 1030 | 杭 |
| 3882 | 枋 |
| 1031 | 杰 |
| 1032 | 述 |
| 1033 | 枕 |
| 3883 | 杻 |
| 3884 | 杷 |
| 3885 | 杼 |
| 1034 | 丧 |

1035 或
1036 画
1037 卧
1038 事
1039 刺
1040 枣
1041 雨
1042 卖
[一丿]
3886 矸
6667 矼
1043 郁
6668 矻
1044 矾
1045 矿
3887 砀
1046 码
1047 厕
1048 奈
3888 刳
1049 奔
1050 奇
6669 匼
3889 奄
1051 奋
1052 态
3890 瓯
1053 欧
1054 殴
1055 垄
3891 殁
[一丶]
3892 郏
[一乛]
1056 妻
1057 轰
1058 顷
1059 转
3893 轭
1060 斩
1061 轮
6670 𫐄
1062 软
1063 到
3894 郅
3895 鸢
[丨一]
1064 非
1065 叔
1066 歧
1067 肯
1068 齿
1069 些
1070 卓
1071 虎
1072 虏
[丨丨]
1073 肾
1074 贤
[丨丶]
1075 尚
[丨乛]
3896 盱
1076 旺
1077 具
3897 昊
6671 𬀩
3898 昙
1078 味
3899 杲
1079 果
3900 昃
1080 昆
1081 国
1082 哎
1083 咕
1084 昌
1085 呵
3901 咂
1086 畅
6672 𬀪
6673 旿
6674 昇
3902 呸
3903 昕
6675 昄
1087 明
6676 昒
1088 易
1089 咙
3904 昀
1090 昂
3905 旻
3906 昉
3907 炅
6677 昈
3908 咔
3909 畀
3910 虮
1091 迪
1092 典
1093 固
1094 忠
3911 咀
3912 呷
1095 呻
3913 黾
6678 咉

1096 咒
1097 咋
1098 咐
3914 呱
1099 呼
3915 呤
3916 咚
1100 鸣
3917 咆
3918 咛
6679 咇
1101 咏
1102 呢
1103 咄
3919 呶
1104 咖
6680 咍
3920 呣
3921 呦
3922 咝
6681 岵
3923 岢
1105 岸
1106 岩
6682 岽
1107 帖
1108 罗
3924 岿
6683 岨
3925 岬
3926 岫
1109 帜
3927 帙
6684 岞
1110 帕
1111 岭
3928 岣
3929 峁
3930 刿
6685 峂
6686 峒
3931 迥
3932 岷
3933 剀
1112 凯
3934 帔
3935 峄
6687 囷
3936 沓
1113 败
1114 账
1115 贩
1116 贬
1117 购
1118 贮
3937 囹
1119 图
3938 罔
[丿一]
3939 钍
6688 𫓩
3940 钎
3941 钏
6689 钐
1120 钓
3942 钒
6690 钔
3943 钕
6691 钖
3944 钗
3945 邾
1121 制
1122 知
1123 迭
1124 氛
3946 迮
1125 垂
3947 牦
1126 牧
1127 物
6692 牥
1128 乖
1129 刮
1130 秆
1131 和
1132 季
1133 委
3948 竺
1134 秉
3949 迤
[丿丨]
1135 佳
1136 侍
3950 佶
1137 岳
3951 佬
6693 佴
1138 供
1139 使
3952 佰
3953 侑
3954 侉
1140 例
1141 侠
3955 臾
1142 侥
1143 版
1144 侄

6694 垈
3956 岱
1145 侦
1146 侣
3957 侗
3958 侃
1147 侧
3959 侏
6695 侁
1148 凭
6696 侹
6697 佸
1149 侨
6698 佺
3960 侩
3961 佻
3962 佾
1150 佩
1151 货
1152 侈
6699 隹
6700 㑊
6701 侂
3963 侪
3964 佼
1153 依
6702 佽
3965 佯
6703 侘
3966 侬
3967 帛
1154 卑
1155 的
1156 迫
3968 阜
3969 侔

[丿丿]

1157 质
1158 欣
6704 郈
1159 征
3970 徂
1160 往
1161 爬
1162 彼
1163 径
1164 所
6705 舠

[丿丶]

1165 舍
1166 金
3971 刽
6706 郐
1167 刹
6707 郃
1168 命
1169 肴
3972 郄
1170 斧
3973 怂
1171 爸
1172 采
3974 籴
1173 觅
1174 受
1175 乳
1176 贪
1177 念
1178 贫
6708 攽
1179 忿
3975 瓮
3976 戗

[丿乛]

3977 肼
1180 肤
3978 䏝
1181 肺
1182 肢
3979 肽
3980 肱
3981 肫
1183 肿
6709 肭
1184 胀
6710 肸
1185 朋
6711 肷
1186 股
1187 肮
1188 肪
1189 肥
1190 服
1191 胁
1192 周
3982 剁
1193 昏
3983 迩
3984 郇
1194 鱼
1195 兔
6712 狉
3985 狙
3986 狎
1196 狐
1197 忽
6713 狝
1198 狗

3987 狍
1199 狞
3988 狒
3989 咎
1200 备
3990 炙
3991 枭
3992 饯
1201 饰
1202 饱
1203 饲
6714 饳
3993 饴
[丶一]
3994 冽
1204 变
1205 京
1206 享
3995 冼
1207 庞
1208 店
1209 夜
1210 庙
1211 府
1212 底
3996 庖
1213 疟
3997 疠
3998 疝
1214 疙
1215 疚
3999 疡
1216 剂
1217 卒
1218 郊
6715 忞
4000 兖
1219 庚
1220 废
1221 净
4001 妾
1222 盲
1223 放
1224 刻
6716 於
4002 劾
1225 育
1226 氓
[丶丨]
1227 闸
1228 闹
[丶丿]
1229 郑
1230 券
1231 卷
1232 单
4003 炜
4004 𬉼
1233 炬
4005 炖
1234 炒
4006 炘
6717 炌
4007 炝
1235 炊
6718 炆
1236 炕
1237 炎
1238 炉
4008 炔
[丶丶]
1239 沫
1240 浅
1241 法
4009 泔
1242 泄
1243 沽
4010 沭
1244 河
4011 泷
6719 泙
1245 沾
4012 泸
1246 泪
1247 沮
6720 沺
1248 油
4013 泱
6721 泂
4014 泅
4015 泗
1249 泊
4016 泠
6722 泜
4017 泺
1250 沿
6723 泃
4018 泖
1251 泡
1252 注
1253 泣
4019 泫
4020 泮
1254 泞
4021 沱
1255 泻
1256 泌
1257 泳

1258 泥
4022 泯
1259 沸
4023 泓
1260 沼
6724 泇
1261 波
1262 泼
1263 泽
4024 泾
1264 治
1265 怔
1266 怯
4025 怙
4026 怵
1267 怖
4027 怦
4028 怛
4029 怏
1268 性
4030 怍
1269 怕
1270 怜
4031 㤘
4032 怩
4033 怫
6725 怊

4034 怿
1271 怪
1272 怡
6726 峃
1273 学
1274 宝
1275 宗
1276 定
4035 宕
1277 宠
1278 宜
1279 审
1280 宙
1281 官
1282 空
1283 帘
6727 穸
4036 穹
1284 宛
1285 实
4037 宓

[丶乛]

4038 诓
4039 诔
1286 试
1287 郎
4040 诖

1288 诗
4041 诘
4042 戾
1289 肩
1290 房
4043 诙
4044 戽
1291 诚
4045 郓
1292 衬
1293 衫
4046 衩
4047 祆
4048 祎
4049 祉
1294 视
1295 祈
4050 祇
6728 祋
6729 祊
6730 诇
4051 诛
4052 诜
1296 话
1297 诞
4053 诟
4054 诠

1298 诡
1299 询
4055 诣
4056 诤
1300 该
1301 详
4057 诧
4058 诨
6731 𫍣
4059 诩

[乛一]

1302 建
6732 𬩽
1303 肃
1304 录
1305 隶
1306 帚
1307 屉
1308 居
1309 届
1310 刷
6733 鸤
1311 屈
1312 弧
1313 弥
1314 弦
6734 弢

6735 弨
[乛丨]
1315 承
1316 孟
1317 陋
4060 戕
1318 陌
6736 陑
1319 孤
4061 孢
1320 陕
4062 亟
6737 陂
6738 陎
1321 降
6739 陊
1322 函
4063 陔
1323 限
6740 卺
6741 毑
[乛丿]
1324 妹
1325 姑
6742 妭
4064 妲
1326 姐
4065 妯
1327 姓
6743 妗
4066 姗
1328 妮
6744 妷
1329 始
4067 帑
4068 弩
4069 孥
4070 驽
1330 姆
4071 虱
1331 迢
4072 迦
1332 驾
[乛丶]
6745 迳
1333 叁
1334 参
4073 迨
1335 艰
6746 叕
[乛乛]
1336 线
4074 绀
4075 绁
6747 驵
4076 绂
1337 练
6748 驵
1338 组
1339 绅
1340 细
1341 驶
1342 织
6749 驷
6750 绹
4077 驷
4078 驸
1343 驹
1344 终
6751 驺
4079 绉
1345 驻
6752 弦
1346 绊
1347 驼
6753 绋
4080 绌
1348 绍
4081 驿
1349 绎
1350 经
4082 骀
6754 绐
1351 贯
4083 甾

## 九画

[一一]
6755 砉
6756 耔
1352 契
1353 贰
6757 挈
1354 奏
1355 春
1356 帮
4084 珏
4085 珐
4086 珂
4087 珑
6758 玶
1357 玷
6759 珇
6760 珅
4088 玳
4089 珀
4090 顸
1358 珍

1359 玲
6761 𪻐
1360 珊
6762 珋
6763 玹
6764 珌
4091 珉
6765 玿
4092 珈
1361 玻
1362 毒
1363 型
6766 韨

[一丨]

1364 拭
6767 垚
1365 挂
1366 封
1367 持
4093 拮
1368 拷
1369 拱
4094 垭
4095 挝
4096 垣
1370 项
1371 垮
1372 挎
6768 垯
4097 挞
1373 城
1374 挟
1375 挠
4098 垤
1376 政
1377 赴
1378 赵
4099 赳
4100 贲
6769 垙
4101 垱
1379 挡
1380 拽
4102 垌
1381 哉
6770 垲
1382 挺
1383 括
6771 埏
4103 郝
6772 垍
4104 垧
1384 垢
6773 耇
1385 拴
1386 拾
1387 挑
1388 垛
1389 指
1390 垫
6774 𪤗
6775 垎
1391 挣
1392 挤
6776 垴
4105 垓
6777 垟
1393 拼
6778 垞
6779 挓
1394 挖
6780 垵
1395 按
1396 挥
6781 垏
4106 捋
1397 挪
4107 垠
1398 拯
6782 拶
1399 某
1400 甚
1401 荆
6783 荖
1402 茸
6784 荁
1403 革
4108 茜
1404 茬
1405 荐
6785 荙
1406 巷
4109 荚
4110 荑
4111 贳
6786 荛
4112 荜
6787 茈
1407 带
1408 草
1409 茧
4113 莒
4114 茼
1410 茵
4115 茴
4116 茱
4117 莛
4118 荞

4119 茯
6788 茽
4120 荏
4121 荇
4122 荃
4123 荟
1411 茶
4124 荀
4125 茗
4126 荠
4127 茭
4128 茨
1412 荒
6789 荄
6790 茺
6791 苘
4129 茔
6792 荓
6793 茳
1413 茫
1414 荡
1415 荣
1416 荤
4130 荥
4131 荦
1417 荧
4132 荨

6794 𬜬
6795 茛
1418 故
4133 荩
1419 胡
4134 剋
4135 荪
1420 荫
4136 茹
1421 荔
1422 南
4137 荬
6796 荭
4138 荮
1423 药
1424 标
4139 柰
1425 栈
6797 柭
1426 柑
1427 枯
4140 栉
4141 柯
1428 柄
4142 柘
4143 栊
4144 柩

4145 枰
1429 栋
4146 栌
1430 相
1431 查
4147 柙
4148 枵
4149 柚
4150 枳
6798 柷
4151 柞
1432 柏
4152 柝
4153 栀
6799 柃
4154 柢
4155 栎
4156 枸
1433 栅
1434 柳
6800 柊
6801 枹
1435 柱
1436 柿
1437 栏
4157 柈
1438 柠

4158 柁
6802 栐
6803 柖
4159 枷
4160 柽
1439 树
1440 勃
4161 剌
6804 郚
6805 剅
1441 要
6806 𫛛
4162 酊
6807 迺
4163 郦
1442 柬

[一丿]

1443 咸
6808 厐
1444 威
1445 歪
4164 甭
1446 研
6809 砆
1447 砖
1448 厘
4165 砗

1449 厚
6810 砑
4166 砘
4167 砒
1450 砌
1451 砂
1452 泵
1453 砚
4168 斫
4169 砭
1454 砍
4170 砜
6811 砄
1455 面
1456 耐
6812 耏
1457 耍
4171 奎
4172 耷
6813 奓
1458 牵
1459 鸥
4173 虺
6814 奊
1460 残
4174 殂
1461 殃
4175 殇
4176 殄
4177 殆
[一乛]
4178 轱
4179 轲
4180 轳
1462 轴
6815 轵
4181 轶
6816 轷
4182 轸
6817 轹
6818 轺
1463 轻
1464 鸦
4183 虿
1465 皆
4184 毖
[丨一]
1466 韭
1467 背
1468 战
4185 觇
1469 点
1470 虐
[丨丨]
1471 临
1472 览
1473 竖
[丨丿]
4186 尜
1474 省
[丨丶]
1475 削
1476 尝
[丨乛]
4187 哐
1477 昧
4188 眄
4189 眍
4190 哪
1478 盹
1479 是
4191 郢
4192 眇
6819 昺
6820 眖
4193 眊
1480 盼
1481 眨
6821 昽
6822 眗
4194 眈
1482 哇
6823 咡
1483 哄
1484 哑
1485 显
1486 冒
6824 咺
1487 映
4195 禺
4196 哂
1488 星
6825 昳
1489 昨
6826 眕
4197 咴
6827 哒
6828 昤
6829 眴
4198 曷
4199 昴
1490 咧
4200 昱
6830 昡
4201 昵
4202 咦
4203 哓

1491 昭
4204 哔
6831 咥
6832 昪
4205 昳
1492 畏
4206 毗
1493 趴
4207 呲
1494 胃
4208 胄
1495 贵
4209 畋
4210 畈
1496 界
6833 虷
1497 虹
1498 虾
4211 虼
4212 虻
1499 蚁
6834 虸
1500 思
1501 蚂
4213 盅
4214 咣
1502 虽
1503 品
6835 哃
1504 咽
1505 骂
4215 哕
4216 剐
4217 郧
1506 勋
4218 咻
1507 哗
1508 咱
4219 囿
4220 咿
1509 响
4221 哌
4222 哙
1510 哈
4223 哚
4224 咯
1511 哆
1512 咬
1513 咳
4225 咩
1514 咪
4226 咤
4227 哝
1515 哪
4228 哏
4229 哞
1516 哟
4230 峙
6836 峘
6837 耑
1517 炭
6838 峛
1518 峡
4231 峣
4232 罘
4233 帧
1519 罚
6839 ⿰山曲
4234 峒
4235 峤
6840 峗
4236 峋
4237 峥
6841 峧
6842 峅
1520 贱
1521 贴
4238 贶
1522 贻
1523 骨
1524 幽

[丿一]

6843 钘
6844 𫓧
1525 钙
4239 钚
4240 钛
6845 钜
1526 钝
1527 钞
1528 钟
4241 钡
1529 钢
1530 钠
6846 𫓹
6847 𫓺
4242 钣
6848 𬬭
4243 钤
1531 钥
1532 钦
1533 钧
4244 钨
1534 钩
6849 钪
4245 钫
6850 钬
6851 钭

1535 钮
4246 钯
1536 卸
1537 缸
1538 拜
1539 看
1540 矩
6852 矧
1541 毡
4247 氡
4248 氟
1542 氢
4249 牯
1543 怎
4250 郜
1544 牲
1545 选
1546 适
6853 秬
4251 秕
1547 秒
1548 香
1549 种
4252 秭
1550 秋
1551 科
1552 重
1553 复
1554 竿
4253 竽
4254 笈
4255 笃

[丿丨]

4256 俦
1555 段
4257 俨
4258 俅
1556 便
1557 俩
4259 俪
6854 俫
6855 舁
4260 叟
4261 垡
1558 贷
4262 牮
1559 顺
1560 修
1561 俏
4263 俣
4264 俚
1562 保
6856 俜
1563 促
1564 俄
1565 俐
1566 侮
6857 俙
1567 俭
1568 俗
1569 俘
1570 信
6858 俍
1571 皇
1572 泉
4265 皈
1573 鬼
1574 侵
1575 禹
1576 侯
1577 追
4266 俑
4267 俟
1578 俊

[丿丿]

1579 盾
6859 垕
4268 逅
6860 衎
1580 待
1581 徊
4269 徇
4270 徉
1582 衍
1583 律
1584 很
1585 须
4271 舢
6861 舣

[丿丶]

1586 叙
4272 俞
6862 弇
4273 郗
1587 剑
6863 𠝹
1588 逃
4274 俎
4275 郤
4276 爰
4277 郛
1589 食
4278 瓴
1590 盆
6864 鸧

[丿乛]

6865 脉
6866 胠

6867 肶
1591 胚
1592 胧
6868 胈
4279 胨
6869 胩
4280 胪
1593 胆
4281 胛
4282 胂
1594 胜
4283 胙
6870 胣
4284 胍
4285 胗
4286 胝
4287 朐
1595 胞
1596 胖
1597 脉
6871 胐
4288 胫
1598 胎
4289 鸨
4290 匍
1599 勉
4291 狨

1600 狭
1601 狮
1602 独
4292 狯
1603 狰
1604 狡
6872 飐
4293 飑
4294 狩
1605 狱
1606 狠
4295 狲
4296 訇
6873 訄
4297 逄
4298 昝
1607 贸
1608 怨
1609 急
1610 饵
1611 饶
1612 蚀
4299 饷
4300 饸
4301 饹
1613 饺
6874 饻

4302 胤
1614 饼
[丶一]
1615 峦
1616 弯
4303 孪
4304 娈
1617 将
1618 奖
1619 哀
1620 亭
1621 亮
6875 庤
1622 度
4305 弈
4306 奕
1623 迹
1624 庭
4307 庥
4308 疬
4309 疣
4310 疥
4311 疭
1625 疮
1626 疯
1627 疫
6876 疢

1628 疤
4312 庠
1629 咨
1630 姿
1631 亲
4313 竑
1632 音
4314 彦
4315 飒
1633 帝
1634 施
[丶丨]
1635 闺
1636 闻
4316 闼
1637 闽
4317 闾
4318 闿
1638 阀
1639 阁
4319 阂
[丶丿]
1640 差
1641 养
1642 美
4320 羑
1643 姜

4321 迸
1644 叛
1645 送
1646 类
4322 籼
1647 迷
1648 籽
1649 娄
1650 前
4323 酋
1651 首
1652 逆
1653 兹
1654 总
6877 炣
4324 炳
4325 炻
1655 炼
6878 炟
4326 炽
4327 炯
1656 炸
4328 烀
6879 㶲
1657 烁
1658 炮
4329 炷
1659 炫
1660 烂
4330 烃
1661 剃

[、、]

6880 洭
1662 洼
1663 洁
6881 洘
4331 洱
1664 洪
4332 洹
6882 洓
1665 洒
4333 洧
6883 洿
6884 泧
4334 洌
4335 浃
1666 柒
1667 浇
6885 泚
6886 浈
6887 浉
6888 洸
1668 浊
1669 洞
4336 洇
4337 洄
1670 测
4338 洙
1671 洗
1672 活
6889 洑
4339 涎
4340 洎
6890 洢
4341 洫
1673 派
4342 浍
1674 洽
4343 洮
1675 染
6891 洈
4344 洵
6892 洚
6893 洺
1676 洛
1677 浏
1678 济
6894 洨
6895 浐
6896 浺
1679 洋
6897 洴
6898 洣
1680 洲
1681 浑
4345 浒
1682 浓
1683 津
4346 浔
4347 浕
4348 洳
4349 恸
1684 恃
1685 恒
4350 恓
4351 恹
1686 恢
1687 恍
4352 恫
4353 恺
4354 恻
1688 恬
1689 恤
1690 恰
4355 恂
4356 恪
6899 恔
1691 恼

4357 恽
1692 恨
1693 举
1694 觉
1695 宣
1696 宦
4358 宥
6900 宬
1697 室
1698 宫
1699 宪
1700 突
1701 穿
6901 窀
1702 窃
1703 客
[丶乛]
1704 诫
1705 冠
1706 诬
1707 语
6902 扂
1708 扁
4359 扃
6903 袆
4360 衲
4361 衽
1709 袄
4362 衿
4363 袂
4364 祛
4365 祜
6904 祏
6905 祐
4366 祓
1710 祖
1711 神
1712 祝
4367 祚
4368 诮
4369 祗
4370 祢
6906 祕
1713 祠
1714 误
4371 诰
1715 诱
1716 诲
4372 诳
4373 鸩
1717 说
4374 昶
1718 诵
[乛一]
4375 郡
1719 垦
1720 退
1721 既
6907 叚
1722 屋
1723 昼
4376 咫
1724 屏
1725 屎
4377 弭
1726 费
[乛丨]
1727 陡
1728 逊
4378 牁
1729 眉
4379 胥
1730 孩
4380 陛
4381 陟
6908 陧
1731 陨
6909 陞
1732 除
1733 险
1734 院
[乛丿]
6910 娀
1735 娃
6911 姞
1736 姥
4382 娅
4383 姮
6912 姱
1737 姨
4384 娆
1738 姻
4385 姝
1739 娇
6913 姤
6914 姶
1740 姚
6915 姽
4386 姣
4387 姘
4388 姹
1741 娜
1742 怒
1743 架
1744 贺
1745 盈
[乛丶]
4389 怼

4390 羿
6916 枲
1746 勇
4391 炱
1747 怠
1748 癸
1749 蚤
1750 柔
4392 矜
1751 垒
[乛乛]
1752 绑
1753 绒
1754 结
4393 绔
4394 骁
1755 绕
6917 绖
6918 骃
6919 𬘡
6920 𬳽
6921 𬘩
1756 骄
6922 𬘫
4395 骅
4396 绗
1757 绘
1758 给
1759 绚
6923 彖
4397 绛
1760 骆
1761 络
1762 绝
1763 绞
1764 骇
1765 统
4398 骈
6924 𫘨

## 十画

[一一]
1766 耕
1767 耘
4399 耖
1768 耗
1769 耙
1770 艳
4400 挈
6925 恝
1771 泰
1772 秦
6926 珪
4401 珥
4402 珙
6927 珛
4403 顼
6928 珹
6929 琊
6930 玼
6931 珖
4404 珰
6932 𪟝
1773 珠
6933 珽
6934 珦
4405 珩
4406 珧
4407 珣
4408 珞
4409 琤
6935 珫
1774 班
4410 珲
6936 珒
6937 𬍡
6938 珢
4411 敖
6939 珕
6940 珝
1775 素
1776 匿
1777 蚕
1778 顽
1779 盏
[一丨]
1780 匪
4412 恚
6941 𪣻
1781 捞
1782 栽
4413 埔
1783 捕
1784 埂
1785 捂
1786 振
1787 载
6942 埗
1788 赶
1789 起
1790 盐
1791 捎
6943 垾
1792 捍
4414 埕
1793 捏
4415 埘
1794 埋

1795 捉
1796 捆
1797 捐
4416 埙
4417 埚
1798 损
1799 袁
4418 挹
1800 捌
1801 都
1802 哲
1803 逝
4419 耆
4420 耄
1804 捡
1805 挫
4421 埒
4422 捋
6944 垺
1806 换
1807 挽
6945 埆
4423 贽
1808 挚
1809 热
1810 恐
1811 捣
6946 𡋗
4424 垸
6947 埌
1812 壶
4425 捃
6948 埇
1813 捅
4426 盍
1814 埃
1815 挨
1816 耻
1817 耿
1818 耽
1819 聂
6949 莰
6950 茝
4427 荸
4428 莆
6951 𫇭
6952 鄀
1820 恭
1821 莽
1822 莱
1823 莲
4429 莳
1824 莫
4430 莴
4431 莪
1825 莉
4432 莠
4433 莓
1826 荷
4434 莜
4435 莅
4436 荼
6953 莶
6954 莝
4437 莩
4438 荽
1827 获
4439 莸
4440 荻
4441 莘
1828 晋
1829 恶
4442 莎
4443 莞
6955 莮
1830 莹
4444 莨
1831 莺
1832 真
6956 莙
4445 鸪
4446 莼
1833 框
1834 梆
6957 栻
1835 桂
1836 桔
4447 栲
4448 栳
6958 桠
4449 郴
4450 桓
1837 栖
6959 𬃊
4451 桡
4452 桎
4453 桢
6960 桄
1838 档
6961 桯
1839 桐
4454 桤
1840 株
4455 梃
4456 栝
1841 桥
6962 栴
4457 桕

6963 梴
1842 桦
4458 桁
1843 栓
4459 桧
1844 桃
4460 桅
6964 栒
1845 格
1846 桩
1847 校
1848 核
1849 样
4461 栟
4462 桉
1850 根
4463 栩
4464 逑
1851 索
4465 逋
4466 彧
1852 哥
1853 速
4467 鬲
4468 豇
1854 逗
1855 栗
1856 贾
4469 酐
6965 酎
1857 酌
1858 配
6966 酏
6967 颏
4470 逦
1859 翅
[一丿]
1860 辱
1861 唇
4471 厝
4472 孬
1862 夏
4473 砝
4474 砹
6968 砵
1863 砸
4475 砺
1864 砰
4476 砧
6969 砠
4477 砷
4478 砟
4479 砼
4480 砥
1865 砾
6970 砫
6971 砬
4481 砣
1866 础
1867 破
6972 硁
6973 恧
1868 原
1869 套
4482 剞
1870 逐
4483 砻
1871 烈
1872 殊
1873 殉
6974 翃
1874 顾
[一乛]
6975 郪
4484 轼
4485 轾
6976 𫐐
1875 轿
6977 辀
6978 辁
4486 辂
1876 较
6979 [illegible]
4487 鸫
1877 顿
4488 趸
1878 毙
1879 致
[丨一]
6980 剕
4489 龀
1880 柴
6981 赀
1881 桌
4490 鸬
4491 虔
1882 虑
[丨丨]
1883 监
1884 紧
[丨丶]
4492 逍
1885 党
[丨乛]
4493 眬
6982 哢
4494 唛
1886 逞

6983 晅
1887 晒
4495 晟
4496 眩
1888 眠
1889 晓
6984 晊
4497 眙
6985 唝
4498 哧
6986 哳
1890 哮
1891 唠
1892 鸭
1893 晃
6987 哱
6988 㝵
1894 哺
4499 哽
4500 唔
6989 晔
1895 晌
4501 晁
1896 剔
6990 晐
4502 晏
6991 晖
1897 晕
4503 鸮
4504 趵
4505 趿
6992 畖
4506 畛
1898 蚌
4507 蚨
4508 蚜
4509 蚍
4510 蚋
4511 蚬
1899 畔
4512 蚝
4513 蚧
1900 蚣
1901 蚊
6993 蚄
1902 蚪
1903 蚓
6994 蚆
1904 哨
4514 唢
1905 哩
1906 圃
1907 哭
6995 郧
4515 圄
1908 哦
4516 唣
4517 唏
1909 恩
4518 盎
4519 唑
1910 鸯
1911 唤
1912 唁
1913 哼
1914 唧
1915 啊
1916 唉
1917 唆
6996 帱
6997 崁
4520 崂
6998 峿
6999 峷
4521 崃
4522 罡
1918 罢
4523 罟
1919 峭
1920 峨
7000 崄
4524 峪
1921 峰
7001 帨
7002 崀
1922 圆
4525 觊
1923 峻
1924 贼
1925 贿
1926 赂
1927 赃
4526 赅
7003 赆

[丿一]

4527 钰
1928 钱
4528 钲
1929 钳
4529 钴
4530 钵
7004 𫓧
7005 钜
4531 钹
4532 钺
1930 钻
7006 𬬻
4533 钽

4534 钼
1931 钾
7007 钟
4535 钿
4536 铀
1932 铁
4537 铂
1933 铃
4538 铄
1934 铅
4539 铆
4540 铈
4541 铉
4542 铊
4543 铋
4544 铌
7008 铝
4545 铍
4546 钹
4547 铎
7009 铟
7010 眚
7011 甡
1935 缺
4548 氩
4549 氤
4550 氦

1936 氧
1937 氨
4551 毪
1938 特
1939 牺
1940 造
1941 乘
1942 敌
4552 秖
4553 秣
4554 秫
1943 秤
1944 租
1945 积
1946 秧
4555 盉
1947 秩
1948 称
1949 秘
1950 透
4556 笄
4557 笕
1951 笔
1952 笑
4558 笊
7012 笫
4559 笏

1953 笋
4560 笆
[丿丨]
4561 俸
4562 倩
1954 债
4563 俵
7013 倻
1955 借
4564 偌
1956 值
7014 倴
1957 倚
1958 俺
1959 倾
1960 倒
4565 俳
4566 俶
4567 倬
4568 倏
7015 脩
1961 倘
1962 俱
7016 倮
1963 倡
1964 候
7017 倕

1965 赁
4569 恁
4570 倭
4571 倪
4572 俾
4573 倜
4574 隼
4575 隽
7018 倞
1966 俯
1967 倍
1968 倦
7019 倬
7020 倓
7021 倧
4576 倌
4577 倥
4578 臬
1969 健
1970 臭
1971 射
4579 皋
1972 躬
1973 息
4580 郫
4581 倨
1974 倔

7022 蚚
4582 蚰
[丿丿]
4583 颀
1975 徒
4584 徕
7023 虒
1976 徐
1977 殷
7024 舭
7025 舯
1978 舰
1979 舱
1980 般
1981 航
4585 舫
7026 舥
7027 瓞
[丿丶]
1982 途
1983 拿
4586 釜
1984 耸
1985 爹
1986 舀
1987 爱
1988 豺
1989 豹
4587 奚
7028 鬯
4588 衾
7029 鸰
1990 颁
1991 颂
1992 翁
[丿乛]
4589 胯
1993 胰
4590 胱
4591 胴
4592 胭
4593 脍
7030 脎
7031 脁
1994 脆
1995 脂
1996 胸
1997 胳
1998 脏
1999 脐
2000 胶
2001 脑
7032 胲
4594 胼
4595 朕
4596 脒
4597 胺
2002 脓
4598 鸱
7033 虓
4599 玺
7034 鱽
4600 鸲
2003 逛
7035 狴
2004 狸
4601 狷
4602 猁
4603 狳
4604 猃
4605 狺
4606 逖
2005 狼
2006 卿
7036 狻
7037 狻
2007 逢
4607 桀
2008 鸵
2009 留
4608 袅
7038 眢
2010 鸳
2011 皱
4609 饽
7039 馀
2012 饿
2013 馁
[丶一]
2014 凌
4610 淞
2015 凄
4611 栾
4612 挛
2016 恋
2017 桨
2018 浆
2019 衰
7040 勍
2020 衷
2021 高
4613 亳
2022 郭
2023 席
2024 准
2025 座
2026 症
4614 疳

4615 疴
2027 病
4616 疸
4617 疽
2028 疾
7041 痄
2029 斋
2030 疹
4618 痈
2031 疼
4619 疱
7042 疰
7043 痃
4620 痂
2032 疲
4621 痉
2033 脊
2034 效
2035 离
4622 衮
2036 紊
2037 唐
4623 凋
4624 颃
2038 瓷
2039 资
4625 恣
2040 凉
2041 站
2042 剖
2043 竞
2044 部
7044 竘
2045 旁
4626 旆
4627 旄
2046 旅
4628 旃
2047 畜
[丶丨]
4629 阃
4630 阄
4631 訚
2048 阅
4632 阆
[丶丿]
7045 羖
2049 羞
7046 羓
2050 羔
4633 恙
2051 瓶
7047 桊
2052 拳
7048 敉
2053 粉
2054 料
4634 粑
2055 益
2056 兼
4635 朔
4636 郸
2057 烤
2058 烘
4637 烜
7049 烠
2059 烦
2060 烧
2061 烛
7050 烔
2062 烟
7051 烶
7052 烻
4638 烨
4639 烩
2063 烙
4640 烊
4641 剡
4642 郯
7053 𬊈
4643 烬
2064 递
[丶丶]
2065 涛
2066 浙
7054 涍
2067 涝
7055 浡
2068 浦
7056 浭
4644 涑
4645 浯
2069 酒
4646 涞
4647 涟
2070 涉
4648 娑
2071 消
4649 涅
7057 浬
4650 涠
7058 涄
4651 浞
4652 涓
7059 涢
2072 涡
4653 浥
4654 涔

2073 浩
7060 涐
7061 浰
2074 海
4655 浜
7062 浟
2075 涂
4656 浠
2076 浴
2077 浮
7063 涖
2078 涣
7064 浼
7065 浲
2079 涤
2080 流
2081 润
2082 涧
2083 涕
4657 浣
2084 浪
2085 浸
2086 涨
2087 烫
2088 涩
2089 涌
7066 涘
4658 浚
7067 悈
2090 悖
4659 悚
2091 悟
4660 悭
2092 悄
2093 悍
4661 悝
7068 悃
4662 悒
2094 悔
2095 悯
2096 悦
4663 悌
7069 悢
4664 悛
7070 宕
2097 害
2098 宽
7071 宧
4665 宸
2099 家
2100 宵
2101 宴
2102 宾
2103 窍
7072 窅
2104 窄
7073 窊
2105 容
7074 窎
4666 窈
4667 剜
2106 宰
2107 案
[丶乛]
2108 请
2109 朗
2110 诸
4668 诹
2111 诺
2112 读
7075 扅
7076 扆
4669 冢
4670 诼
2113 扇
2114 诽
2115 袜
7077 袪
4671 祖
2116 袖
7078 袗
2117 袍
4672 袢
2118 被
7079 袚
4673 祯
7080 祧
2119 祥
2120 课
2121 冥
4674 诿
4675 谀
7081 隺
2122 谁
4676 谂
2123 调
2124 冤
4677 谄
2125 谅
2126 谆
4678 谇
2127 谈
2128 谊
[乛一]
2129 剥
2130 恳
7082 堲
2131 展

2132 剧
2133 屑
4679 屐
4680 屙
2134 弱

[𠃌丨]

2135 陵
4681 陬
4682 勐
4683 奘
7083 疍
4684 牂
4685 蚩
2136 祟
4686 陲
7084 院
7085 陴
2137 陶
2138 陷
2139 陪
7086 烝

[𠃌丿]

4687 姬
4688 娠
2140 娱
4689 娌
4690 娉
2141 娟
4691 娲
2142 恕
2143 娥
4692 娩
4693 娴
4694 娣
2144 娘
4695 娓
4696 婀
7087 砮
7088 㛚
7089 哿

[𠃌丶]

4697 畚
7090 翀
7091 翂
2145 通
2146 能
2147 难
4698 逡
2148 预
2149 桑
7092 剟

[𠃌𠃌]

4699 绠
4700 骊
4701 绡
4702 骋
2150 绢
2151 绣
7093 𫘨
7094 𫄨
2152 验
7095 绤
4703 绥
4704 绦
7096 骍
2153 继
4705 绨
7097 𫄧
4706 骎
2154 骏
4707 邕
4708 鸶

## 十一画

[一一]

4709 彗
4710 耜
7098 𪟝
4711 焘
4712 舂
7099 琎
2155 球
7100 珸
4713 琏
2156 琐
7101 珵
2157 理
7102 琄
4714 琇
7103 琈
7104 琀
4715 麸
2158 琉
2159 琅
7105 珺

[一丨]

2160 捧
7106 掭
2161 堵
7107 堎
4716 揶
2162 措
2163 描
4717 埴
2164 域
7108 堐
2165 捺
7109 埼

| | |
|---|---|
| 7110 | 掎 |
| 4718 | 埯 |
| 2166 | 掩 |
| 2167 | 捷 |
| 4719 | 捯 |
| 2168 | 排 |
| 2169 | 焉 |
| 2170 | 掉 |
| 4720 | 掳 |
| 7111 | 埫 |
| 4721 | 掴 |
| 4722 | 埸 |
| 7112 | 堌 |
| 4723 | 埵 |
| 2171 | 捶 |
| 2172 | 赦 |
| 4724 | 赧 |
| 2173 | 堆 |
| 2174 | 推 |
| 4725 | 埤 |
| 4726 | 捭 |
| 2175 | 埠 |
| 7113 | 晢 |
| 2176 | 掀 |
| 4727 | 逵 |
| 2177 | 授 |
| 4728 | 埝 |
| 2178 | 捻 |
| 4729 | 堋 |
| 2179 | 教 |
| 4730 | 堍 |
| 2180 | 掏 |
| 2181 | 掐 |
| 4731 | 掬 |
| 4732 | 鸷 |
| 2182 | 掠 |
| 2183 | 掂 |
| 4733 | 掖 |
| 4734 | 捽 |
| 2184 | 培 |
| 4735 | 掊 |
| 2185 | 接 |
| 4736 | 堉 |
| 2186 | 掷 |
| 7114 | 𫭢 |
| 4737 | 掸 |
| 7115 | 掞 |
| 7116 | 埪 |
| 2187 | 控 |
| 7117 | 壸 |
| 4738 | 捩 |
| 4739 | 掮 |
| 2188 | 探 |
| 4740 | 悫 |
| 4741 | 埭 |
| 4742 | 埽 |
| 2189 | 据 |
| 2190 | 掘 |
| 2191 | 掺 |
| 7118 | 𫭟 |
| 4743 | 掇 |
| 4744 | 掼 |
| 2192 | 职 |
| 4745 | 聃 |
| 2193 | 基 |
| 2194 | 聆 |
| 2195 | 勘 |
| 2196 | 聊 |
| 7119 | 聍 |
| 2197 | 娶 |
| 4746 | 菁 |
| 7120 | 菝 |
| 2198 | 著 |
| 2199 | 菱 |
| 7121 | 萚 |
| 4747 | 萁 |
| 7122 | 菥 |
| 4748 | 菘 |
| 4749 | 堇 |
| 2200 | 勒 |
| 2201 | 黄 |
| 7123 | 莿 |
| 4750 | 萘 |
| 7124 | 䓫 |
| 4751 | 萋 |
| 7125 | 勚 |
| 2202 | 菲 |
| 4752 | 菽 |
| 7126 | 䓬 |
| 4753 | 菖 |
| 2203 | 萌 |
| 4754 | 萜 |
| 2204 | 萝 |
| 2205 | 菌 |
| 2206 | 萎 |
| 4755 | 萸 |
| 4756 | 萑 |
| 7127 | 萆 |
| 7128 | 菂 |
| 2207 | 菜 |
| 7129 | 菾 |
| 4757 | 棻 |
| 4758 | 菔 |
| 4759 | 菟 |
| 2208 | 萄 |
| 4760 | 萏 |
| 2209 | 菊 |
| 4761 | 萃 |

| | | | | | | | |
|---|---|---|---|---|---|---|---|
| 2210 | 菩 | 4770 | 梵 | 4780 | 啬 | 4793 | 硗 |
| 7130 | 菼 | 2222 | 婪 | 4781 | 郾 | 4794 | 硐 |
| 4762 | 菏 | 7137 | 桲 | 4782 | 匮 | 7147 | 硙 |
| 2211 | 萍 | 2223 | 梗 | 2233 | 曹 | 7148 | 硚 |
| 4763 | 菹 | 2224 | 梧 | 4783 | 敕 | 4795 | 硇 |
| 2212 | 菠 | 7138 | 梾 | 2234 | 副 | 7149 | 硊 |
| 7131 | 萣 | 4771 | 梿 | 7143 | 敔 | 4796 | 硌 |
| 4764 | 菪 | 2225 | 梢 | 4784 | 豉 | 7150 | 硍 |
| 4765 | 菅 | 7139 | 桯 | 2235 | 票 | 7151 | 勔 |
| 4766 | 菀 | 7140 | 梣 | 4785 | 鄄 | 4797 | 鸸 |
| 2213 | 萤 | 4772 | 梏 | 2236 | 酝 | 4798 | 瓠 |
| 2214 | 营 | 2226 | 梅 | 4786 | 酞 | 4799 | 匏 |
| 7132 | 䓖 | 7141 | 梌 | 2237 | 酗 | 2242 | 奢 |
| 4767 | 萦 | 4773 | 觋 | 4787 | 酚 | 2243 | 盔 |
| 2215 | 乾 | 2227 | 检 | [一丿] | | 2244 | 爽 |
| 2216 | 萧 | 4774 | 桴 | 2238 | 厢 | 4800 | 厩 |
| 7133 | 菉 | 4775 | 桷 | 7144 | 厣 | 2245 | 聋 |
| 7134 | [illegible] | 4776 | 梓 | 2239 | 戚 | 4801 | 龚 |
| 4768 | 菰 | 2228 | 梳 | 4788 | 戛 | 2246 | 袭 |
| 4769 | 菡 | 4777 | 棁 | 4789 | 硎 | 7152 | 䴕 |
| 2217 | 萨 | 2229 | 梯 | 2240 | 硅 | 4802 | 殒 |
| 2218 | 菇 | 4778 | 桫 | 7145 | 硔 | 4803 | 殓 |
| 7135 | 梼 | 7142 | 桹 | 4790 | 硭 | 4804 | 殍 |
| 2219 | 械 | 4779 | 棂 | 4791 | 硒 | 2247 | 盛 |
| 7136 | 梽 | 2230 | 桶 | 2241 | 硕 | [一丶] | |
| 2220 | 彬 | 2231 | 梭 | 7146 | 𬒗 | 4805 | 赉 |
| 2221 | 梦 | 2232 | 救 | 4792 | 硖 | 2248 | 匾 |

4806 雩
2249 雪
[一乛]
4807 辄
2250 辅
2251 辆
4808 堑
[丨一]
7153 龁
7154 逴
2252 颅
2253 虚
2254 彪
[丨丿]
2255 雀
[丨丶]
2256 堂
2257 常
[丨乛]
2258 眶
4809 眭
7155 唪
4810 眦
4811 啧
2259 匙
4812 晡
4813 晤
2260 晨
4814 眺
4815 眵
2261 睁
2262 眯
2263 眼
4816 眸
2264 悬
2265 野
4817 圊
7156 啫
2266 啪
2267 啦
4818 喏
4819 喵
4820 啉
4821 勖
2268 曼
7157 𬀩
2269 晦
4822 晞
4823 唵
4824 晗
4825 冕
2270 晚
2271 啄
7158 晱
4826 啭
7159 晙
2272 啡
4827 畦
7160 畤
7161 𬱖
7162 趼
4828 趺
7163 跂
2273 距
2274 趾
2275 啃
2276 跃
4829 啮
4830 跄
2277 略
4831 蚶
4832 蛄
7164 蛃
4833 蛎
7165 蚲
7166 蛛
4834 蛆
4835 蚰
7167 蚺
4836 蛊
4837 圉
4838 蚱
2278 蚯
4839 蛉
2279 蛀
2280 蛇
4840 蛏
4841 蚴
2281 唬
2282 累
2283 鄂
2284 唱
2285 患
2286 啰
2287 唾
2288 唯
2289 啤
2290 啥
4842 啁
4843 啕
4844 唿
4845 啐
4846 唼
4847 唷
7168 啴
4848 啖
4849 啵
4850 啶

| | |
|---|---|
| 4851 | 唧 |
| 4852 | 唳 |
| 2291 | 啸 |
| 4853 | 唰 |
| 4854 | 啜 |
| 4855 | 帻 |
| 7169 | 翈 |
| 4856 | 崚 |
| 7170 | 崧 |
| 2292 | 崖 |
| 2293 | 崎 |
| 4857 | 崦 |
| 2294 | 崭 |
| 2295 | 逻 |
| 4858 | 帼 |
| 4859 | 崮 |
| 2296 | 崔 |
| 2297 | 帷 |
| 7171 | 崟 |
| 4860 | 崤 |
| 2298 | 崩 |
| 7172 | 崞 |
| 7173 | 崒 |
| 2299 | 崇 |
| 4861 | 崆 |
| 7174 | 崌 |
| 2300 | 崛 |
| 7175 | 崡 |
| 4862 | 赇 |
| 4863 | 赈 |
| 2301 | 婴 |
| 4864 | 赊 |
| 2302 | 圈 |
| [丿一] | |
| 7176 | 铏 |
| 7177 | 铑 |
| 2303 | 铐 |
| 4865 | 铑 |
| 4866 | 铒 |
| 7178 | 铗 |
| 7179 | 铕 |
| 7180 | 铖 |
| 7181 | 铖 |
| 4867 | 铗 |
| 7182 | 铘 |
| 4868 | 铙 |
| 7183 | 铚 |
| 2304 | 铛 |
| 2305 | 铝 |
| 2306 | 铜 |
| 7184 | 铞 |
| 4869 | 铟 |
| 4870 | 铠 |
| 4871 | 铡 |
| 4872 | 铢 |
| 4873 | 铣 |
| 7185 | 铦 |
| 4874 | 铤 |
| 4875 | 铧 |
| 4876 | 铨 |
| 4877 | 铩 |
| 4878 | 铪 |
| 4879 | 铫 |
| 2307 | 铭 |
| 4880 | 铬 |
| 4881 | 铮 |
| 4882 | 铯 |
| 4883 | 铰 |
| 4884 | 铱 |
| 2308 | 铲 |
| 4885 | 铳 |
| 7186 | 铴 |
| 4886 | 铵 |
| 2309 | 银 |
| 4887 | 铷 |
| 2310 | 矫 |
| 4888 | 氪 |
| 4889 | 牾 |
| 7187 | 牻 |
| 7188 | 牿 |
| 2311 | 甜 |
| 4890 | 鸹 |
| 2312 | 秸 |
| 2313 | 梨 |
| 2314 | 犁 |
| 7189 | 稆 |
| 2315 | 秽 |
| 2316 | 移 |
| 4891 | 秾 |
| 4892 | 逶 |
| 4893 | 笺 |
| 4894 | 筇 |
| 2317 | 笨 |
| 4895 | 笸 |
| 2318 | 笼 |
| 4896 | 笪 |
| 2319 | 笛 |
| 2320 | 笙 |
| 4897 | 笮 |
| 2321 | 符 |
| 7190 | 笱 |
| 4898 | 笠 |
| 4899 | 笥 |
| 2322 | 第 |
| 7191 | 笯 |
| 4900 | 笤 |
| 4901 | 笳 |
| 4902 | 笾 |

4903 笞
2323 敏
[丿丨]
7192 偰
4904 偾
7193 偡
2324 做
7194 鸺
4905 偃
7195 偭
4906 偕
2325 袋
2326 悠
2327 偿
2328 偶
4907 偈
2329 偎
7196 偲
4908 傀
2330 偷
7197 偁
2331 您
4909 偬
2332 售
2333 停
4910 偻
2334 偏
2335 躯
7198 皢
4911 皑
2336 兜
4912 皎
2337 假
7199 鄎
7200 偓
2338 衅
[丿丿]
4913 鸻
7201 徛
2339 徘
2340 徙
4914 徜
2341 得
2342 衔
7202 衒
4915 舸
4916 舻
7203 舳
2343 盘
4917 舴
2344 舶
7204 舲
2345 船
7205 鸼
4918 舷
2346 舵
[丿丶]
2347 斜
7206 悆
7207 鄃
4919 龛
2348 盒
2349 鸽
7208 瓻
2350 敛
2351 悉
2352 欲
2353 彩
7209 䝙
2354 领
4920 翎
[丿乛]
2355 脚
2356 脖
2357 脯
2358 豚
7210 脶
2359 脸
7211 脞
7212 脟
4921 脬
2360 脱
7213 腓
4922 脘
4923 脲
4924 匐
7214 鱾
2361 象
2362 够
2363 逸
2364 猜
2365 猪
2366 猎
2367 猫
4925 猗
7215 猇
2368 凰
2369 猖
4926 猡
7216 猊
4927 猞
7217 猄
4928 猝
4929 斛
7218 觖
4930 猕
2370 猛
4931 馗

2371 祭
4932 倮
4933 馄
2372 馅
2373 馆
[丶一]
2374 凑
2375 减
4934 鸾
7219 悳
2376 毫
4935 孰
2377 烹
7220 庱
2378 庶
4936 庹
2379 麻
2380 庵
7221 庼
4937 庾
7222 庳
4938 痔
4939 痍
7223 痓
4940 疵
2381 痊
2382 痒
2383 痕
7224 鸡
2384 廊
2385 康
2386 庸
2387 鹿
2388 盗
2389 章
2390 竟
7225 竫
4941 翊
2391 商
4942 旌
2392 族
4943 旎
2393 旋
7226 堃
2394 望
4944 袤
2395 率
[丶丨]
4945 阇
4946 阈
4947 阉
4948 阊
4949 阋
7227 阌
4950 阍
2396 阎
4951 阏
2397 阐
[丶丿]
2398 着
2399 羚
7228 羝
4952 羟
2400 盖
7229 羕
2401 眷
4953 粝
2402 粘
2403 粗
4954 粕
2404 粒
2405 断
2406 剪
2407 兽
4955 敝
4956 焐
2408 焊
7230 焆
4957 烯
4958 焓
2409 焕
4959 烽
4960 焖
4961 烷
7231 烺
4962 焗
7232 焌
[丶丶]
2410 清
4963 渍
2411 添
4964 渚
2412 鸿
4965 淇
2413 淋
4966 淅
4967 淞
4968 渎
2414 涯
2415 淹
4969 涿
2416 渠
2417 渐
2418 淑
4970 淖
4971 挲
2419 淌
7233 淏

2420 混
7234 漍
4972 淠
7235 淟
4973 涸
4974 渑
2421 淮
4975 淦
2422 淆
2423 渊
2424 淫
7236 淜
4976 淝
2425 渔
2426 淘
7237 淴
2427 淳
2428 液
4977 淬
4978 涪
2429 淤
7238 淯
7239 湴
2430 淡
4979 淙
2431 淀
4980 涫
7240 涴
2432 深
4981 渌
2433 涮
2434 涵
2435 婆
7241 [illegible]
2436 梁
2437 渗
4982 淄
2438 情
4983 惬
7242 㥄
4984 悻
2439 惜
2440 惭
4985 悱
2441 悼
4986 惝
2442 惧
2443 惕
4987 惘
4988 悸
2444 惟
4989 惆
7243 惛
4990 惚
2445 惊
4991 惇
2446 惦
2447 悴
4992 惮
7244 惔
7245 悰
2448 惋
2449 惨
7246 惙
2450 惯
2451 寇
2452 寅
2453 寄
7247 寁
2454 寂
7248 逭
2455 宿
2456 窒
2457 窑
4993 窕
2458 密

［丶乛］

2459 谋
4994 谌
2460 谍
2461 谎
7249 𬤇
4995 谏
7250 𫍢
4996 扈
4997 皲
2462 谐
4998 谑
4999 裆
2463 袱
5000 祫
7251 袼
7252 裈
5001 裉
2464 祷
2465 祸
7253 祲
7254 𬤊
5002 谒
2466 谓
5003 谔
7255 𫍲
5004 谕
5005 谖
5006 谗
5007 谙
2467 谚
5008 谛

2468 谜
5009 谝
7256 谞
[乛一]
5010 逯
2469 逮
2470 敢
2471 尉
2472 屠
7257 艴
7258 弸
7259 弶
2473 弹
[乛丨]
2474 隋
2475 堕
5011 郿
2476 随
2477 蛋
2478 隅
5012 隈
7260 隤
5013 粜
5014 隍
5015 隗
7261 隃
2479 隆
2480 隐
[乛丿]
5016 婧
5017 婊
7262 婞
7263 婳
7264 婼
7265 媖
7266 婳
7267 婍
5018 婕
7268 婌
7269 婫
5019 娼
5020 婢
7270 婤
2481 婚
7271 婘
5021 婵
2482 婶
7272 婠
2483 婉
5022 胬
5023 袈
2484 颇
[乛丶]
2485 颈
5024 翌
5025 恿
5026 欸
[乛乛]
7273 绩
2486 绩
2487 绪
5027 绫
5028 骐
7274 綝
2488 续
2489 骑
5029 绮
7275 骓
5030 绯
2490 绰
5031 绱
5032 骒
5033 绲
2491 绳
5034 骓
2492 维
2493 绵
5035 绶
2494 绷
2495 绸
7276 騊
7277 绹
5036 绺
7278 绮
7279 綧
5037 绻
2496 综
2497 绽
5038 绾
7280 骕
7281 騄
2498 绿
5039 骖
2499 缀
5040 缁
2500 巢

## 十二画

[一一]
5041 耠
7282 絜
5042 琫
5043 琵
7283 珷
2501 琴
5044 琶
5045 琪
5046 瑛

2502 琳
5047 琦
2503 琢
7284 琲
7285 琡
5048 琥
5049 琨
5050 靓
7286 琟
2504 琼
2505 斑
5051 琰
5052 琮
7287 琔
5053 琯
5054 琬
5055 琛
7288 琭
5056 琚
5057 辇
2506 替
5058 鼋
[一丨]
5059 揳
2507 揍
7289 堾
2508 款
7290 堼
2509 堪
7291 揕
5060 堞
5061 搽
2510 塔
2511 搭
5062 揸
2512 堰
5063 揠
5064 堙
7292 [illegible]
7293 堧
2513 揩
2514 越
5065 趄
2515 趁
2516 趋
2517 超
2518 揽
2519 堤
2520 提
7294 喆
5066 揖
2521 博
5067 颉
7295 堨
2522 揭
2523 喜
2524 彭
2525 揣
5068 塄
5069 揿
2526 插
2527 揪
7296 塅
2528 搜
2529 煮
7297 堠
5070 耋
5071 揄
2530 援
2531 搀
5072 蛩
5073 蛰
7298 絷
5074 塆
2532 裁
2533 搁
2534 搓
7299 𫭢
2535 搂
2536 搅
2537 壹
7300 [illegible]
2538 握
5075 摒
5076 揆
2539 搔
2540 揉
5077 掾
7301 葜
5078 聒
2541 斯
2542 期
2543 欺
7302 惎
2544 联
5079 葑
5080 葚
2545 葫
7303 萳
7304 葙
7305 靬
5081 靰
5082 靸
2546 散
7306 葴
5083 葳
2547 惹
7307 蒇

2548 葬
7308 蒈
7309 鄚
2549 募
5084 葺
2550 葛
7310 蒉
5085 葸
5086 萼
7311 蓇
7312 萩
2551 董
5087 葆
7313 蒐
5088 葩
7314 葰
7315 葎
2552 葡
2553 敬
2554 葱
2555 蒋
5089 葶
2556 蒂
5090 蒌
7316 鄑
7317 蒎
2557 落
5091 萱
7318 葖
7319 蒄
7320 萹
2558 韩
5092 戟
2559 朝
5093 葭
2560 辜
2561 葵
2562 棒
5094 楮
2563 棱
2564 棋
2565 椰
7321 棤
2566 植
2567 森
7322 棽
5095 棼
2568 焚
7323 棫
5096 椟
2569 椅
7324 椓
2570 椒
5097 棹
2571 棵
2572 棍
5098 椤
5099 棰
2573 椎
2574 棉
7325 椑
7326 𬃊
7327 [illegible]
5100 赍
2575 棚
7328 椆
5101 椋
5102 椁
7329 棓
7330 棬
5103 椪
7331 棪
2576 棕
2577 棺
7332 椀
2578 榔
7333 楗
5104 棣
5105 椐
2579 椭
5106 鹁
2580 惠
7334 𫛛
7335 甦
2581 惑
2582 逼
5107 覃
2583 粟
2584 棘
2585 酣
5108 酤
5109 酢
2586 酥
5110 酡
7336 酦
5111 鹂
7337 [illegible]
[一丿]
2587 厨
2588 厦
7338 奡
7339 皕
2589 硬
2590 硝
7340 硪
2591 确
2592 硫
2593 雁

7341 欹
5112 厥
7342 詟
2594 殖
2595 裂
2596 雄
5113 殚
5114 殛
[一、]
2597 颊
2598 雳
5115 雯
5116 雱
[一乛]
5117 辊
5118 辋
7343 輗
5119 椠
2599 暂
7344 辌
5120 辍
5121 辎
2600 雅
2601 翘
[丨一]
7345 棐
2602 辈
5122 斐
2603 悲
7346 断
7347 龂
2604 紫
[丨丨]
2605 凿
7348 黹
[丨、]
2606 辉
2607 敞
2608 棠
7349 牚
2609 赏
2610 掌
[丨乛]
2611 晴
2612 睐
2613 暑
2614 最
2615 晰
5123 睄
2616 量
7350 睎
5124 睑
5125 睇
2617 鼎
5126 睃
2618 喷
7351 晫
5127 戢
5128 喋
5129 嗒
5130 喃
2619 喳
2620 晶
7352 喂
2621 喇
2622 遇
2623 喊
5131 喱
5132 喹
2624 遏
5133 晷
2625 晾
2626 景
7353 睒
5134 喈
2627 畴
2628 践
5135 跖
2629 跋
2630 跌
5136 跗
5137 跞
5138 跚
2631 跑
5139 跎
5140 跏
2632 跛
5141 跆
7354 踇
2633 遗
2634 蛙
5142 蛱
5143 蛲
5144 蛭
5145 蛳
5146 蛐
5147 蛔
2635 蛛
2636 蜓
5148 蛞
2637 蜒
2638 蛤
5149 蛴
5150 蛟
5151 蛘
7355 蛑
7356 畯
5152 喁

| | | | | | | | |
|---|---|---|---|---|---|---|---|
| 2639 | 喝 | 7362 | 崾 | 7372 | 赒 | 7379 | 锊 |
| 2640 | 鹃 | 7363 | 嵅 | 2654 | 赔 | 2664 | 锋 |
| 2641 | 喂 | 5165 | 崴 | 5177 | 赕 | 2665 | 锌 |
| 5153 | 喟 | 5166 | 遄 | 2655 | 黑 | 7380 | 锍 |
| 7357 | 斝 | 5167 | 詈 | [丿一] | | 7381 | 锎 |
| 2642 | 喘 | 2649 | 帽 | 2656 | 铸 | 5186 | 锏 |
| 5154 | 啾 | 5168 | 嵎 | 7373 | 𫓯 | 2666 | 锐 |
| 5155 | 嗖 | 5169 | 崽 | 7374 | 铹 | 5187 | 锑 |
| 7358 | 喤 | 7364 | 崿 | 7375 | 𫓹 | 7382 | 𫓼 |
| 2643 | 喉 | 7365 | 嵚 | 7376 | 𫓺 | 5188 | 锒 |
| 2644 | 喻 | 5170 | 嵬 | 2657 | 铺 | 7383 | 锓 |
| 5156 | 喑 | 5171 | 嵛 | 5178 | 铻 | 5189 | 锔 |
| 2645 | 啼 | 7366 | 翙 | 5179 | 铼 | 5190 | 锕 |
| 5157 | 嗟 | 5172 | 嵯 | 7377 | 铽 | 2667 | 甥 |
| 5158 | 喽 | 5173 | 嵝 | 2658 | 链 | 7384 | 犇 |
| 5159 | 嗞 | 5174 | 嵫 | 5180 | 铿 | 5191 | 掣 |
| 2646 | 喧 | 5175 | 幄 | 2659 | 销 | 2668 | 掰 |
| 5160 | 喀 | 7367 | 𫖮 | 2660 | 锁 | 2669 | 短 |
| 5161 | 喔 | 5176 | 嵋 | 5181 | 锃 | 2670 | 智 |
| 5162 | 喙 | 7368 | 圌 | 2661 | 锄 | 5192 | 矬 |
| 7359 | 嵙 | 7369 | 圐 | 5182 | 锂 | 5193 | 氰 |
| 7360 | 嵁 | 2650 | 赋 | 7378 | 𫔀 | 5194 | 毳 |
| 2647 | 嵌 | 2651 | 赌 | 2662 | 锅 | 2671 | 氮 |
| 7361 | 𫶇 | 2652 | 赎 | 5183 | 锆 | 2672 | 毯 |
| 5163 | 嵘 | 2653 | 赐 | 5184 | 锇 | 5195 | 毽 |
| 5164 | 嵖 | 7370 | 赑 | 2663 | 锈 | 2673 | 氯 |
| 2648 | 幅 | 7371 | 淼 | 5185 | 锉 | 5196 | 犊 |

5197 犄
5198 犋
5199 鹄
5200 犍
2674 鹅
7385 颋
2675 剩
5201 嵇
2676 稍
2677 程
7386 稌
2678 稀
5202 黍
5203 稃
2679 税
5204 稂
2680 筐
7387 筀
2681 等
7388 筘
2682 筑
2683 策
5205 筚
2684 筛
7389 筜
7390 筥
2685 筒
7391 筅
2686 筏
5206 筵
5207 筌
2687 答
2688 筋
2689 筝

[丿丨]

5208 傣
2690 傲
7392 傃
2691 傅
5209 傈
7393 傉
5210 舄
5211 牍
2692 牌
7394 翛
5212 傥
2693 堡
7395 傒
2694 集
2695 焦
2696 傍
5213 傧
2697 储
7396 傕
5214 遑
2698 皓
2699 皖
2700 粤
2701 奥
5215 傩

[丿丿]

5216 遁
2702 街
2703 惩
2704 御
5217 徨
2705 循
5218 媭
7397 舾
2706 艇

[丿丶]

2707 舒
5219 畲
7398 畬
5220 弑
2708 逾
5221 颌
5222 翕
7399 𫖯
5223 釉
2709 番
2710 释
5224 鹆
2711 禽
5225 舜
5226 貂

[丿乛]

5227 腈
7400 脿
2712 腊
5228 腌
5229 腓
7401 腘
5230 腆
7402 䐃
5231 腴
2713 脾
2714 腋
5232 腑
7403 腙
5233 腚
2715 腔
2716 腕
5234 腱
7404 腒
7405 𫖮
5235 鱿
5236 鲀

2717 鲁
5237 鲂
7406 鲃
5238 颍
7407 猰
7408 𫛭
5239 猢
5240 猹
2718 猩
5241 猥
2719 猬
7409 猯
2720 猾
2721 猴
7410 貐
5242 飓
5243 觞
5244 觚
5245 猱
2722 惫
5246 颎
5247 飧
2723 然
5248 馇
2724 馈
7411 馉
5249 馊
2725 馋
[丶一]
5250 亵
7412 溧
2726 装
2727 蛮
5251 脔
2728 就
7413 鄗
2729 敦
5252 裒
7414 厥
7415 廋
7416 廆
2730 斌
5253 痣
5254 痨
5255 痦
2731 痘
5256 痞
2732 痢
5257 痤
2733 痪
5258 痫
5259 痧
2734 痛
7417 鄌
5260 赓
7418 粢
5261 竦
2735 童
5262 瓿
2736 竣
5263 啻
7419 遆
7420 旐
5264 颏
[丶丨]
5265 鹇
7421 𬮱
5266 阑
5267 阒
2737 阔
5268 阕
[丶丿]
2738 善
2739 翔
2740 羡
2741 普
2742 粪
5269 粞
2743 尊
2744 奠
5270 遒
2745 道
2746 遂
5271 孳
2747 曾
5272 焯
5273 焜
2748 焰
7422 焞
5274 焙
7423 𬊤
7424 欻
5275 焱
5276 鹈
[丶丶]
7425 渍
5277 湛
2749 港
5278 渫
2750 滞
7426 溚
7427 溁
2751 湖
2752 湘
2753 渣
2754 渤
5279 湮
5280 湎

7428 湝
5281 湜
2755 渺
2756 湿
2757 温
2758 渴
5282 渭
2759 溃
5283 湍
2760 溅
2761 滑
2762 湃
5284 湫
5285 溲
5286 湟
5287 溆
2763 渝
7429 湶
5288 湲
7430 湓
7431 㴔
2764 湾
7432 渟
2765 渡
2766 游
7433 溠
7434 渼
7435 溇
5289 湔
2767 滋
5290 湉
2768 渲
2769 溉
5291 渥
7436 湣
5292 湄
7437 湑
5293 滁
7438 溞
2770 愤
2771 慌
2772 惰
7439 愐
5294 愠
5295 惺
5296 愦
2773 愕
5297 惴
2774 愣
5298 愀
5299 愎
2775 惶
2776 愧
2777 愉
5300 愔
7440 愃
2778 慨
5301 喾
7441 敩
2779 割
2780 寒
2781 富
2782 寓
2783 窜
2784 窝
2785 窖
2786 窗
2787 窘
7442 甯
5302 寐

[丶一]

5303 谟
5304 扉
2788 遍
7443 棨
2789 雇
7444 扊
5305 裢
5306 裎
7445 裣
2790 裕
2791 裤
5307 裥
2792 裙
5308 祾
5309 祺
7446 祼
5310 谠
2793 禅
2794 禄
5311 幂
5312 谡
2795 谢
2796 谣
2797 谤
5313 谥
2798 谦
5314 谧

[乛一]

5315 遐
2799 犀
2800 属
2801 屡
5316 孱
5317 弼
2802 强
2803 粥
5318 巽

[乛丨]
2804 疏
2805 隔
5319 骘
2806 隙
2807 隘
[乛丿]
2808 媒
7447 媞
7448 嫖
7449 媞
5320 媪
2809 絮
7450 媑
2810 嫂
7451 媓
5321 媛
5322 婷
7452 媂
7453 媄
2811 媚
2812 婿
[乛丶]
5323 巯
7454 毵
5324 翚
2813 登
5325 皴
7455 矞
5326 婺
5327 骛
[乛乛]
7456 骕
5328 缂
5329 缃
5330 缄
2814 缅
5331 彘
2815 缆
7457 骒
5332 缇
5333 缈
2816 缉
7458 缊
5334 缌
2817 缎
7459 缐
5335 缑
5336 缒
2818 缓
2819 缔
2820 缕
2821 骗
2822 编
5337 缗
7460 骙
2823 骚
2824 缘
5338 飨

## 十三画

[一一]
5339 耢
7461 瑃
2825 瑟
5340 瑚
7462 瑓
2826 鹉
7463 瑅
5341 瑁
7464 瑆
7465 鹊
2827 瑞
7466 瑖
7467 瑝
7468 瑔
2828 瑰
7469 瑀
5342 瑜
5343 瑗
7470 瑞
7471 瑳
5344 瑄
5345 瑕
7472 瑂
7473 嶅
5346 遨
5347 骜
7474 瑑
2829 瑙
7475 遘
5348 韫
2830 魂
[一丨]
5349 髡
7476 髢
2831 肆
2832 摄
2833 摸
2834 填
2835 搏
7477 塥
5350 塬
5351 鄢
5352 趔
5353 趑
5354 摅
2836 塌

5355 掴
2837 鼓
7478 堽
2838 摆
7479 赪
2839 携
5356 蜇
5357 搋
2840 搬
2841 摇
2842 搞
7480 摛
2843 塘
5358 搪
7481 塝
7482 搒
5359 搐
5360 搛
5361 搠
5362 摈
5363 彀
5364 毂
7483 搌
5365 搦
2844 摊
5366 搡
2845 聘
5367 蓁
5368 戡
2846 斟
2847 蒜
7484 蒱
5369 蓍
5370 鄞
2848 勤
2849 靴
5371 靳
2850 靶
2851 鹊
5372 蓐
2852 蓝
2853 墓
2854 幕
5373 蓦
5374 鹋
5375 蒽
7485 蒨
5376 蓓
5377 蓖
7486 蓏
5378 蓊
5379 蒯
5380 蓟
2855 蓬
5381 蓑
5382 蒿
5383 蒺
5384 蓠
7487 蔀
5385 蒟
5386 蒡
2856 蓄
5387 蒹
5388 蒴
2857 蒲
5389 蒗
2858 蓉
2859 蒙
7488 蓢
7489 蓂
5390 蓥
5391 颐
7490 蒻
2860 蒸
2861 献
7491 蓣
5392 楔
2862 椿
7492 椹
7493 楪
5393 楠
2863 禁
5394 楂
7494 榃
2864 楚
5395 楝
2865 楷
2866 榄
2867 想
5396 楫
7495 榅
7496 楒
7497 楞
5397 楸
5398 椴
7498 楩
2868 槐
5399 槌
5400 楯
5401 皙
2869 榆
7499 榇
7500 椸
5402 榈
5403 槎
2870 楼
5404 榉
5405 楦

2871 概
5406 楣
5407 楹
7501 𣗋
5408 椽
5409 裘
2872 赖
5410 剽
5411 甄
7502 歅
5412 酮
5413 酰
5414 酯
5415 酩
2873 酪
2874 酬
7503 𬪩
[一丿]
5416 蜃
2875 感
7504 碃
5417 碛
7505 碏
7506 𬒔
2876 碍
2877 碘
5418 碓
2878 碑
5419 硼
5420 碉
7507 碈
2879 碎
5421 碚
2880 碰
7508 𬒗
5422 碇
7509 硿
2881 碗
2882 碌
5423 碜
5424 鹌
2883 尴
[一丶]
7510 鄠
2884 雷
2885 零
2886 雾
2887 雹
[一乛]
5425 辏
2888 辐
2889 辑
7511 辒
2890 输
7512 𬨎
7513 𫐓
[丨一]
2891 督
2892 频
5426 龃
2893 龄
5427 龅
7514 龆
7515 觜
5428 訾
5429 粲
5430 虞
[丨丨]
2894 鉴
[丨丶]
7516 鄚
[丨乛]
2895 睛
2896 睹
2897 睦
2898 瞄
5431 睚
5432 嗪
2899 睫
5433 韪
5434 嗷
5435 嗉
7517 𬑎
2900 睡
5436 睨
5437 睢
5438 雎
5439 睥
2901 睬
7518 鹍
5440 嘟
2902 嗜
5441 嗑
5442 嗫
5443 嗬
7519 嗯
5444 嗔
2903 鄙
2904 嗦
5445 嗝
2905 愚
5446 戥
5447 嗄
2906 暖
7520 㬇
2907 盟
5448 煦
2908 歇

2909 暗
7521 暅
5449 暄
2910 暇
2911 照
5450 遢
5451 暌
2912 畸
5452 跬
7522 跱
2913 跨
5453 跶
2914 跷
5454 跸
5455 跐
5456 跣
5457 跹
2915 跳
2916 跺
2917 跪
2918 路
5458 跻
2919 跤
2920 跟
2921 遣
7523 蜐
5459 蛸
2922 蜈
7524 蜎
2923 蜗
2924 蛾
5460 蜊
5461 蜍
5462 蜉
2925 蜂
5463 蜣
2926 蜕
5464 畹
5465 蛹
5466 嗣
5467 嗯
2927 嗅
5468 嗥
5469 嗲
5470 嗳
2928 嗡
5471 嗌
5472 嗍
5473 嗨
5474 嗐
5475 嗤
5476 嗵
2929 嗓
2930 署
2931 置
5477 罨
2932 罪
2933 罩
2934 蜀
2935 幌
5478 嵊
7525 嵲
5479 嵩
5480 嵴
7526 赗
7527 骱
5481 骰

[丿一]

7528 锖
5482 锗
7529 𫓹
2936 错
7530 锘
2937 锚
7531 锳
5483 锛
5484 锜
5485 锝
5486 锞
5487 锟
2938 锡
5488 锢
2939 锣
2940 锤
2941 锥
2942 锦
7532 锧
5489 锨
7533 锪
7534 𬭚
7535 锫
5490 锩
7536 锬
7537 铍
5491 锭
2943 键
2944 锯
2945 锰
5492 锱
2946 矮
5493 雉
5494 氲
5495 犏
2947 辞
5496 歃
7538 稑
7539 稙
5497 稞

2948 稚
5498 稗
5499 稔
2949 稠
2950 颓
2951 愁
7540 穇
2952 筹
7541 篢
5500 筠
5501 筢
5502 筮
7542 筻
5503 筲
7543 筼
7544 筶
5504 筱
2953 签
2954 简
2955 筷
7545 筦
7546 筤

[丿丨]

2956 毁
2957 舅
2958 鼠
5505 牒
5506 煲
2959 催
2960 傻
2961 像
7547 傺
2962 躲
7548 鹎
2963 魁
5507 敫
7549 僇

[丿丿]

2964 衙
2965 微
5508 徭
5509 愆
5510 艄
7550 艅
7551 艉

[丿丶]

5511 觎
5512 毹
2966 愈
7552 谼
2967 遥
7553 貆
5513 貊
5514 貅
5515 貉
5516 颔

[丿乛]

2968 腻
5517 腠
5518 腩
2969 腰
5519 腼
7554 腽
2970 腥
2971 腮
5520 腭
7555 腨
2972 腹
2973 腺
7556 腯
5521 腧
2974 鹏
5522 塍
5523 媵
2975 腾
7557 𦝼
2976 腿
5524 詹
5525 鲅
5526 鲆
5527 鲇
5528 鲈
7558 鲉
7559 鲊
5529 稣
5530 鲋
7560 鲌
7561 䲟
7562 鲄
2977 鲍
7563 鲍
7564 鲏
5531 鲐
7565 雊
5532 肄
2978 猿
2979 颖
5533 鹐
7566 猺
7567 飔
5534 飕
7568 觟
5535 觥
2980 触
2981 解
5536 遛
2982 煞
2983 雏

7569 馌
2984 馍
2985 馏
5537 馐
[丶一]
2986 酱
5538 鹑
7570 裛
2987 禀
5539 亶
7571 廒
5540 瘃
5541 痱
2988 痹
5542 痼
2989 廓
2990 痴
5543 痿
5544 瘐
5545 瘁
7572 瘀
7573 瘅
2991 痰
5546 瘆
2992 廉
7574 鄘
7575 鹒

7576 鄜
7577 麀
5547 麂
5548 裔
2993 靖
2994 新
7578 鄣
5549 歆
2995 韵
2996 意
5550 旒
5551 雍
[丶丨]
5552 阖
5553 阗
7579 阘
7580 闑
5554 阙
[丶丿]
5555 羧
5556 豢
2997 誊
5557 粳
2998 粮
2999 数
3000 煎
5558 猷

3001 塑
3002 慈
3003 煤
7581 煁
5559 煳
7582 煃
7583 煴
7584 煋
5560 煜
5561 煨
7585 煟
7586 煓
5562 煅
3004 煌
5563 煊
5564 煸
5565 煺
[丶丶]
5566 滟
5567 溱
5568 溘
7587 滠
3005 满
5569 漭
3006 漠
7588 溍
5570 滢

3007 滇
7589 溹
5571 溥
7590 滆
5572 溧
5573 溽
3008 源
3009 滤
3010 滥
5574 裟
7591 滉
5575 溻
5576 溷
7592 溦
5577 滗
5578 滫
5579 溴
7593 溵
5580 滏
3011 滔
3012 溪
5581 滃
3013 溜
5582 滦
7594 漷
7595 滧
3014 漓

3015 滚
5583 溏
5584 滂
3016 溢
3017 溯
3018 滨
3019 溶
5585 滓
5586 溟
7596 滘
3020 溺
7597 滍
3021 粱
3022 滩
5587 滪
5588 愫
7598 愭
5589 慑
3023 慎
7599 慥
7600 慆
5590 慊
3024 誉
5591 鲎
3025 塞
5592 骞
3026 寞

3027 窥
5593 窦
5594 窠
5595 窣
3028 窟
3029 寝
[丶乛]
7601 塱
3030 谨
7602 襀
5596 裱
3031 褂
5597 褚
3032 裸
7603 裼
5598 裨
5599 裾
5600 裰
5601 褉
3033 福
7604 禋
7605 禔
7606 禘
7607 禒
5602 谩
5603 谪
7608 谫

3034 谬
[乛一]
7609 鹔
7610 𬱟
3035 群
3036 殿
3037 辟
7611 愍
[乛丨]
3038 障
[乛丿]
5604 媾
5605 嫫
7612 嫄
3039 媳
5606 媲
7613 媱
5607 嫒
3040 嫉
3041 嫌
3042 嫁
5608 嫔
5609 媸
7614 戭
[乛丶]
7615 勠
7616 戮

3043 叠
[乛乛]
5610 缙
5611 缜
3044 缚
5612 缛
7617 𫘪
5613 辔
7618 𫘬
3045 缝
5614 骝
7619 缞
5615 缟
3046 缠
5616 缡
5617 缢
5618 缣
3047 缤
5619 骟
3048 剿

## 十四画

[一一]
7620 耤
5620 耥
7621 瑧
5621 璈

7622 璊
7623 瑨
7624 瑱
3049 静
3050 碧
5622 瑶
7625 瑷
3051 璃
5623 瑭
7626 瑢
5624 獒
3052 赘
3053 熬
5625 觏
7627 斠
5626 慝
5627 嫠
5628 韬
5629 叆
[一丨]
7628 搢
5630 髦
7629 墕
7630 墈
7631 墐
7632 墘
3054 墙
5631 摽
7633 摴
3055 墟
5632 墁
5633 撂
5634 摞
3056 嘉
3057 摧
5635 撄
3058 赫
3059 截
5636 翥
5637 踅
3060 誓
7634 銎
5638 摭
7635 [illegible]
5639 墉
3061 境
3062 摘
5640 墒
3063 摔
3064 撇
7636 墚
5641 榖
7637 撖
7638 摎
5642 綦
3065 聚
5643 蔫
5644 蔷
5645 靺
5646 靼
5647 鞅
7639 靽
7640 鞁
5648 靿
7641 蔌
7642 蔈
3066 慕
3067 暮
3068 摹
3069 蔓
3070 蔑
5649 甍
5650 蔸
7643 蓰
7644 蔹
3071 蔡
3072 蔗
5651 蔟
5652 蔺
5653 戬
3073 蔽
7645 蔊
5654 蕖
5655 蔻
5656 蓿
3074 蔼
5657 斡
3075 熙
3076 蔚
5658 鹕
3077 兢
7646 嘏
5659 蓼
5660 榛
5661 榧
7647 榰
3078 模
7648 榑
7649 槚
3079 槛
7650 [illegible]
5662 榻
5663 榫
7651 槜
5664 榭
5665 槔
3080 榴
5666 槟

5667 槁
3081 榜
5668 槟
3082 榨
3083 榕
5669 槠
5670 榷
7652 榍
7653 疐
7654 𬸘
3084 歌
3085 遭
5671 奭
3086 酵
5672 酽
7655 酺
7656 酾
7657 酲
3087 酷
5673 酶
7658 酴
5674 酹
3088 酿
3089 酸
[一丿]
5675 厮
7659 碶
5676 碡
3090 碟
5677 碴
3091 碱
7660 碜
7661 𬒈
5678 碣
7662 碨
7663 𬒗
3092 碳
5679 碲
5680 磋
3093 磁
7664 碹
7665 碥
3094 愿
7666 劂
5681 臧
5682 豨
5683 殡
[一丶]
3095 需
5684 霆
5685 霁
[一乛]
5686 辕
3096 辖
3097 辗
[丨一]
5687 蜚
5688 裴
5689 翡
3098 雌
5690 龇
5691 龈
7667 𬺈
5692 睿
[丨丶]
3099 裳
[丨乛]
7668 䴗
3100 颗
7669 夥
3101 瞅
7670 瞍
5693 瞜
5694 瞵
3102 墅
5695 嘞
5696 嘈
3103 嗽
5697 嘌
5698 嘁
5699 嘎
5700 暧
7671 鹖
5701 暝
7672 㬎
5702 踌
5703 踉
7673 跽
3104 踊
3105 蜻
5704 蜞
3106 蜡
5705 蜥
5706 蜮
7674 蜾
5707 蝈
5708 蜴
3107 蝇
3108 蜘
5709 蜱
5710 蜩
5711 蜷
3109 蝉
5712 蜿
5713 螂
5714 蜢
5715 嘘
5716 嘡

5717 鹗
5718 嘣
5719 嘤
5720 嘚
3110 嘛
3111 嘀
5721 嗾
5722 嘧
7675 幖
5723 罴
5724 罱
5725 幔
5726 嶂
5727 幛
7676 嶍
5728 赙
7677 圙
5729 罂
3112 赚
5730 骷
5731 骶
5732 鹘
[丿一]
5733 锲
7678 锘
5734 锴
5735 锶
5736 锷
5737 锸
3113 锹
7679 锺
3114 锻
7680 锼
7681 锽
7682 𫔎
7683 锾
5738 锵
7684 𫔍
3115 镀
5739 镁
5740 镂
7685 镃
7686 镄
7687 镅
3116 舞
5741 犒
3117 舔
7688 毹
3118 稳
7689 鹙
3119 熏
5742 箐
5743 箦
5744 箧
5745 箍
5746 箸
7690 箨
3120 箕
5747 箬
7691 箖
3121 算
5748 箅
3122 箩
7692 劄
5749 箪
5750 箔
3123 管
5751 箜
5752 箢
3124 箫
5753 箓
5754 毓
[丿丨]
3125 舆
5755 僖
5756 儆
5757 僳
3126 僚
5758 僭
7693 僬
5759 劁
7694 僦
5760 僮
7695 僔
3127 僧
3128 鼻
3129 魄
3130 魅
5761 魃
5762 魆
7696 僎
5763 睾
[丿丿]
7697 槃
5764 艋
[丿丶]
7698 鋆
5765 鄱
3131 貌
[丿乛]
3132 膜
3133 膊
5766 膈
3134 膀
5767 膑
5768 鲑
7699 鲒
5769 鲔

7700 鲕
7701 𫚕
7702 鲖
7703 鲗
7704 鲘
7705 鲙
7706 𬶏
7707 𬶍
5770 鲚
5771 鲛
3135 鲜
7708 𩽹
5772 鲟
7709 夐
3136 疑
5773 獐
7710 獍
7711 飗
7712 鹫
5774 觫
5775 雒
3137 孵
5776 夤
5777 馑
3138 馒

[丶一]

7713 凘
5778 銮
3139 裹
3140 敲
3141 豪
3142 膏
5779 塾
7714 廑
3143 遮
5780 麽
7715 廙
3144 腐
3145 瘩
5781 瘌
7716 瘗
3146 瘟
3147 瘦
5782 瘊
7717 瘥
5783 瘘
7718 瘕
5784 瘙
5785 廖
3148 辣
3149 彰
3150 竭
5786 韶
3151 端
3152 旗
5787 旖
5788 膂

[丶丨]

5789 阚

[丶丿]

5790 鄯
7719 鲝
5791 鲞
3153 精
5792 粿
5793 粼
3154 粹
5794 粽
5795 糁
3155 歉
5796 槊
5797 鹚
3156 弊
7720 鄫
3157 熄
5798 熘
7721 熇
3158 熔
3159 煽
5799 熥

[丶丶]

7722 漹
7723 漖
5800 潢
7724 潆
3160 潇
7725 漤
3161 漆
5801 漕
3162 漱
3163 漂
5802 滹
3164 漫
7726 潩
5803 漯
5804 漶
7727 漼
7728 漴
7729 潝
5805 潋
5806 潴
5807 漪
7730 漈
5808 漉
5809 漳
3165 滴
5810 漩

3166 漾
3167 演
5811 潋
3168 漏
7731 潍
7732 漻
5812 潍
7733 慬
3169 慢
3170 慷
5813 慵
3171 寨
3172 赛
5814 搴
3173 寡
7734 窬
5815 窨
7735 窭
3174 察
3175 蜜
5816 寤
3176 寥

[丶乛]

7736 榘
7737 谑
3177 谭
3178 肇
5817 綮
5818 谮
5819 褡
5820 褙
3179 褐
5821 褓
7738 褕
5822 褛
5823 褊
3180 褪
7739 禛
7740 禚
5824 谯
5825 谰
3181 谱
5826 谲

[乛一]

5827 暨
5828 屣

[乛丨]

5829 鹛
7741 隩
3182 隧

[乛丿]

5830 嫣
5831 嫱
3183 嫩
5832 嫖
7742 嫕
7743 嫭
5833 嫦
5834 嫚
5835 嫘
7744 嫜
5836 嫡
7745 嫪
5837 鼐

[乛丶]

5838 翟
3184 翠
3185 熊
3186 凳
5839 瞀
5840 鹜

[乛乛]

5841 骠
5842 缥
5843 缦
3187 骡
5844 缧
5845 缨
5846 骢
7746 缜
3188 缩
5847 缪
5848 缫

## 十五画

[一一]

3189 慧
5849 耦
5850 耧
5851 瑾
5852 璜
7747 瑀
5853 璀
5854 璎
5855 璁
7748 麴
5856 璋
5857 璇
7749 璆
7750 獒
5858 奭
7751 璲

[一丨]

3190 撵
5859 髯
5860 髫
5861 撷
3191 撕

3192 撒
5862 撅
3193 撩
3194 趣
3195 趟
7752 墣
3196 撑
3197 撮
3198 撬
5863 赭
7753 墦
3199 播
3200 擒
5864 撸
5865 鋆
3201 墩
3202 撞
3203 撤
7754 墡
5866 撙
3204 增
5867 撺
5868 墀
3205 撰
5869 聩
3206 聪
5870 觐

3207 鞋
5871 鞑
5872 蕙
5873 鞒
3208 鞍
5874 蕈
5875 蕨
5876 蕤
5877 蕞
5878 蕺
5879 瞢
3209 蕉
7755 劐
7756 薁
5880 蕃
5881 蕲
7757 蕰
3210 蕊
5882 赜
7758 蔃
3211 蔬
3212 蕴
7759 鼒
5883 槿
3213 横
5884 樯
3214 槽

7760 槱
5885 槭
5886 樗
5887 樘
3215 樱
5888 樊
3216 橡
5889 槲
3217 樟
3218 橄
3219 敷
7761 鹝
3220 豌
3221 飘
3222 醋
5890 醌
3223 醇
3224 醉
5891 醅
[一丿]
5892 靥
5893 魇
5894 餍
3225 磕
3226 磊
5895 磔
5896 磙

3227 磅
7762 磏
3228 碾
7763 磉
7764 殣
[一丶]
7765 慭
3229 震
3230 霄
3231 霉
7766 霅
5897 霈
[一乛]
5898 辘
[丨一]
5899 龉
5900 龊
5901 觑
[丨乛]
5902 瞌
3232 瞒
5903 瞋
3233 题
7767 暵
3234 暴
3235 瞎
5904 瞑

3236 嘻
5905 嘭
5906 噎
3237 嘶
5907 噶
3238 嘲
5908 颙
5909 暹
5910 噘
3239 嘹
3240 影
7768 暲
7769 暶
7770 踦
5911 踔
5912 踝
3241 踢
3242 踏
5913 踟
5914 踒
5915 踬
3243 踩
5916 踮
7771 踣
5917 踯
3244 踪
5918 踺
5919 踞
5920 蝽
3245 蝶
7772 𬟽
5921 蝾
3246 蝴
5922 蝻
7773 蝘
7774 蝲
3247 蝠
5923 蝰
3248 蝎
3249 蝌
5924 蝮
5925 螋
3250 蝗
5926 蝓
5927 蝣
5928 蝼
7775 蝤
3251 蝙
5929 噗
5930 嘬
5931 颚
3252 嘿
5932 噍
5933 噢
5934 噙
5935 噜
7776 噇
7777 噂
5936 噌
3253 嘱
7778 噀
5937 噔
5938 颛
7779 罶
5939 幞
7780 嶲
7781 嶓
5940 幡
7782 𪩘
3254 幢
5941 嶙
7783 嶟
7784 嶒
5942 嶝
3255 墨
5943 骺
5944 骼
5945 骸

[丿一]

5946 镊
7785 镆
3256 镇
7786 镈
5947 镉
7787 镋
5948 镌
5949 镍
7788 镎
7789 𬭩
5950 镏
3257 镐
3258 镑
5951 镒
5952 镓
5953 镔
7790 镕
3259 靠
7791 稹
3260 稽
5954 稷
3261 稻
3262 黎
3263 稿
3264 稼
3265 箱
5955 箴
5956 篑
5957 篁

5958 篌
3266 篓
3267 箭
3268 篇
5959 篆
[丿丨]
3269 僵
5960 牖
7792 儇
5961 儋
3270 躺
7793 皞
7794 皛
3271 僻
[丿丿]
3272 德
7795 鹏
5962 徵
3273 艘
7796 艎
5963 磐
7797 艏
[丿丶]
5964 虢
5965 鹞
7798 鎐
[丿乛]
3274 膝
5966 膘
3275 膛
5967 滕
5968 鲠
5969 鲡
5970 鲢
5971 鲣
5972 鲥
3276 鲤
7799 鲩
7800 鲦
5973 鲦
5974 鲩
7801 鲪
3277 鲫
7802 鲬
7803 獉
5975 獗
5976 獠
7804 觭
5977 觯
7805 鹠
5978 馓
5979 馔
[丶一]
3278 熟
3279 摩
5980 麾
3280 褒
5981 廛
5982 瘛
5983 瘼
3281 瘪
5984 瘢
3282 瘤
5985 瘠
3283 瘫
5986 齑
7806 鹡
3284 凛
3285 颜
3286 毅
[丶丿]
5987 羯
5988 羰
3287 糊
5989 糌
7807 糇
5990 遴
5991 糍
5992 糍
7808 糈
5993 糅
7809 翦
3288 遵
7810 鹚
7811 鹣
3289 憋
7812 熛
5994 熜
5995 熵
5996 熠
[丶丶]
7813 澘
3290 潜
5997 澍
3291 澎
5998 澌
7814 潵
3292 潮
5999 潸
3293 潭
7815 澴
6000 潦
3294 鲨
7816 潎
6001 澥
6002 鋈

6003 潟
3295 澳
3296 潘
7817 澛
6004 潼
3297 澈
7818 𬇙
3298 澜
7819 潽
7820 潾
6005 潺
3299 澄
7821 潏
3300 懂
7822 憭
6006 憬
3301 憔
3302 懊
6007 憧
3303 憎
7823 憕
7824 𫛭
7825 戭
6008 寮
6009 窳
3304 额

[丶乛]

6010 谳
3305 翩
3306 褥
6011 褴
6012 褟
6013 褫
7826 褯
7827 褶
3307 谴
7828 𫍯
3308 鹤
6014 谵

[乛一]

3309 憨
6015 熨
3310 慰
3311 劈
3312 履
6016 屦

[乛丿]

6017 嬉
7829 嫽
6018 勰

[乛丶]

6019 戮
7830 遹
6020 蝥
3313 豫

[乛乛]

6021 缬
3314 缭
6022 缮
7831 𬴊
6023 缯
6024 骣
6025 畿

## 十六画

[一一]

6026 耩
6027 耨
6028 耪
7832 璥
6029 璞
6030 璟
6031 靛
6032 璠
6033 璘
7833 璲
6034 聱
6035 螯
7834 璒

[一丨]

6036 髻
6037 髭
6038 髹
6039 擗
3315 撼
3316 擂
3317 操
6040 熹
7835 憙
6041 [illegible]
7836 擐
3318 擅
6042 擞
6043 毂
6044 磬
7837 鄹
6045 颞
6046 蕻
7838 薳
6047 鞘
7839 鞔
3319 燕
7840 黇
6048 颟
6049 薤
3320 蕾

7841　𬞟
7842　蕗
3321　薯
6050　薨
3322　薛
3323　薇
6051　檠
3324　擎
7843　薢
3325　薪
6052　薏
7844　蕹
6053　薮
3326　薄
3327　颠
3328　翰
3329　噩
6054　薜
6055　薅
6056　樾
7845　橞
3330　橱
6057　橛
7846　橑
6058　橇
6059　樵
6060　檎
6061　橹
7847　橦
6062　樽
6063　樨
3331　橙
3332　橘
6064　橼
6065　墼
3333　整
6066　橐
3334　融
6067　翮
3335　瓢
6068　醛
6069　醐
6070　醍
3336　醒
6071　醚
7848　醑
[一丿]
7849　鬳
7850　磡
7851　䃰
7852　磜
6072　磔
6073　赝
6074　飙
7853　豮
6075　殪
[一丶]
6076　霖
6077　霏
6078　霓
3337　霍
3338　霎
[一乛]
6079　錾
3339　辙
6080　辚
7854　𫐐
6081　臻
[丨一]
3340　冀
7855　𬺞
7856　𬺟
7857　𬺠
3341　餐
6082　遽
7858　虤
[丨丶]
6083　氅
[丨乛]
6084　瞟
7859　瞦
6085　瞠
6086　瞰
6087　嚄
6088　嚆
6089　噤
7860　曌
6090　暾
7861　曈
7862　瞰
6091　蹀
7863　蹅
7864　踶
6092　踹
6093　踵
6094　踽
3342　嘴
3343　踱
3344　蹄
6095　蹉
6096　蹁
3345　蹂
6097　螨
6098　蟒
3346　蟆
6099　螈
7865　螛
6100　螅

6101 螭
7866 螗
3347 螃
6102 螠
6103 螟
6104 噱
7867 瞨
3348 器
3349 噪
6105 噬
6106 噫
6107 噻
6108 噼
7868 㠓
7869 幪
7870 𪩘
6109 罹
7871 嶦
6110 圜
3350 鹦
3351 赠
3352 默
3353 黔
[丿一]
7872 𫔎
6111 𬭚
7873 𬭬
6112 镖
6113 镗
6114 镘
6115 镚
6116 镛
3354 镜
6117 镝
6118 镞
7874 𫔶
6119 镠
6120 氇
6121 氆
3355 赞
6122 憩
6123 穑
7875 馞
3356 穆
7876 穄
6124 篝
7877 篚
6125 篥
3357 篮
3358 篡
7878 篯
7879 簉
6126 篦
6127 篪
3359 篷
6128 篙
3360 篱
[丿丨]
6129 盥
3361 儒
6130 劓
7880 鼽
6131 翱
6132 魉
6133 魈
3362 邀
[丿丿]
7881 衠
6134 徼
3363 衡
[丿丶]
6135 歙
7882 盦
[丿乛]
3364 膨
6136 膳
7883 膰
7884 縢
6137 膦
6138 膙
3365 雕
7885 鲭
6139 鲮
7886 鲯
7887 鲰
6140 鲱
6141 鲲
6142 鲳
6143 鲴
6144 鲵
6145 鲷
3366 鲸
7888 鲺
7889 鲹
6146 鲻
6147 獴
6148 獭
6149 獬
6150 邂
7890 𫗴
[丶一]
7891 𨐈
6151 鹧
3367 磨
6152 廨
6153 赟
7892 癀
7893 瘭

6154 瘰
6155 廪
6156 瘿
6157 瘵
6158 瘴
6159 癃
3368 瘾
3369 瘸
6160 瘳
6161 斓
6162 麇
6163 麈
3370 凝
3371 辨
3372 辩
6164 嬴
7894 鹫
6165 壅
[丶丿]
7895 羱
6166 羲
7896 糒
3373 糙
6167 糗
3374 糖
3375 糕
6168 瞥
6169 甑
6170 燎
7897 燋
6171 燠
7898 燏
6172 燔
3376 燃
6173 燧
7899 燊
7900 燚
7901 燏
[丶丶]
7902 濩
7903 濋
6174 濑
7904 澪
3377 濒
7905 濠
6175 濉
6176 潞
6177 澧
3378 澡
7906 澴
3379 激
6178 澹
6179 澥
6180 澶
6181 濂
7907 澭
7908 澼
7909 憷
3380 懒
3381 憾
7910 懀
3382 懈
7911 懔
7912 黉
6182 褰
6183 寰
6184 窸
3383 窿
[丶乛]
6185 褶
6186 禧
[乛一]
3384 壁
3385 避
6187 嬖
6188 犟
[乛丨]
6189 隰
[乛丿]
7913 嬛
6190 嬗
[乛丶]
7914 鹨
7915 翯
6191 颡
[乛乛]
3386 缰
6192 缱
6193 缲
6194 缳
3387 缴
7916 缋

## 十七画

[一一]
7917 璱
7918 瑊
6195 璨
6196 璩
6197 璐
6198 璪
7919 璬
7920 璮
[一丨]
7921 髽
3388 戴
6199 螯
6200 擤

6201 壕
7922 擿
3389 擦
6202 觳
6203 罄
6204 擢
3390 藉
6205 薹
6206 鞡
3391 鞠
6207 鞬
3392 藏
6208 薷
6209 薰
3393 藐
6210 藓
7923 薿
6211 藁
7924 薸
3394 檬
7925 檑
7926 檵
6212 檄
3395 檐
7927 檞
6213 檩
3396 檀

6214 懋
6215 醢
7928 醨
[一丿]
6216 翳
7929 繄
7930 磹
3397 礁
7931 磻
6217 礅
3398 磷
6218 磴
6219 鹩
[一丶]
3399 霜
3400 霞
[丨一]
6220 龋
6221 龌
6222 豳
6223 壑
[丨丨]
6224 黻
[丨乛]
7932 瞫
3401 瞭
3402 瞧

3403 瞬
3404 瞳
7933 瞵
3405 瞩
3406 瞪
6225 嚏
3407 曙
6226 嚅
6227 蹑
6228 蹒
3408 蹋
3409 蹈
6229 蹊
7934 蹐
6230 蟥
7935 蟏
6231 螬
6232 螵
6233 疃
6234 螳
3410 螺
3411 蟋
6235 蟑
3412 蟀
3413 嚎
7936 𫫇
6236 嚓

6237 羁
6238 罽
6239 罾
6240 嶷
3414 赡
6241 黜
6242 黝
6243 髁
6244 髀
[丿一]
7937 镱
6245 镡
6246 镢
6247 镣
7938 镤
7939 镖
7940 𬭛
7941 镥
6248 镦
6249 镧
7942 镨
7943 𬭸
7944 𬭚
7945 𬭼
6250 镩
6251 镪
6252 镫

7946 𫔎
6253 罅
7947 矰
3415 穗
7948 穙
6254 黏
7949 穜
7950 穟
3416 魏
7951 簕
3417 簧
6255 簌
6256 篾
7952 簃
6257 篼
7953 簏
3418 簇
6258 簖
6259 簋
3419 繁
[丿丨]
6260 鼢
6261 黛
6262 儡
6263 鹪
7954 儦
6264 鼾
6265 皤
6266 魍
7955 魈
[丿丿]
7956 𪨊
3420 徽
7957 艚
[丿丶]
6267 龠
7958 𬸘
3421 爵
6268 繇
6269 貘
6270 邈
6271 貔
7959 谿
[丿乛]
6272 臌
3422 朦
3423 臊
6273 膻
6274 臆
6275 臃
7960 䲠
6276 鲼
6277 鲽
7961 𬶨
7962 鲾
7963 𬶟
7964 鲿
6278 鳀
7965 鳁
7966 鳂
6279 鳃
3424 鳄
6280 鳅
6281 鳇
7967 鳈
7968 鳉
6282 鳊
7969 獯
6283 螽
[丶一]
6284 燮
6285 鹫
6286 襄
7970 䗪
6287 糜
6288 縻
6289 膺
6290 癍
3425 癌
6291 麋
3426 辫
3427 赢
[丶丿]
3428 糟
3429 糠
7971 馘
3430 燥
[丶丶]
6292 懑
6293 濡
6294 濮
6295 濞
6296 濠
6297 濯
3431 懦
3432 豁
6298 蹇
6299 謇
6300 邃
[丶乛]
7972 襕
7973 襚
6301 襁
[乛一]
7974 翳
7975 螱
3433 臀
6302 檗

7976 甓
3434 臂
6303 擘
[乛丨]
6304 孺
6305 隳
[乛丿]
7977 嬬
6306 嬷
7978 嬥
[乛丶]
3435 翼
6307 蟊
6308 鹬
6309 鍪
[乛乛]
3436 骤
7979 𦈡
7980 𫄸

## 十八画

[一一]
7981 瓀
6310 鏊
6311 鳌
7982 釐
7983 鷔
[一丨]
6312 鬈
6313 鬃
6314 瞽
3437 藕
7984 爇
6315 鞯
7985 鞳
7986 鞮
6316 鞨
3438 鞭
6317 鞫
6318 鞧
6319 鞣
7987 虉
7988 蘲
6320 藜
6321 藠
3439 藤
7989 藦
7990 藨
6322 藩
7991 鹲
7992 檫
3440 覆
6323 醪
[一丿]
7993 黡
6324 蹙
7994 礞
6325 礓
7995 礌
7996 矂
6326 燹
6327 餮
[丨乛]
6328 瞿
3441 瞻
6329 曛
6330 颢
6331 曜
6332 躇
6333 蹚
3442 蹦
6334 鹭
7997 蹢
7998 蹜
6335 蟛
6336 蟪
7999 蟫
8000 [illegible]
6337 蟠
6338 蟮
8001 嚚
3443 嚣
6339 鹮
6340 黠
6341 黟
8002 髃
6342 髅
6343 髂
[丿一]
6344 镬
6345 镭
8003 镮
6346 镯
3444 镰
8004 镱
8005 酂
8006 馧
6347 馥
8007 簠
6348 簟
8008 簝
6349 簪
8009 簰
[丿丨]
8010 鼫
6350 鼬
8011 鼩

6351 雠
8012 曒
[丿丿]
6352 艟
[丿丶]
3445 翻
[丿乛]
8013 臑
8014 臛
3446 鳍
6353 鳎
6354 鳏
6355 鳐
8015 鳑
8016 鳒
8017 鹱
[丶一]
8018 鹯
3447 鹰
6356 癞
8019 癗
6357 癔
6358 癜
6359 癖
8020 [illegible]
8021 旞
[丶丿]
8022 翷
6360 糨
8023 [illegible]
6361 蹩
8024 [illegible]
[丶丶]
8025 瀔
3448 瀑
8026 瀍
8027 瀌
6362 鎏
6363 懵
[丶乛]
3449 襟
8028 襜
[乛一]
3450 璧
8029 䴙
[乛丶]
3451 戳
[乛乛]
8030 纆
6364 彝
6365 邋

## 十九画

[一丨]
6366 鬏
6367 攉
8031 嚭
6368 攒
6369 鞲
6370 鞴
6371 藿
6372 蘧
3452 孽
6373 蘅
3453 警
3454 蘑
3455 藻
6374 麓
8032 [illegible]
3456 攀
8033 醱
8034 醭
6375 醮
6376 醯
[一丶]
6377 酃
6378 霪
6379 霭
6380 霨
[丨丨]
6381 黼
[丨乛]
3457 曝
6382 嚯
6383 蹰
6384 蹶
6385 蹽
6386 蹼
8035 蹯
6387 蹴
6388 蹾
3458 蹲
3459 蹭
6389 蹿
3460 蹬
6390 蠖
6391 蠓
8036 蠋
6392 蟾
6393 蠊
3461 巅
8037 翾
6394 黢
6395 髋
6396 髌

[丿一]
6397 镲
6398 籀
3462 簸
6399 籁
3463 簿
8038 鳘
[丿丨]
8039 儳
8040 儴
6400 齁
6401 魑
[丿丿]
6402 艨
[丿丶]
8041 鼗
[丿乛]
6403 鳓
6404 鳔
6405 鳕
6406 鳗
8042 𬶮
8043 𬶭
6407 鳙
8044 鳚
8045 鳛
3464 蟹

[丶一]
3465 颤
3466 靡
3467 癣
6408 麒
8046 麑
6409 鏖
8047 麖
3468 瓣
8048 蠃
6410 羸
[丶丿]
3469 羹
3470 鳖
3471 爆
6411 [illegible]
[丶丶]
6412 瀚
6413 瀣
6414 瀛
[丶乛]
6415 襦
6416 谶
[乛一]
8049 彟
6417 襞
3472 疆

[乛丿]
8050 嬿
[乛乛]
6418 骥
6419 缵

## 二十画

[一一]
6420 瓒
[一丨]
8051 鬒
3473 鬓
3474 壤
6421 攘
3475 馨
6422 蘩
6423 蘖
8052 蘘
8053 欂
8054 醵
6424 醴
[一丶]
6425 霰
8055 颥
[丨一]
6426 酆
8056 甗

[丨丶]
3476 耀
[丨乛]
8057 酃
6427 矍
6428 曦
3477 躁
6429 躅
3478 蠕
6430 鼍
3479 嚼
3480 嚷
8058 巇
3481 巍
8059 酅
6431 巉
6432 黩
6433 黥
6434 黪
8060 髎
[丿一]
6435 镳
6436 镴
6437 黧
3482 籍
6438 纂

[丿丨]
6439 礨
6440 齬
8061 犨
[丿乛]
6441 臜
8062 鳍
6442 鳜
6443 鳝
3483 鳞
6444 鳟
6445 獾
[丶一]
3484 魔
8063 鼗
[丶丿]
3485 糯
8064 燿
8065 爔
[丶丶]
3486 灌
8066 灟
8067 瀹
8068 瀼
8069 瀵
[丶乛]
8070 襕
[乛一]
3487 譬
[乛丿]
6446 孀
8071 孅
[乛乛]
8072 骦
6447 骧
8073 纕

## 二十一画

[一一]
8074 耰
3488 蠢
6448 瓘
8075 瓔
8076 瓖
[一丨]
8077 鬘
8078 趯
6449 鼙
6450 醺
[一丿]
6451 礴
[一丶]
3489 霸
3490 露
3491 霹
[丨一]
6452 颦
8079 齼
[丨乛]
6453 曩
3492 躏
8080 礨
3493 黯
3494 髓
[丿丨]
8081 鼱
[丿乛]
8082 鳠
8083 鳡
6454 鳢
8084 鳣
[丶一]
6455 癫
6456 麝
3495 赣
[丶丿]
6457 夔
8085 爟
8086 爚
6458 灏
[丶丶]
8087 灈
6459 灝
[丶乛]
6460 禳
[乛一]
6461 鐾
6462 羼
[乛乛]
6463 蠡

## 二十二画

[一一]
6464 耱
[一丨]
6465 懿
8088 韂
6466 蘸
6467 鹳
8089 蘖
8090 蘼
3496 囊
[一丿]
8091 礵
[一丶]
8092 霾
6468 霾

[丨乛]
6469　氍
6470　饕
8093　躔
6471　躐
6472　髑
[丿一]
6473　镵
3497　镶
6474　穰
[丿丨]
8094　皭
[丿丶]
8095　龢
[丿乛]
8096　鳤
[丶一]
3498　瓤
8097　亹
6475　饔
[乛一]
6476　鬻

## 二十三画

[一丨]
6477　鬟
6478　趱
6479　攫
6480　攥
6481　颧
[丨乛]
6482　躜
[丿一]
3499　罐
8098　龠
[丿丨]
6483　鼹
8099　鼷
[丿乛]
8100　鱲
8101　玃
[丶一]
6484　癯
6485　麟
[丶丿]
6486　蠲

## 二十四画

[一丨]
3500　矗
6487　蠹
8102　醾
[丨乛]
6488　躞
[丿丿]
6489　衢
[丿丶]
6490　鑫
[丶丶]
6491　灞
[丶乛]
6492　襻

## 二十五画

[一一]
6493　纛
[一丨]
6494　鬣
6495　攮
[丨乛]
6496　囔
[丿丨]
8103　齇
[丿乛]
8104　觿
6497　馕
[丶一]
6498　戆

## 二十六画

8105　蠼

## 三十画

6499　爨

## 三十六画

6500　齉